La

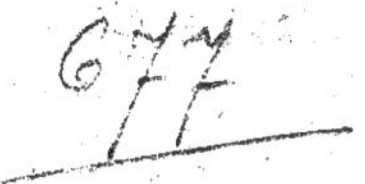

Céramique Chinoise

LA CÉRAMIQUE

CHINOISE

TYPOGRAPHIE FIRMIN-DIDOT ET Cie. — MESNIL (EURE).

ERNEST GRANDIDIER

LA CÉRAMIQUE

CHINOISE

PORCELAINE ORIENTALE : DATE DE SA DÉCOUVERTE

EXPLICATION DES SUJETS DE DÉCOR. — LES USAGES DIVERS

CLASSIFICATION

HÉLIOGRAVURES PAR DUJARDIN

REPRODUISANT CENT VINGT-QUATRE PIÈCES DE LA COLLECTION DE L'AUTEUR

PARIS

LIBRAIRIE DE FIRMIN-DIDOT ET CIE

IMPRIMEURS DE L'INSTITUT, RUE JACOB, 56

1894

PRÉFACE

Le travail que je publie aujourd'hui est le fruit d'une longue expérience et le résumé de nombreuses recherches. Je n'ai pas cependant la prétention d'avoir élucidé toutes les questions obscures que j'ai entrepris de traiter; mon ambition plus modeste s'est bornée à déblayer un peu le terrain et à redresser quelques erreurs commises par mes devanciers. J'ai concentré tous mes efforts vers ce but, ai-je toujours réussi dans ma tâche? Je n'ose pas l'espérer, il est si facile de s'égarer dans un pays peu connu où la marche est contrariée par d'épais brouillards et entravée par des obstacles sérieux qui surgissent, à chaque pas, en face du voyageur. Une persévérance à toute épreuve est nécessaire pour combattre le découragement de l'explorateur qui doit sans cesse lutter contre les difficultés de la route, les faux renseignements, l'ignorance et la mauvaise foi des guides. Je m'estimerais heureux si j'ai apporté une pierre à l'édifice, si j'ai fait avancer sur un seul point l'histoire de l'art céramique, laissant à mes successeurs un vaste sillon à ensemencer et une abondante moisson à recueillir.

Que n'ai-je l'autorité du poète et son génie! j'élèverais à l'art chinois un monument impérissable et digne de lui.

Le céramiste chinois a le tempérament d'un artiste. Si ses procédés de fabrication ont été souvent empiriques, son œuvre atteste avec une éloquence irréfutable qu'il n'est pas indispensable d'être un savant chimiste pour réussir dans la décoration de la porcelaine.

Rechercher la composition exacte des émaux chinois et préciser le degré de cuisson des porcelaines orientales, c'est assumer une tâche ingrate sans résultat certain; j'ai donc renoncé à ce labeur inutile.

J'ai préféré envisager la céramique au point de vue de sa décoration et de ses usages et tenter un projet de classification. En suivant cette voie, j'ai pensé répondre à un vœu et combler une lacune; l'approbation du lecteur sera ma meilleure récompense.

Malgré son charme inappréciable et son prestige, l'élégance du style doit, dans une certaine mesure, être sacrifiée à la clarté de la phrase, qualité nécessaire à l'écrivain dont l'intention est de vulgariser une science. Astreindre le lecteur à un effort sérieux pour comprendre ce qui lui est expliqué, c'est vouloir le rebuter, c'est élever une barrière qui lui dissimule le sens vrai de la pensée exprimée, dès lors le but est manqué. Je n'ai rien négligé pour triompher des difficultés sans nombre résultant de l'abondance des matières en céramique et de la variété infinie des décors; j'ai mis tous mes soins à éviter la confusion, l'obscurité, l'erreur et à écarter rigoureusement tout ce qui aurait pu compromettre le succès de mon œuvre.

CONSIDÉRATIONS GÉNÉRALES

LA PORCELAINE

La civilisation est venue de l'Orient, le pays du soleil et de la lumière. La Chine et l'Inde avaient déjà atteint un haut degré de culture, alors que les peuplades de la Germanie et de la Gaule se débattaient encore péniblement dans nos forêts au sein de la barbarie.

La porcelaine est originaire de la Chine. Les potiers du Céleste Empire, après avoir eu la gloire de cette précieuse invention, ont réussi, par leur habileté, à lui conserver tout son prestige pendant plusieurs siècles.

Le domaine de l'art a ses frontières naturelles et on ne les franchit jamais impunément; dès qu'on abandonne les saines traditions, on est entraîné rapidement sur la pente de la décadence, c'est une loi fatale. La mesure, voilà le cercle dans lequel il est difficile de se renfermer rigoureusement.

Le céramiste oriental a su éviter les récifs et doubler les caps dangereux; il a été droit au but, et, avec une palette restreinte, il l'a atteint sans le dépasser; il a connu tous les secrets de l'art décoratif; l'émail, docile à ses inspirations, s'est animé entre ses mains, a obéi à sa volonté, a revêtu les formes les plus diverses; grâce à lui, on voit, sur la porcelaine, les sujets s'enlever en vigueur comme s'ils étaient doués du souffle de la vie.

1

Les produits de nos manufactures d'Europe pâlissent et s'effacent éclipsés par l'éclat des porcelaines d'Orient. Cette infériorité provient de procédés moins raffinés et du mode d'emploi des matières colorantes. Les décors de nos artistes sont plats et sans saillie; leurs peintures manquent de sève et de vitalité. La porcelaine chinoise qui est émaillée l'emportera toujours sur la porcelaine d'Europe qui est peinte. La méthode orientale est supérieure à la nôtre. La Chine comprend la décoration céramique mieux que nous, elle traduit ses conceptions dans un langage plus saisissant; l'art décoratif y parle sa langue naturelle avec éloquence et perfection. Doués de l'esprit le plus délié, les céramistes de ce pays ont à peine connu les bégaiements de l'enfance; ils ont, pour ainsi dire, évité les tâtonnements; ils ont de suite entrevu et compris la limite qu'il fallait assigner à la peinture sur porcelaine; ils ont respecté les lois rationnelles, là est le secret de leur force et la raison de leurs triomphes. La peinture céramique doit se borner à être une décoration; pousser l'ambition plus loin, c'est s'exposer à un échec certain.

Il est un écueil contre lequel je voudrais prémunir le public; les jugements trop précipités sont, en général, erronés et défectueux. Une nouveauté, qui déplaît au premier abord, attire ensuite quand on s'est pénétré de ses qualités substantielles par la méditation. Ce fait est encore plus vrai, plus indiscutable, quand il s'agit d'un peuple étranger dont la civilisation et les mœurs sont très différentes des nôtres.

Veut-on apprécier sainement un pays et son œuvre? la première condition est de l'étudier à fond, sans parti pris, et d'habituer son œil aux manifestations d'une civilisation entièrement distincte de celle d'Europe. Ce qui paraît étrange, choquant même, au premier aspect, intéresse et finit par charmer dès qu'on s'en est rendu un compte exact. La réflexion, mûrie par l'étude, mène à l'admiration. Je ne nie pas que les décors chinois semblent parfois bizarres, peut-être même grotesques à celui qui n'est pas familiarisé avec l'Extrême-Orient; en tout une initiation est nécessaire.

Lorsque vous voyez pour la première fois, sur les flancs des vases chinois ou sur la surface des bols et des plats de l'Empire du Milieu, des animaux grimaçants ou des personnages aux attitudes insolites, vous êtes surpris, vous êtes tenté de détourner les yeux avec dédain; mais réprimez ce premier mouvement, attachez-vous au sujet du décor, cherchez l'explication des scènes représentées, l'état civil des personnages qui vous sont inconnus, l'intérêt vous portera bientôt à poursuivre votre route dans ce domaine nouveau pour vous, et alors vous vous sentirez attiré et retenu par un aimant invincible. Ne doutez pas, d'ailleurs, que les Chinois ne trouvent nos dessins, nos peintures, nos figurations aussi extraordinaires, aussi ridicules que nous trouvons les leurs. Ne croyez-vous pas franchement que l'habitant de la Chine ne soit aussi choqué, aussi interdit en présence des dieux de la mythologie de Rome ou d'Athènes que l'Européen devant les divinités du panthéon chinois et les monstres fantastiques enfantés par la plus capricieuse imagination? Si nos légendes et nos figurations sont, pour les initiés, simples, naturelles, poétiques même, assurément elles doivent paraître insensées aux peuplades d'Orient.

L'esprit de l'homme est enclin à tourner en ridicule les mythes d'une religion qu'il n'a pas assez approfondie et qu'il ne comprend pas. Des figurations qui semblent extravagantes et bizarres recèlent souvent des pensées mystiques et enveloppent des images mystérieuses dont le sens caché est impossible à saisir et à pénétrer sans de sérieuses méditations et de longues études. Nous savons de quelle manière la mythologie de la Grèce a été interprétée, travestie et défigurée par certains écrivains modernes ; cet exemple doit nous ouvrir les yeux et nous empêcher de prendre en pitié, à la légère et sans réflexion, les dieux des religions d'Orient.

Du reste, l'esthétique varie selon les climats; de ce chef, il n'y a pas unité en ce monde, rien n'est absolu. Élevé dans un milieu tout autre et dans des idées bien différentes, le Chinois ne conçoit pas, ne sent pas, ne voit pas les choses de la même manière que nous. Il est nécessaire de s'habituer à la civilisation chinoise pour la comprendre, et il est nécessaire de la comprendre pour l'admirer et pour l'aimer.

Les animaux fabuleux à tête menaçante qui décorent la panse des potiches chinoises n'ont rien de gracieux ni d'aimable, et, néanmoins, ces êtres fantastiques, éclos dans le cerveau de l'artiste du Céleste Empire, qui semble avoir assisté aux premières convulsions du globe et avoir connu les monstres des temps préhistoriques, perdent leur air rébarbatif, leur aspect sauvage et terrible aussitôt qu'on s'est accoutumé à les regarder sans prévention; ils paraissent alors s'apprivoiser.

D'ailleurs, dans le décor d'un vase, l'ensemble est le point capital; aussi notre jugement doit être favorable, puisque l'ensemble est satisfaisant.

J'appliquerai le même raisonnement aux personnages religieux, historiques ou romanesques qui couvrent les parois des pièces céramiques ; il est important de se familiariser avec eux, de les pratiquer, de les comprendre. Bientôt alors on se prend d'une affection véritable pour leur physionomie et leurs allures.

Mais l'art décoratif chinois n'est pas tout entier confiné dans ces figurations plus ou moins étranges à nos yeux européens ; la nature a fourni au céramiste les interprétations les plus heureuses, la vie réelle et le rêve lui ont procuré les modèles les plus exquis, la géométrie lui a inspiré les plus délicieux décors, et, d'un seul jet, pour ainsi dire, il a inventé l'ornementation la plus délicate, la plus somptueuse et la plus variée. Le monde animal et végétal, consulté tour à tour, a été libéralement mis à contribution pour féconder les conceptions les plus harmonieuses et enrichir la céramique des trésors les plus purs d'une imagination capricieuse.

Ce genre de décor est à la portée de tous, et point n'est besoin de connaissances spéciales pour admirer la Chine quand elle se présente à nous sous ces parures incomparables qui assurent la suprématie et font la gloire incontestée du céramiste oriental.

Par leur variété infinie, leurs formes élégantes, l'éclat de leur décor, le lustre métallique de leurs émaux, la perfection de l'ensemble, les produits céramiques chinois sont dignes d'occuper le premier rang. Ce jugement sera ratifié, j'en ai la certitude, quand on connaîtra mieux cet Extrême-Orient qui nous a envoyé tant de merveilles et qui est encore ignoré presque complètement. Malheureusement les beaux échantillons de porcelaine orientale sont dispersés et peu connus. Il n'existe aucun musée public en Europe où la porcelaine de Chine figure en nombre et avec honneur ; il y a là une lacune regrettable. Louis XVI avait conçu le projet de doter la France d'une collection de ce genre ; les pièces que l'expert Julliot avait rassemblées par ordre du roi pour enrichir une de nos galeries nationales ont été vendues en 1809, alors que les Bourbons eurent perdu l'espoir d'une restauration à courte échéance.

Tous les musées de céramique orientale sont incomplets et insuffisants. Les collections de Dresde, d'Amsterdam, de Sèvres, de Limoges ont une grande célébrité ; elles ne contiennent, à peu d'exceptions près, que des porcelaines fabriquées pour l'Europe et pendant une période limitée. On aperçoit à peine dans les vitrines de ces musées quelques pièces faites pour la Chine; on n'y voit point de ces merveilles soustraites au Palais d'Été pendant le pillage ou vendues par un mandarin en détresse, de ces spécimens de choix sortis des mains d'un artiste éminent.

Les collections publiques ou privées présentent les mêmes vides; il y a de nombreuses solutions de continuité dans les séries de fabrication depuis les Song jusqu'à nos jours. Les cabinets anglais et américains sont plus riches en produits façonnés pour les habitants du Céleste Empire, ils en sont même presque exclusivement composés. Si on réunissait dans un même local les échantillons les plus précieux et les plus beaux des collections de l'Angleterre et des États-Unis, nous aurions un ensemble assez complet; les éléments de discussion et d'étude seraient ainsi rassemblés à profusion. Le goût de ces deux nations est très distinct. L'amateur anglais préfère les vieilles qualités du temps des Ming et les porcelaines de Khang-hi; il récolte les représentants des autres périodes à regret, avec parcimonie et sans enthousiasme. L'Américain ne cache pas sa prédilection pour les époques Song et Youen; il aime la fabrication raffinée du dix-huitième siècle; sa passion dominante le pousse vers le monochrome qu'il voudrait accaparer et drainer à son profit exclusif.

En Europe, nous sommes plus modérés dans notre engouement pour les monochromes et nous réservons nos plus chères affections pour la porcelaine décorée d'émaux multicolores. Quant à moi, je suis éclectique; pour écrire utilement l'histoire de l'art céramique, il faut être impartial, renoncer à tout parti pris, agir dans la plénitude de sa liberté; il faut rechercher ce qui est beau ou intéressant sans repousser ni mépriser aucune époque de manière à élargir l'horizon le plus possible. En conséquence, j'ai rassemblé toutes les pièces pouvant concourir directement ou indirectement à mon but, afin de comparer tous les produits entre eux, de juxtaposer toutes les périodes de fabrication et de les étudier avec profit. On ne s'instruit sérieusement que par de judicieux rapprochements. Telle a été la méthode adoptée pour former ma collection.

Un musée composé de spécimens de choix en tout genre, de types parfaits de chaque époque, serait une création précieuse; il ménagerait plus d'une surprise, dissiperait plus d'un préjugé; il serait favorablement accueilli par le public dont l'éducation sous ce rapport est trop négligée; il serait une école de goût et fournirait à nos céramistes des modèles nouveaux. Cette dernière considération est plus importante qu'on ne croit dans un siècle où la concurrence étrangère est si redoutable et où le succès dépend de la supériorité des produits d'une nation sur ceux des contrées rivales.

On oublie trop souvent qu'une collection n'est pas uniquement une distraction, mais doit être, avant tout, un enseignement pratique.

On rencontre des porcelaines chinoises dans tous les pays du globe. Les ateliers de la Chine ont travaillé pour la Perse sur des modèles persans comme pour les autres nations. L'Iran a produit des faïences inimitables; mais, malgré l'opinion de Jacquemart, elle n'a pas fabriqué de porcelaine, et il serait injuste de l'enrichir sans raison aux dépens d'un empire voisin.

Les potiers chinois ont su se plier, avec une facilité et une adresse incroyables, aux exigences, au goût des acheteurs du monde entier. Vers la fin du dix-septième et pendant le cours du dix-huitième siècle, ils ont exécuté des services de table complets et des vases d'ameublement pour nos grands seigneurs et nos financiers opulents; leur talent si souple a toujours satisfait leur nombreuse clientèle.

Ces porcelaines, assurément, sont intéressantes, charmantes; mais, en toute franchise, combien sont plus sincères, plus instructives, plus belles les pièces fabriquées pour la Chine elle-même. Il y a là toute une étude inédite de documents précieux pour celui qui aspire à connaître la vie intime ou publique des habitants du Céleste Empire; ce sont des horizons nouveaux qui vont se découvrir dans un pays encore mal exploré.

Déchiffrer ces hiéroglyphes d'une nouvelle espèce, telle est la tâche que j'entreprends aujourd'hui.

NOTIONS TECHNIQUES

SUR LA COMPOSITION DE LA PORCELAINE ET SUR SA FABRICATION

L'homme, par son intelligence et son travail, a dompté la nature et transformé le monde; mais la civilisation, qui est son œuvre, ne lui a pas procuré le bonheur, but suprême de ses efforts. Se créer des besoins, c'est se préparer plus de déboires que de satisfactions, et, au milieu du luxe et des exigences de la vie moderne, on se prend à regretter la simplicité et l'innocence des premiers âges.

Quand on réfléchit sérieusement aux manifestations si variées du génie de l'homme depuis la création jusqu'à nos jours, on reste frappé et surpris du chemin parcouru aussi bien dans le domaine de la science et des arts que dans celui des arts décoratifs qui procèdent à la fois de l'art et de la science.

Parmi les découvertes de l'esprit humain, une des plus intéressantes et des plus utiles est celle de cette matière si ténue, si délicate qui, mise en œuvre et cuite à point, revêt l'apparence la plus gracieuse et se prête merveilleusement à toutes les formes et à tous les décors; je veux parler de la porcelaine.

La belle porcelaine a toujours exercé sur certains tempéraments une fascination irrésistible; elle nous attire par la mélodie de ses décors et nous retient captifs et charmés.

En présentant aujourd'hui, dans leur ordre logique, les documents relatifs à cette branche de l'art, je m'adresse principalement aux gens du monde qui possèdent un cabinet de céramique chinoise ou qui rêvent l'acquisition de beaux spécimens de cette admirable fabrication, à tous ceux qui s'intéressent aux arts décoratifs de tous les temps et de tous les pays sans distinction d'origine, aux personnes qui veulent raisonner en connaisseurs sur les objets qu'ils voient ou manipulent chaque jour. Mû par le désir ardent de s'instruire, tout esprit curieux saisira avec empressement cette occasion de parfaire son éducation, de se reconnaître dans ce dédale obscur, de débrouiller l'écheveau compliqué des figurations et des symboles, d'apprendre enfin les notions qui lui permettront de se guider dans le domaine de la céramique.

Je serai aussi bref que possible sur la partie technique dans la crainte d'éloigner le lecteur ou de le fatiguer ; mon intention, d'ailleurs, n'est pas de copier ni de rééditer les ouvrages qui ont déjà donné sur ces questions tous les éclaircissements désirables. Je me contenterai de fournir les renseignements indispensables, renvoyant aux traités spéciaux ceux qui souhaiteraient connaître à fond ces notions particulières, d'autant mieux que rien n'a été innové sous ce rapport ; on peut consulter avec fruit Alex. Brongniart, Ebelmen, Salvétat, Stanislas Julien, Jacquemart, du Sartel et Franks. Je reproduirai sommairement les faits connus et incontestés ; je crois préférable de porter mes investigations et ma critique sur les sujets laissés dans l'ombre ou l'indécision faute de documents précis sur la matière. Je tenterai de rectifier les erreurs qui ont surgi et se sont accréditées par suite des difficultés qu'on rencontre pour élucider bien des points relatifs à l'histoire de la céramique orientale.

La porcelaine chinoise est à base kaolinique ; elle est translucide et non rayable par l'acier. Le kaolin est une argile provenant de la décomposition spontanée de roches granitiques ; c'est un feldspath décomposé, friable, infusible qui communique à la porcelaine sa fermeté ; il est blanc ou il le devient dès qu'il a été débarrassé, par l'action du feu, des matières étrangères qui altéraient sa pureté ; il se compose de silice, d'alumine et d'eau.

L'élément fusible est fourni par une roche pétrosiliceuse d'origine granitique ; il est préparé pour le commerce sous forme de briquettes qui se nomment *pé-tun-tsé*.

Le *yeou-ko*, qui entre dans la préparation de l'émail des beaux vases de Chine, est une variété de *pé-tun* plus fusible.

Le kaolin tire son nom de la montagne *Kaoling*, située à l'est de King-te-tchin dans la province du Kiang-si, où se trouvent des gisements renommés pour l'abondance et la qualité des terres à porcelaine.

Les kaolins de Saint-Yrieix, près Limoges, sont composés de quartz et de feldspath ; ceux de Chine contiennent, en plus, un mica blanc que l'on élimine partiellement par le lavage. Bien que la plus grande analogie existe entre les deux substances, il est utile de noter que le mica blanc (muscovite) doit jouer un rôle important dans les propriétés de la porcelaine orientale, puisqu'il entre dans la composition des pâtes chinoises pour un chiffre moyen de 20 pour 0/0.

Le kaolin, lavé et épuré avec soin, constitue le nerf de la porcelaine, sa portion résistante. Le *pé-tun-tsé*, après avoir été réduit en poudre par le broyage et soumis à la lévigation, est mêlé intimement au kaolin; c'est de ce mélange que sont formées les pâtes à porcelaine.

Lorsque la pâte est préparée, elle est façonnée sur le tour ou dans des moules. Les différentes pièces des vases faits en plusieurs morceaux sont collées au moyen de la barbotine, ainsi que les anses et les autres garnitures accessoires.

La glaçure ou couverte donne aux porcelaines leur aspect vitreux; elle est obtenue en mêlant du feldspath quartzeux à une certaine quantité de chaux et à des cendres de fougère qui accroissent le degré de fusibilité. La chaux facilite, en outre, l'adhérence des émaux sur la couverte; en Europe, la glaçure purement feldspathique empêche souvent l'émail de se fixer avec succès.

Généralement la couverte est appliquée à l'état de bouillie sur les pièces chinoises par immersion ou aspersion avant qu'elles ne soient cuites. En Europe, au contraire, les pièces ne reçoivent leur glaçure qu'après une première cuisson appelée *dégourdi;* ce procédé a l'avantage de mettre les porcelaines à l'abri des déformations et de recouvrir d'une manière uniforme et rapide leur surface rendue plus absorbante par l'action du feu.

Les couleurs sont fixées sur la couverte des porcelaines au moyen d'un fondant ou flux vitreux, préalablement mêlé à un ou à plusieurs oxydes métalliques. Ce fondant est composé d'oxyde de plomb, de silice et d'alcalis, soit soude, soit potasse, et il ne contient en dissolution qu'une faible proportion d'oxyde colorant.

Les oxydes étant dissous dans les couleurs employées en Chine pour la décoration céramique, nous sommes en présence de véritables émaux; ces motifs nous engagent à donner à la porcelaine chinoise le nom de porcelaine émaillée, tandis que celui de porcelaine peinte convient mieux aux produits d'Europe; nous le lui réservons.

Les émaux diffèrent des couleurs en ce que dans les premiers les oxydes sont dissous; dans l'émail le fondant domine et l'oxyde existe en faible proportion; dans la couleur, au contraire, c'est l'oxyde qui est abondant.

Pour réussir dans l'application des émaux colorés sur la couverte, la difficulté gît dans l'obligation de ramener toutes les couleurs à se développer à une même température, bien que chacune n'entre en fusion qu'à un degré différent de fusibilité, on n'obtient ce résultat qu'après une longue expérience et des essais laborieux. Les détails les plus complets sur ce sujet sont exposés par M. Salvétat dans sa préface écrite pour le traité de céramique traduit par Stanislas Julien.

J'ajouterai à ces notions élémentaires plusieurs renseignements utiles. On exige des émaux certaines qualités indispensables; il faut qu'ils adhèrent à la porcelaine sur laquelle on les applique sans s'altérer, s'écailler ni se boursoufler et qu'ils acquièrent un aspect vitreux par la cuisson; ils doivent, en outre, résister à l'influence de l'eau, des gaz et de l'air; il n'est pas moins important qu'ils soient inattaquables par l'action chimique des matières et des objets avec lesquels ils seront en contact dans l'usage et qu'ils offrent une certaine dureté pour n'être pas rayés ou oblitérés par le frottement des corps étrangers.

Les couleurs vitrifiables se composent d'un oxyde et d'un fondant, qui, jadis, étaient confondus. Dumas et Brongniart les ont distingués; ils ont prouvé que ces deux substances étaient considérées, à tort, comme formant toujours après la fusion un tout homogène. Cette théorie, vraie pour les oxydes de cuivre et de cobalt, était fausse dans d'autres cas; ainsi, l'oxyde de fer ne se combine pas chimiquement avec le fondant qui n'est alors qu'un véhicule destiné à recouvrir le principe coloré et à le fixer sur l'excipient.

Je signalerai enfin un autre danger à éviter : lorsqu'on mélange ou qu'on juxtapose plusieurs couleurs, il faut exclure avec soin les substances qui sont de nature à réagir pendant la cuisson les unes sur les autres et à apporter des modifications dans les tons.

Il y a, dit-on, des pâtes tendres en Chine, je ne connais pas un seul spécimen de cette espèce; ne confondons pas l'apparence et la réalité; les porcelaines chinoises ayant l'aspect de la pâte tendre résistent à l'acier. Certaines couvertes, il est vrai, les émaux gros vert ou vert feuille de camellia, par exemple, sont plus sensibles à l'action des corps étrangers et se raient à leur contact; telle est peut-être l'origine de la croyance à l'existence de pâtes tendres en Chine. La pâte tendre, en Europe, n'est pas à base kaolinique.

La cuisson de la porcelaine est une opération délicate, elle peut entraîner les conséquences les plus désastreuses par la perte, partielle ou totale, de la fournée qui représente une somme de travail considérable, l'œuvre de nombreux ouvriers et d'excellents artistes. Un feu trop vif ou conduit sans la prudence nécessaire, avec une précipitation maladroite, peut détruire ou détériorer une fournée entière; aussi ne faut-il négliger aucune précaution pour mener à bien cette entreprise; et encore, dans les meilleures conditions, n'est-on jamais certain d'une issue favorable. Les soins les plus minutieux, la plus habile pratique, l'expérience la plus consommée, n'assureront jamais une sécurité absolue. Comment prévenir tous les accidents dus au hasard dont le rôle est souvent funeste dans l'industrie qui nous occupe?

Il serait trop long d'énumérer ici tous les dégâts si divers dont peut être victime, au cours de la cuisson, une pièce céramique : le bris, les déformations, les coups de feu, les retirements, les coulures, les cloques, les grains, l'écaillage, l'enfumage, les projections de cendres, que sais-je encore? Aussi quelle émotion poignante pour l'artiste quand il retire du four l'œuvre à laquelle il a prodigué tous ses soins! quel serrement de cœur quand il voit l'œuvre, conçue avec amour et ornée avec tendresse, compromise, déshonorée ou détruite par un accident fortuit! quand il voit toutes ses espérances de gloire anéanties!

Les pièces sont placées dans le four sur une couche de sable, plus souvent sur des plateaux ou dans des étuis en terre réfractaire; ces étuis s'appellent *cazettes*. Afin d'empêcher l'adhérence des porcelaines, on poudre le fond des cazettes de résidus de kaolin. Après avoir muré l'entrée des fours, on allume le feu et on l'amène graduellement jusqu'à la température nécessaire à la cuisson parfaite. Dès qu'on croit la cuisson suffisante, on retire du four par une ouverture spéciale des morceaux de pâte destinés à cet usage, et, s'il ressort de cet examen que les pièces sont cuites à point, on cesse les feux, on ferme toutes les issues et on laisse refroidir pendant quelques jours avant de procéder au défournement.

Les porcelaines chinoises cuisent à une température inférieure à celle qu'exige la porcelaine de luxe en Europe, parce que leur pâte se compose de mélanges plus fusibles; nos porcelaines du commerce, au contraire, moins riches en kaolin, ne nécessitent qu'un feu plus faible. Le degré de chaleur des foyers à porcelaine varie de 1350 à 1600 degrés; en Chine, il ne dépasse pas le premier de ces chiffres, même pour les pièces les plus kaoliniques.

Les procédés de décoration en Chine sont très variés. La matière colorante est incorporée tantôt dans la pâte, tantôt dans la couverte; d'autres fois l'émail est appliqué sur la pièce soit avant la mise en couverte soit sur la couverte même. Dans les deux premiers cas, ainsi que pour les décors sous couverte, le degré de cuisson n'est pas inférieur à celui qui est nécessaire pour cuire la porcelaine. Le grand feu, indispensable pour certaines nuances, volatiliserait les couleurs tendres. Ces dernières, utilisables sur la couverte des pièces, cuisent à une température sensiblement moindre.

Lorsque la matière colorante est incorporée dans la pâte même, les résultats sont rarement convenables ; souvent l'aspect de la pièce est désagréable, la coloration est mal répartie, l'ensemble manque d'homogénéité ; aussi préfère-t-on mélanger la couleur dans la couverte, ce second système offrant plus de garantie de succès.

Il n'est pas douteux que plusieurs fonds particuliers à la Chine sont dus à un accident fortuit. Ces accidents, ingénieusement mis à profit, ont été ensuite régularisés ; l'artiste, par sa patience et son habileté, a résolu le problème de rendre pratique et normale une exception née du hasard. Personne ne me contredira quand j'affirmerai que certains mélanges à base de fer, de cobalt ou de manganèse, même en proportions semblables, ne donneront pas toujours un résultat identique, ne serait-ce qu'en raison de l'influence des gaz pendant la cuisson. L'atmosphère, selon le degré d'oxydation, produira des couleurs différentes ; il est presque impossible de régler, d'une manière invariable, l'oxydation dans le four. Il est une autre cause radicale, intrinsèque, dirais-je volontiers, qui opposera une barrière infranchissable à nos tentatives pour imiter certaines colorations particulières à la Chine, c'est l'emploi, dans ce pays, de matières premières impures. En conséquence, on n'est jamais certain, à l'avance, des couleurs exactes qui décoreront les pièces après leur sortie du four, et, si parfois on a la surprise et la joie d'obtenir des teintes imprévues, extraordinaires, idéales, dues au mélange incertain des matières premières, par contre il y a le revers de la médaille et il arrive malheureusement trop souvent que l'impureté d'un minerai amène des coulures ou des nuances fausses et ratées qui enlèvent au vase toute sa valeur. Un manque ou un excès de cuisson produit également une nuance différente de celle qui était voulue.

Les progrès de la chimie nous permettent l'usage de matières premières d'une pureté irréprochable ; ces avantages étaient refusés aux potiers de l'Orient, c'est là une raison de plus pour admirer les merveilles sorties de leurs mains. En Europe et à Sèvres, notamment, les procédés et les dosages étant scientifiques, il est aisé de se rendre compte qu'il soit possible de reproduire plusieurs fois les mêmes nuances en ayant soin d'employer des produits colorants de même qualité en quantité identique. En Chine, beaucoup de petits fabricants avaient la spécialité d'une nuance ou d'un décor ; leur méthode de production n'était connue que d'eux seuls, et, étant parfois empirique, elle ne leur survivait pas. Ces fabricants, s'ils n'avaient pas de descendants auxquels ils pouvaient transmettre leurs secrets, les emportaient avec eux dans la tombe. Ce fait explique la rareté de certaines porcelaines décorées ou monochromes ; et on comprend, dès lors, que les imitations tentées plus tard n'aient pas complètement réussi ou n'aient réussi qu'après de longs tâtonnements sans donner toujours des résultats entièrement satisfaisants.

M. Salvétat écrit dans sa préface particulière du livre traduit par Stanislas Julien : « Si l'aspect des porcelaines chinoises diffère de celui de nos productions ; si l'harmonie de leurs peintures paraît plus variée, c'est le résultat forcé des méthodes employées en Chine. Toutes les couleurs dont on se sert sont peu colorées ; elles n'ont de valeur que sous une certaine épaisseur qui donne à leurs peintures un relief impossible à obtenir par d'autres moyens. L'harmonie de leurs peintures est la conséquence de la nature et de la composition de leurs émaux ». Après une déclaration aussi nette, après cet aveu dépouillé d'artifice, la voie semblait toute tracée ; l'heure des améliorations indispensables et des improvisations fécondes semblait avoir sonné, l'impuissance des anciens errements était notoire, il fallait à tout prix sortir de l'ornière traditionnelle ; la Chine nous conviait, par la vogue toujours croissante de sa céramique, à la suivre sur ses traces glorieuses. La logique n'est pas de ce monde, l'admiration est restée platonique, et Sèvres a continué à s'avancer péniblement dans les sentiers frayés. Sans se renfermer dans le cercle étroit d'une imitation servile, Sèvres devait chercher ses inspirations du côté de l'Orient, le pays des rêves dorés et de la lumière éclatante et doter ainsi sa fabrication de procédés nouveaux et d'innovations heureuses. On a méconnu la loi de la véritable esthétique, on a méprisé les leçons de l'expérience ; la conséquence était fatale : dédaigner le progrès, c'était entrer en pleine décadence. Constatons avec tristesse que Sèvres, en abandonnant la fabrication de la pâte tendre, a signé son abdication de ses propres mains. J'ajouterai timidement une observation qui n'est ni une hérésie ni une énormité. Mais dussé-je m'exposer à être frappé par la foudre qui gronde sur ma tête, je résisterai à la tempête et je dirai avec con-

viction que l'insuccès de Sèvres, depuis l'abandon de la pâte tendre, provient
de ce fait que l'élément scientifique est trop prédominant et que l'art est trop
subordonné, trop sacrifié; ma sincérité sera mon excuse. Une direction artis-
tique et une collaboration scientifique, telle est la formule. Les céramistes chinois ne sont pas des savants, mais des artistes; leur œuvre est le témoignage
éloquent, irréfutable que l'artiste est plus utile en céramique que le savant. Puisse
ce conseil salutaire, appuyé par l'expérience, être entendu et suivi!

Au moment où nous écrivons ces lignes, l'organisation de Sèvres vient d'être
modifiée et les nouveaux directeurs, pénétrés de l'insuffisance et de l'infériorité
des produits de notre manufacture nationale, semblent s'orienter vers une voie
meilleure. Ebelmen et Salvétat avaient déjà démontré et les travaux plus ré-
cents de M. Lauth ont confirmé que la porcelaine chinoise avait une composition différente de celle de Sèvres et exigeait un degré de cuisson moins élevé.
Il a été reconnu que des matières colorantes, employées en Chine, disparais-
saient sur nos porcelaines de grand feu à cause de la haute température de nos
fours et que les émaux tendres ne peuvent se fixer solidement sur les pièces
kaoliniques d'Europe comme sur celles d'Orient, parce qu'elles sont moins riches
en silice. Ces constatations ont servi de base à de nouvelles tentatives pour
arriver à une imitation plus réelle de la céramique orientale; reconnaître ses
erreurs, c'est le commencement de la sagesse.

Je résumerai cette étude en deux mots : quand on songe un instant aux ha-
sards si multiples de la cuisson, aux causes si nombreuses de détérioration ou
de destruction, à tous les genres de défauts inhérents à la porcelaine, n'est-il
pas inouï, extraordinaire, surnaturel de posséder des pièces parfaites d'une pureté immaculée? Aussi, mon admiration est sans bornes toutes les fois que des
chefs-d'œuvre de ce genre apparaissent à mes yeux fascinés dans toute la grâce
et la majesté de leur radieuse beauté.

ORIGINE DE LA PORCELAINE

DATE DE SON INVENTION. — ERREURS DE STANISLAS JULIEN

On est généralement porté, pour les hommes et pour les objets d'art, à reculer leur origine jusqu'aux temps les plus lointains; on leur attribue une antiquité fabuleuse comme si cette ancienneté, plus ou moins fictive, devait accroître leur valeur naturelle. Trop souvent il y a lieu de réagir contre ces tendances, quand on cherche sérieusement la vérité. La porcelaine a subi la loi commune; pourtant elle n'a nullement besoin d'une antiquité antédiluvienne pour figurer avec honneur dans le monde. L'auréole, qui l'entoure depuis sa découverte, suffit à sa gloire, ses quartiers de noblesse sont satisfaisants et authentiques; il serait injuste de mesurer l'importance des services rendus à la fragilité de la matière. N'oublions pas l'admiration légitime que l'apparition de la porcelaine excita en Europe et les efforts longtemps infructueux de nos savants et de nos industriels pour obtenir dans nos fours un produit semblable.

Les éléments, qui constituent la matière première de la porcelaine, ont suffisamment intrigué, au dix-huitième siècle, toute une génération de chimistes, et le mystère qui enveloppait le secret de fabrication de cette nouvelle poterie a été assez épais, assez prolongé pour qu'il soit superflu de frapper les imaginations par des contes fantastiques et de dissimuler la vérité en l'environnant de nuages et de brouillards.

Aussi, je ne placerai pas les origines de la porcelaine au temps de l'empereur Chun qui gouvernait la Chine 2255 ans avant l'ère chrétienne. Que ce souverain ait exercé le métier de potier avant de régner, le fait est historique, mais gardons-nous d'en conclure que la porcelaine avait déjà son état-civil à cette époque reculée. Il y a là une confusion manifeste ; la poterie, la terre émaillée ne sont pas la porcelaine telle que nous la connaissons, et la seule porcelaine, qui mérite ce nom, date du commencement de la dynastie des Song (960-1260 A. D.) ; c'est là un âge encore assez respectable, surtout si l'on songe que l'Europe n'a produit des pièces similaires que vers 1709, après de nombreuses années de recherches persévérantes et de tentatives laborieuses.

Il est incontestable que de vraies porcelaines ont été fabriquées sous les Song et les Youen, cependant personne ne me contredira quand j'affirmerai que c'est avec la dynastie des Ming que s'ouvre l'ère véritablement glorieuse pour la porcelaine qui n'avait pas encore auparavant revêtu le costume aussi varié qu'éclatant qui a assuré sa réputation universelle.

Böttger ou Bötticher, le premier, fabriqua en Saxe, vers 1709, de la porcelaine dure. En 1766, Darnet découvrit les kaolins de Saint-Yrieix dont les gisements si riches et si abondants ont procuré à notre industrie les plus brillants succès. Enfin, ce fut en 1769 seulement que Macquer présentait à l'Académie des Sciences de Paris des pièces de porcelaine semblables à celles de la Chine.

Je constaterai ici que, depuis longtemps déjà, l'Europe possédait, à son insu, le secret de faire de la porcelaine véritable, tandis que tous les chimistes travaillaient à l'envi au fond de leurs laboratoires, désireux de percer ce mystère qui restait impénétrable malgré les essais les plus opiniâtres. Un des savants attachés à la cour de François de Médicis avait, en 1580, fabriqué une espèce de porcelaine au château de San Marco, près Florence ; mais les travaux avaient bientôt cessé à cause de l'impossibilité d'obtenir la translucidité.

On était impuissant alors à se rendre compte que la porcelaine était découverte, mais qu'elle demeurait opaque par suite d'un manque de cuisson. Les céramistes ignoraient encore que, pour acquérir la transparence, la porcelaine exigeait un degré de chaleur inconnu au seizième siècle et inutile pour les faïences et autres poteries en usage à cette époque.

Des spécimens de cette poterie opaque, appelée *porcelaine des Médicis*, se voient au Louvre et dans d'autres musées.

Ce n'est pas à la légère et au hasard que j'ai inscrit la découverte de la porcelaine au commencement du règne des Song. Je n'ai adopté cette date qu'après de longues investigations, après avoir consulté les gens les plus compétents en Chine et ailleurs. Au surplus, j'ai été vivement frappé en lisant attentivement l'ouvrage chinois traduit par Stanislas Julien et en arrivant au livre III° qui traite des porcelaines antiques imitées à King-te-tchin, d'observer que l'auteur ne parle d'aucune imitation antérieure aux Song. Je m'abuse peut-être, mais, pour moi, il y a là plus qu'une présomption; il y a, sinon une certitude, au moins un indice et un commencement de preuve qu'il n'y avait pas de porcelaine avant l'avènement de cette dynastie.

En effet, je n'aperçois aucune raison pour n'avoir point imité de porcelaines plus anciennes sinon qu'elles n'existaient pas et n'ont jamais existé.

Je sais bien que le livre IV° de l'ouvrage précité débute en nommant deux ouvriers qui ont travaillé sous les Thang, mais rien ne certifie que ces artisans aient fabriqué de la porcelaine; là est justement le point litigieux et je produis plus loin des arguments qui me permettent d'opposer une fin de non-recevoir à ceux qui ont émis cette opinion.

Affirmer n'est pas prouver, et les gens sérieux ne sauraient se contenter d'une simple affirmation en guise de preuve.

De graves difficultés surgissent ici de toutes parts.

La méthode scientifique, dont les résultats ont été si complets pour les études historiques, démontre surabondamment combien d'erreurs avaient jadis cours dans le monde depuis des siècles avant qu'Augustin Thierry n'ait appliqué ce mode nouveau qui ne s'appuie que sur des documents authentiques, qui exige la certitude absolue des faits énoncés et des renseignements indiscutables. Ce procédé, qui est récemment inauguré même en Europe, est inconnu en Chine où l'imagination des écrivains joue le premier rôle au détriment de la science et de la vérité; il n'y a, du moins, été pratiqué que pour les travaux relatifs à l'histoire de cette contrée. En effet, depuis les premiers empereurs, il existe à Pékin un tribunal historique, composé des lettrés les plus distingués, dont la mission consiste à préparer les matériaux nécessaires pour écrire la vie de chaque souverain et les événements de son règne après sa mort. Les membres de ce tribunal sont protégés dans leur impartialité contre les séductions du pouvoir par l'inamovibilité et d'autres sages prérogatives.

D'un autre côté, les traductions des ouvrages chinois sur la céramique sont généralement fort inexactes, émanant de savants d'une compétence douteuse. Il ne suffit pas de savoir la langue chinoise, pour traduire un livre technique; il est indispensable de posséder des notions précises sur l'industrie dont on s'occupe, et c'est cette connaissance pratique si utile qui justement fait défaut. Cette vérité est plus réelle, plus frappante, plus indéniable pour une langue comme la langue chinoise dans laquelle les caractères représentent moins des mots que des idées, dans laquelle une interprétation doit remplacer la traduction littérale qui ne donne pas toujours le sens véritable de la pensée exprimée.

Une traduction servile peut être infidèle et devient un danger dont les conséquences funestes sont infinies; on arrive ainsi à émettre et à propager les erreurs les plus nuisibles. Il est si difficile de déraciner une erreur qui a pris son essor à travers le monde !

Il y a encore une autre cause qui ne contribue pas moins à nous égarer. Les voyageurs qui, du douzième au dix-huitième siècle, ont parcouru l'Asie et visité l'Extrême-Orient, partaient sans être munis du bagage scientifique reconnu indispensable à nos contemporains chargés de missions. Le récit de leurs excursions lointaines était plutôt un rapport pittoresque ou humoristique qu'une narration savante; aussi ces auteurs, si précieux néanmoins malgré leur compétence relative, se servaient indifféremment de termes qu'ils croyaient identiques; ils employaient tour à tour les mots « *poterie, grès, majolique, faïence, porcelaine* » selon les besoins euphoniques de la phrase qu'ils construisaient sans se douter de la propriété des expressions et ignorant la différence, assez notable pourtant, qui existe entre ces divers produits. Il est donc téméraire, sinon dangereux, de se fonder sur l'emploi du mot *porcelaine* dans leurs écrits pour en déduire, sans autre preuve, l'existence de la véritable porcelaine à l'époque de leurs pérégrinations.

Je lis, en effet, dans l'histoire de la majolique, publiée par Passeri, que ce genre de poterie fut porté à la plus haute perfection sous Guidobaldo II de la Rovere, et que, sous ce prince éclairé, la majolique prit le nom de *porcelaine* pour désigner « une vaisselle de choix qui, bien que faite avec les anciens matériaux, était plus fine, plus étudiée et plus élégante que l'autre ». Cette usurpation engendra les plus regrettables méprises.

Nous savons également que les faïenciers de Delft et de Rouen appelèrent leurs produits *porcelaines,* et cependant ils n'ignoraient pas que les deux industries se servaient de matières premières différentes ; ce fut une nouvelle source d'erreurs.

Des phrases vagues ou obscures, des expressions mal définies, incorrectes ou erronées ne sont pas une base assez solide pour établir une origine certaine. La poterie, c'est incontestable, est presque aussi ancienne que le monde; mais, remarquez-le bien, nous ne parlons pas ici de la poterie; nous parlons uniquement d'un produit particulier à la Chine, qui y a pris naissance, nous parlons de la porcelaine dure kaolinique.

Stanislas Julien pense que jusqu'en 202 avant Jésus-Christ, les Chinois ne connaissaient que les vases en terre cuite, et il réfute clairement l'opinion de ceux qui font remonter l'invention de la porcelaine à 2255 ans avant l'ère chrétienne, au règne de Chun. Il fait bonne justice de l'erreur grossière, commise par Rosellini et Davis, au sujet de ces petites bouteilles aplaties, à surface rugueuse comme la chair de poule, de ces flacons à tabac découverts dans un tombeau égyptien récemment ouvert, datant de 1800 ans avant Jésus-Christ; il démontre, par des arguments irréfutables, que ces flacons ne pouvaient être contemporains des Pharaons, puisque les caractères cursifs qu'ils portent ont été inventés sous l'empereur Youen-ti (48-33 ans avant Jésus-Christ) et que leurs inscriptions sont des fragments de poésie extraits d'auteurs ayant vécu sous les Thang entre 713 et 795 de notre ère.

Stanislas Julien ajoute, se conformant aux documents puisés dans les annales de Féou Liang, que ce fut seulement sous la dynastie des Han, entre les années 185 avant et 87 après le Christ, que la porcelaine fut inventée dans le pays de Sin-ping (Honan). Je ne saurais accepter cette date parce que les caractères, dont l'auteur chinois s'est servi, me paraissent mal interprétés, et dès lors l'édifice établi sur un sol mobile manque d'assises solides; aussi les raisonnements et les déductions du traducteur s'écroulent entraînant dans leur chute l'édifice tout entier.

A mon avis, il ne s'agit ici que de grès cérames ou de poteries mélangées de grès et de kaolin, mais non de produits méritant le nom de porcelaine. Stanislas Julien, par une confusion regrettable, substitue le mot *porcelaine* au mot *céramique,* c'est un tort. La céramique comprend la porcelaine, ainsi que toutes les poteries quelconques; il ne faut pas confondre le genre et l'espèce; le genre plus général englobe toutes les espèces particulières, mais la réciprocité n'est plus vraie.

Les faits invoqués par Stanislas Julien ne sont nullement concluants, non plus que ceux mis en avant par M. du Sartel qui place l'invention de la porcelaine sous les Thang (618-907). Il paraît que, dans les premières années de la dynastie des Thang et non dans les dernières, ainsi que le rapporte M. du Sartel, le mot *thao* 陶 qui désignait la prétendue porcelaine fut remplacé par le mot *yao* 窯 ; ce *mot nouveau aurait été nécessaire pour définir un produit nouveau.* Cette explication fort ingénieuse ne satisfait pas mon esprit, et ce n'est pas sur une hypothèse aussi problématique et aussi hasardée que je m'appuierais pour dresser l'état-civil d'un art nouveau-né.

Il est facile de citer des exemples pour prouver que des mots nouveaux sont mis en circulation, sont adoptés par le public, et se substituent rapidement à une autre locution sans que le besoin d'un tel changement soit pressant ou soit seulement utile. Ainsi le mot *valet* n'est presque plus usité, non plus que celui de *portier* ou de *carrosse,* et ces expressions tombées en désuétude ont été remplacées par « *domestique, concierge, voiture* »; il n'y a là qu'une affaire de mode, et non une nouveauté nécessitant une qualification nouvelle. Choisis entre mille, ces exemples pourraient être sans peine multipliés.

D'ailleurs ce qui tranche la question, c'est que *yao* ne signifie pas *porcelaine,* mais le four destiné à la cuire; il y a donc fausse interprétation du mot *yao.*

Il n'est même pas certain que le mot *yao* n'ait pas eu cours antérieurement à l'avènement des Thang, puisque les produits de Kouan-tchong sont intitulés dans Stanislas Julien : *Kouan tchong yao,* produits du four de Kouantchong et sont indiqués comme fabriqués sous les premiers Weï (220-265 A. D.). Ce fait, s'il est vrai, est en contradiction notoire avec la notice insérée par Stanislas Julien à la page 27 de sa traduction et ainsi conçue : « jusqu'à l'époque des Thang la porcelaine fut en grande vogue sous le nom de *thao;* mais, dès les *premières années* de cette dynastie, elle commença à recevoir le nom de *yao* ». Puisque *yao* était une expression employée sous les Weï, elle n'est pas nouvelle à l'avènement des Thang qui n'occupèrent le trône chinois que 350 ans plus tard.

Si jusqu'ici j'ai conservé des doutes sur l'existence de la véritable porcelaine, mon incertitude cesse et se dissipe au commencement de la domination des Song (960-1260). En effet, nous avons en notre possession des échantillons authentiques, variés et nombreux, fabriqués sous cette dynastie et d'autres qui, sans remonter à ces âges lointains, sont des reproductions fidèles de ces époques primitives; aussi est-ce avec les preuves en mains et les pièces sous les yeux que j'inscris entre 950 et l'an 1000 la découverte de la porcelaine kaolinique, de celle-là seule qui a droit de porter ce nom réellement.

Les documents parlants authentiques sont seuls persuasifs et concluants, ce sont les seuls que j'offrirai au public comme preuves irréfutables.

J'ai, à plusieurs reprises, réclamé, en Chine, des pièces antérieures à 960, même des fragments de pièces; il m'a été répondu, à l'unanimité, que cela n'existait pas et qu'on ne connaissait aucune porcelaine kaolinique sans alliage fabriquée sous les règnes précédents; les produits plus anciens n'étaient que des grès cérames.

Je lis bien dans certains auteurs mentionnés par Stanislas Julien que sous les Weï (220-265 A. D.) deux manufactures de porcelaine travaillaient pour l'Empereur; que sous les Tçin (265-419) les vases étaient bleus; que sous les Souï (581-618) la porcelaine était verte; que sous les Thang (618-907) il y avait six porcelaines différentes bleues ou blanches ressemblant au jade ou à la glace; mais faut-il se contenter de ce que ces auteurs ont prononcé le mot *porcelaine* pour en tirer la conséquence de l'existence de la porcelaine à ces époques? Ces documents sont trop vagues; leurs assises manquent de solidité. Bien plus, il y a un défaut de traduction.

Du reste, personne n'ignore avec quelle facilité les Orientaux ont recours aux métaphores les plus hasardées et aux images les plus extravagantes pour exprimer leur pensée ou leur enthousiasme; ainsi, des porcelaines *bleues* (*vertes* plutôt) et blanches qui ressemblent au jade et à la glace, ce sont, en réalité, des poteries émaillées, à couverte luisante, vertes comme le jade ou blanches comme la glace. Cette comparaison avec le jade et la glace implique uniquement l'idée d'une poterie polie à la surface, avec vernis brillant, ayant la couleur du jade ou de la glace qui, sans être une vraie porcelaine, était néanmoins une merveille pour l'époque.

Quant à moi, je suis persuadé que jusqu'ici il n'a été question que de terres ou de grès émaillés; cependant je reconnais que des progrès rapides se sont accomplis dans la céramique et que le temps est proche où nous allons voir apparaître un produit qui, s'il n'est pas encore une porcelaine kaolinique très pure et parfaite, commence à s'en rapprocher singulièrement. Il est avéré que, sous le règne de Chi-tsoung des Tchéou postérieurs (954-960), on fabriquait, dans le Honan, un produit céramique bleu azur?

(vert, je crois) luisant comme un miroir, mince comme le papier, sonore comme le métal ; ce sont bien là les caractères distinctifs de la porcelaine et, si elle n'est pas encore née, elle va bientôt voir le jour ; nous sommes à la veille de l'avènement de l'illustre dynastie des Song qui va s'emparer du trône impérial et gouverner la Chine pendant 300 ans.

Sous toutes réserves, je ne serais pas étonné que les produits de 954 fussent des céladons de fer vert d'eau, mélange de grès et de kaolin.

Les difficultés surgissent en foule dès qu'on veut appliquer en Chine la méthode scientifique, la seule voie rationnelle qui s'impose désormais pour connaître la vérité ; ce mode d'information est hors d'usage dans un pays conquis par les lettrés où l'imagination domine et où la science est presque inconnue. Comment élucider certaines questions sur la porcelaine ? L'ouvrage traduit par Stanislas Julien est assez obscur et assez confus, cela tient-il à l'ouvrage lui-même, à un défaut de composition ou au traducteur ?

Les documents placés sous nos yeux sont-ils assez clairs, assez précis, assez substantiels pour éclairer notre route à travers le pays de la céramique ? La traduction du traité chinois est consciencieuse, mais est-elle exacte ? Stanislas Julien, ne s'étant jamais occupé de porcelaine ni comme spécialiste, ni comme amateur, avait-il la compétence indispensable pour traduire utilement une œuvre technique spéciale ? Je constate avec tristesse que Stanislas Julien n'avait pas les connaissances nécessaires pour entreprendre un tel travail. Je crains que la lecture du traité traduit par Stanislas Julien ne dissipe pas les ténèbres qui enveloppent trop souvent l'horizon en Chine dans le domaine de la céramique ; je dirai même qu'une traduction littérale non seulement peut être mais est souvent infidèle, et qu'elle ouvre la porte à de nombreuses méprises. Avec la langue chinoise, je le répète avec intention, il faut souvent recourir à une interprétation éloignée du caractère traduit littéralement ; c'est le sens vrai et non le sens strict du mot qui doit éclairer la marche dans les excursions scientifiques.

Stanislas Julien traduit indistinctement *thao* et *yao* par *porcelaine* ; les conséquences de cette interprétation vicieuse sont incalculables. *Thao* signifie *poterie émaillée, terre* ou *grès*, tout au plus une *porcelaine grossière* ; *yao* signifie le *four à cuire* la poterie ou la porcelaine, mais ne se prend qu'indirectement, par occasion, dans l'acception de porcelaine. On appréciera, sans autre commentaire, les résultats funestes de cette fausse interprétation des mots *thao* et *yao* qui est, probablement, la raison pour laquelle Stanislas Julien place sous les Han l'invention de la porcelaine; ainsi une faute entraîne infailliblement à sa suite toute une série d'erreurs.

En Chine, la porcelaine s'appelle *tsé, tseu* 瓷, et encore ce caractère, en réalité, n'est-il pas l'équivalent parfait de notre terme français; il s'applique à la porcelaine de bonne qualité, mais rigoureusement il signifie « *poterie fine, poterie de choix* ». Ce n'est donc qu'indirectement, par raisonnement, que *tsé* désigne la *porcelaine* qui n'a, dans le vocabulaire chinois, aucune dénomination propre et exclusive. N'est-il pas étrange, extraordinaire, incroyable que le pays privilégié qui a créé un produit aussi exquis, aussi merveilleux, n'ait jamais songé à lui donner un nom spécial? Ce fait, vérifié par un illustre savant, restera incompréhensible pour tout penseur sérieux; il n'en est pas moins incontestable. Dès lors on comprendra à quelles tempêtes nous nous exposons, explorateurs téméraires, en naviguant sur cette mer dangereuse, si fertile en naufrages. Vainement jusqu'à ce jour avons-nous cherché une boussole de précision pour nous diriger sur cet océan qui recèle tant d'écueils sous ses flots malgré un calme apparent. Que les dieux tutélaires protègent nos efforts! Que le lecteur récompense notre courage et nous accorde sa bienveillance!

En Europe, quand on dit du Saxe, du Chantilly, du Rouen, on est aussitôt fixé sur la nature exacte du produit sorti de tel ou tel four, parce que la Saxe n'a fabriqué que de la porcelaine; Chantilly, de la pâte tendre; Rouen, de la faïence. Sèvres ayant fabriqué successivement de la pâte tendre et de la pâte dure, on a bien soin, en parlant des porcelaines de Sèvres, d'ajouter « *pâte tendre, pâte dure* » afin de spécifier clairement le genre de céramique auquel on fait allusion.

En Chine, *yao* signifie indirectement *porcelaine*, cela est indubitable; mais tous les fours n'ayant pas cuit exclusivement de la porcelaine, il faut, pour traduire *yao* (four) par *porcelaine*, que ce four n'ait cuit que des pièces kaoliniques. Un doute plane sur l'interprétation de *yao* chaque fois qu'un four a produit simultanément des porcelaines et des terres émaillées. S'agit-il de centres manufacturiers où l'on fabrique uniquement des terres ou des grès, si on traduit par *porcelaine* le caractère *yao* (four), accolé au lieu de production, on se trompe et on trompe le public. Tel est le cas de Stanislas Julien; un sol mal préparé, mal amendé ne donnera jamais de bons fruits.

Que de méprises ont été la conséquence inévitable d'une première erreur!
en voici un exemple entre mille. Après avoir énuméré les divers produits
du four de Ting-tchéou (Ting yao), Stanislas Julien termine en parlant de vases
d'une matière jaune et grossière appelés vulgairement *thou ting*, vases de
Ting en terre. Les *thou ting* sont également des *Ting yao;* le four de
Ting (Ting yao) a cuit par conséquent aussi bien des poteries de terre que,
des poteries kaoliniques; dès lors traduire ici *yao* par *porcelaine* c'est com-
mettre parfois une faute notable. L'interprétation de l'ouvrage sur la céramique n'offre donc pas les garanties désirables et ne doit pas être acceptée
aveuglément sans contrôle. Rendons cependant hommage au talent de Stanislas
Julien qui était doué de qualités éminentes et qui avait à lutter contre des
difficultés considérables; sa préface intéressante abonde en renseignements
précieux, inédits lors de la publication du livre.

Je regretterai toujours sincèrement que l'ouvrage chinois sur la céramique
n'ait pas été traduit par un savant compétent en pleine possession de son
sujet; alors le flambeau de la science aurait éclairé notre route dans le
domaine que nous explorons, nous aurions évité bien des faux pas, et, au
lieu de nous éloigner de la lumière, nous aurions marché dans la vraie
voie, la seule que nous cherchons.

ÉTYMOLOGIE DU MOT PORCELAINE

DATE DE L'INTRODUCTION DE LA PORCELAINE EN EUROPE

Jacquemart et M. du Sartel énumérent les différentes versions émises par les érudits sur l'étymologie du mot *porcelaine* ; je ne les transcrirai pas toutes en détail parce qu'aucune des hypothèses indiquées n'est entièrement satisfaisante.

Jacquemart et Figuier pensent que le mot *porcelaine* est un dérivé du portugais *porçolana* ou *porcellana* signifiant *vaisselle*. Cette supposition semble naturelle puisque les Portugais, les premiers, ont introduit *commercialement* en Europe les produits céramiques de l'Extrême-Orient.

Cette solution facile, admise par le Père d'Entrecolles, répugne aux esprits, épris de merveilleux, qui cherchent une source plus enveloppée d'ombre et de mystère, afin d'éblouir le public ; elle paraît logique et vraisemblable. Cependant, il est impossible de l'accepter, s'il est vrai (les faits sont patents) que le mot *porcelaine* avait cours longtemps avant l'introduction en Europe de la poterie chinoise par les Portugais en 1508 et qu'il figure déjà dans la relation du voyage de Marco Polo, à la fin du treizième siècle.

Les inventaires du mobilier des rois et des princes au quatorzième siècle font mention de vases et de coupes en pierre de porcelaine. Cette substance, que M. Delaborde prétend être de la nacre, ne serait pas, selon Labarte, la coquille porcelaine, puisqu'elle est désignée comme une pierre, elle serait une matière précieuse, agate ou calcédoine, ayant une demi-translucidité. Par comparaison, cette transparence aurait suggéré l'idée d'appliquer à la nouvelle poterie le nom de porcelaine.

A mon avis, la porcelaine orientale doit sa dénomination à l'analogie qu'elle présente avec certains coquillages nacrés de la famille des enroulés, appelés *porcelaines*. Cette opinion est d'autant plus probable qu'elle rencontre un nouveau point d'appui dans la croyance, généralement répandue à ces époques lointaines, que la poterie translucide de la Chine était composée de plâtre, d'œufs et *d'écailles de coquilles marines*. Ces erreurs grossières, accréditées en Europe, étaient admises par les érudits et s'y sont longtemps maintenues ainsi qu'en témoignent les écrits du savant Gui Panciroli, édités à Venise au seizième siècle.

Recherchons maintenant la date exacte de l'introduction de la porcelaine orientale en Europe.

Le port de Canton était fréquenté par les Arabes dès le neuvième siècle ; aussi les premières poteries chinoises ont été probablement rapportées par ces intrépides voyageurs. Ces pièces ont été d'abord des grès émaillés plus ou moins kaoliniques ; plus tard, aux dixième et onzième siècles, les Arabes ont dû importer des porcelaines véritables.

Saladin, ayant conquis l'Égypte en 1171, envoyait comme cadeau à Nour-Eddin, calife de Syrie, 40 pièces de porcelaine chinoise.

En 1295, après un séjour en Chine de vingt-six ans, Marco Polo revint à Venise, sa patrie, et rapporta de Pékin des vases de porcelaine et d'abondants trésors. Venise entretenait déjà, au treizième siècle, avec le Levant des relations commerciales suivies. Florence, Barcelone, la France trafiquaient également avec l'Orient. Charles VII, roi de France, en 1447, et Laurent de Médicis, en 1487, recevaient en présent plusieurs pièces de porcelaine chinoise, et ces cadeaux étaient alors accueillis avec grande faveur. Les inventaires des Trésors des princes ou des puissants seigneurs, dressés au quatorzième, quinzième et seizième siècles, relataient avec soin les porcelaines orientales qui avaient, à ces époques, une valeur considérable.

Les ouvrages sur la céramique, publiés par MM. Jacquemart et du Sartel, contiennent des détails curieux au sujet de ces inventaires.

En 1508, les Portugais s'étant aventurés jusque dans les mers de Chine, importaient, à leur retour, une cargaison complète de porcelaines, et, en 1517, ils abordaient à Canton ; dès lors commencent les rapports directs et réguliers avec l'Empire du Milieu. La route du *Cathay* était ouverte aux hardis navigateurs.

Un ting blanc de ma collection provient du Trésor de Saint-Marc de Venise ; il faisait partie des pièces de porcelaine recueillies en Chine par le célèbre Marco Polo qui visita la cour de Kubilaï-khan vers la fin du treizième siècle. Ce curieux spécimen a été fabriqué pendant les dernières années des Song (1260) ou au commencement du règne du fondateur de la dynastie Mongole.

Les Hollandais, à leur tour, pénétrèrent au Japon à la suite des Portugais et organisèrent cette fameuse Compagnie des Indes néerlandaise qui fonda, à Décima, un comptoir important après avoir été chassée vers 1639 de Firando où, pendant quatre-vingts ans, elle avait possédé une factorerie florissante. Ce fut cette Compagnie des Indes qui, à la fin du dix-septième siècle et pendant le dix-huitième, importa dans nos contrées cette prodigieuse quantité de porcelaines d'Arita (Fizen) et qui commanda en Chine ces services de table timbrés aux armes de nos grands seigneurs. Les jonques chinoises transportaient alors jusqu'à Décima tous ces produits céramiques sortis des fours du Céleste Empire, et les vaisseaux hollandais les apportaient dans les Pays-Bas à destination des divers pays d'Europe.

MARQUES DYNASTIQUES ET AUTRES

TABLEAU CHRONOLOGIQUE DES EMPEREURS DES DYNASTIES MING ET THSING

Les pièces de céramique chinoise portent fréquemment des marques chronologiques qui sont d'autant plus précieuses qu'elles nous guideront dans la recherche des époques de fabrication. Il ne faut pas cependant y attacher une importance absolue parce qu'elles sont parfois fausses ou apocryphes. On m'affirme même (fait utile à constater) que, pour honorer la mémoire d'un empereur défunt, la coutume a prévalu de continuer à timbrer la porcelaine de son *nien-hao* pendant une année. Ces marques sont ordinairement placées sous la partie inférieure de la pièce; d'autres fois, elles apparaissent sur le col d'un vase près de l'orifice ou à sa naissance entre les deux renflements d'une gourde, au revers d'un plat près du bord et, par exception, au centre d'une assiette ou d'une soucoupe, à la surface supérieure. Elles sont de deux sortes : les unes indiquent le règne pendant lequel les pièces ont été fabriquées, ce sont des *nien-hao*, noms d'années; les autres sont des noms de fabricants ou d'ateliers privés ou bien désignent soit le destinataire de l'objet, soit le lieu que cet objet devait occuper dans une demeure.

Les marques dynastiques, en général, se composent de six caractères chinois disposés par colonnes de deux ou de trois lettres qu'on doit lire de haut en bas et de droite à gauche. Les deux caractères de droite, dans le premier cas, indiquent la dynastie, les deux suivants, le règne; les deux derniers, invariables, signifient « *fait pendant la période* » *nien tchi*. Dans le second cas, les deux premiers caractères de droite, lus de haut en bas, indiquent la dynastie, le troisième caractère de la colonne de droite et le premier de la colonne de gauche indiquent le règne, les deux autres de la colonne de gauche signifient « *fait pendant la période* ». Quand les deux caractères dynastiques sont sup-

primés, il n'y a que quatre caractères ; les deux premiers à droite spécifient
le règne, les deux derniers sont le *nien tchi*. La marque est-elle placée près
du bord de la pièce, les six caractères sont disposés sur une seule ligne.

Les deux inscriptions suivantes se liront :

1	2	3	4	5	6
Ta	*Ming*	*Tching*	*hoa*	*nien*	*tchi.*

Fait pendant la période Tching-hoa de la grande dynastie des Ming.

1	2	3	4	5	6
Taï	*Thsing*	*Khang*	*hi*	*nien*	*tchi.*

Fait pendant la période Khang-hi de la grande dynastie des Thsing.

Les dates de règne sont inscrites sur les porcelaines soit avec les caractères
Siao-tchouan, soit avec les caractères *Kiaï-chou*. Ceci m'amène à dire qu'il
y a eu, en Chine, six écritures différentes et successives, je ne parlerai que
des deux seules qui aient un intérêt constant pour les amateurs de céramique.
Quant à l'écriture *thsao*, elle ne figure que sur les flacons tabatières découverts
en Égypte par Rosellini ou sur d'autres similaires, elle n'a donc qu'une importance secondaire pour notre sujet. Je n'insisterai pas sur des écritures qui
ne se rapportent pas directement à mon but ; pour les renseignements complé-
mentaires on peut consulter les ouvrages de Pauthier et de Stanislas Julien
qui renferment les détails les plus circonstanciés. Il suffira de savoir que les
caractères *Siao-tchouan* ou *petits tchouan* ont été principalement employés
pour les cachets ; leur forme se prête merveilleusement à cet usage, aussi ce
genre de marque est-il fréquent sur la porcelaine.

L'écriture *Kiaï-chou* fut inventée la dernière, elle l'emporte sur ses devan-
cières par la commodité, la noblesse et la correction ; conservée jusqu'à nos
jours, elle sert pour les manuscrits et les livres imprimés, elle est usuelle sur
la céramique.

Les inscriptions tracées plus haut sont en caractères Kiaï-chou ; la marque
de Kien-long en cachet carré ou sigillographique nous offrira
un modèle de l'écriture Siao-tchouan.

Les marques dynastiques sont des noms d'années, *nien-
hao*. En Chine, chaque empereur, perdant son nom de famille à son avènement au trône, choisit la dénomination

sous laquelle il désire que son règne soit désigné pendant son existence, dénomination qui dénote les tendances de son administration future et la voie qu'il entend suivre dans ses actes et sa conduite. Ainsi *Khang-hi* signifie *joie paisible; Yung-tching, droiture indissoluble; Kien-long, secours du ciel; Kia-king, augure de bonheur; Tao-kouang, éclat de la voie droite; Hien-fong, abondance universelle.*

L'histoire prouve que les événements d'un règne sont souvent en contradiction flagrante avec les intentions d'un souverain à son accession au trône. Le nom définitif que tout empereur porte dans l'histoire ne lui est décerné qu'après sa mort par un jugement public; il est plus ou moins honorable à raison de ses actions pendant sa vie. Je n'ai pas à enregistrer ces noms posthumes qui ne figurent jamais sur la porcelaine.

En général, les nien-hao embrassent un règne entier et ne permettent pas de fixer l'année exacte de fabrication; cet inconvénient est considérable pour les longs règnes comme ceux de Khang-hi et de Kien-long qui ont duré soixante années chacun. Les nien-hao indiquent uniquement qu'une pièce a été fabriquée durant une période déterminée.

Il existe bien, en Chine, une autre méthode qui consiste à diviser le temps en cycles ou périodes égales de soixante ans; ce mode a l'avantage d'une précision invariable et fixe la date de chaque année. Je ne compliquerai pas mes explications en parlant des cycles, attendu que ce genre de marque est excessivement rare en céramique; je ne les mentionne que pour mémoire.

L'empereur Tchin-tsong des Song fonda la manufacture impériale de King-te-tchin pendant la période king-te (1004-1007) et il ordonna d'inscrire les nien-hao sous les pièces sorties des fours de la manufacture élevée par ses soins. Quel qu'en soit le motif, sur les porcelaines antérieures à Siouen-te des Ming (1426) les nien-hao n'apparaissent que de loin en loin et par exception. Malheureusement ces inscriptions chronologiques furent brusquement interrompues, en 1677, la seizième année de la période Khang-hi, sur l'ordre du préfet du district de King-te-tchin. Ce fonctionnaire défendit de peindre à l'avenir, sur les pièces céramiques, les actions des hommes saints ou illustres et de continuer l'usage des nien-hao, prétendant que, si ces porcelaines étaient brisées, ce serait une espèce d'offense pour le souverain désigné par le nom d'année ainsi que pour les grands hommes représentés. Cette prohibition ne fut levée qu'à l'avènement de Yung-tching.

J'accueille avec satisfaction les nien-hao dynastiques qui fournissent un commencement d'information sur l'époque de fabrication; mais je préviens les collectionneurs de se méfier et de n'accorder leur confiance que sous bénéfice
d'inventaire. Les Chinois, de tout temps, ont aimé avec passion les produits
céramiques de leur pays; aussi pour satisfaire aux demandes incessantes des
acheteurs, les fabricants ont, sans cesse, eu recours aux contrefaçons, et, en
copiant les vases des dynasties antérieures, ils reproduisaient également la
date du règne inscrite sur le modèle. Cette supercherie condamnable a engen-
dré plus d'une méprise. J'engage donc les amateurs à consulter la marque,
mais à ne l'admettre comme véridique qu'après avoir constaté par un judicieux
examen que la qualité de la pâte et la nature du décor sont conformes à la date.
Une étude approfondie et une expérience, mûrie par le travail, sont indispensables pour se maintenir fermement dans les limites de la vérité.

Si les marques chronologiques n'impliquent pas une preuve certaine, elles
indiquent généralement que le décor a été emprunté à l'époque inscrite; cet
enseignement a bien sa valeur. Les cachets carrés de Yung-tching et de Kien-
long se rencontrent, par exception, sur la porcelaine flambée qui est rarement
marquée. Je possède une tasse et sa soucoupe, faites pour l'Europe, avec le
nien-hao de Yung-tching; elles sont ornées d'un paysage en noir dans une bordure de rinceaux dorés; je n'ai jamais vu un autre exemplaire de cette espèce
portant une marque.

Les échantillons de Kiun ont des numéros gravés dans la pâte à la partie
inférieure; un et deux sont les chiffres les plus estimés.

Les inscriptions dynastiques sont remplacées sur certaines pièces par des
caractères de longévité ou de bonheur, des emblèmes, des attributs, des plantes,
des fleurs, des feuilles, des animaux; quel sens attribuer à ces signes? ce sont
des marques de fabrique ou des indications pour la destination de l'objet. Souvent les emblèmes de longévité ou de bonheur et les symboles font partie intégrante de la décoration, au lieu de se trouver à la face inférieure; ils sont alors
assurément un indice de la destination de la pièce. Je fournirai plus loin toutes
les explications nécessaires.

Un grand nombre de vases, de plats ou de bols portent, à côté du décor,
une inscription ayant trait au sujet; ce sont, en général, des poésies ou des
extraits d'auteurs célèbres. Quelquefois les caractères employés pour ces citations sont faux ou dénaturés de propos délibéré afin de dérouter les savants,

d'exercer la patience du lecteur et de l'embarrasser. Certaines lettres n'occupent pas leur place normale, ont été supprimées ou mal formées à dessein dans le but de rendre la citation incompréhensible. Les supercheries sont aussi anciennes que le monde et la fraude a eu cours en tout temps et sous toutes les latitudes.

Les limites assignées à mon livre m'obligent à renvoyer le lecteur au tableau des marques connues dressé par M. du Sartel qui a utilisé les recherches de MM. Graesse et Franks. Je regarde comme indispensable la liste des empereurs chinois des deux dernières dynasties; toutefois je ne transcrirai ici que les nien-hao, les seuls qui figurent sur la porcelaine.

Dynastie chinoise des Ming.

Houng-wou	洪武	1368 A. D.	Tien-choun	天順	1457
Kien-ouen	建文	1399	Tching-hoa	成化	1465
Yung-lo	承樂	1403	Houng-tchi	弘治	1488
Houng-hi	洪熙	1425	Tching-te	正德	1506
Siouen-te	宣德	1426	Kia-tsing	嘉靖	1522
Tching-toung	正統	1436	Long-king	隆慶	1567
King-taï	景泰	1450	Ouan-li	萬曆	1573

Ouan-li meurt en 1620.

Les Tartares Mandchoux règnent sur une partie de la Chine dès 1616; ils ne sont maîtres de tout l'empire qu'en 1644.

Dynastie tartare des Thsing.

Chun-tche	順治	1644	Tao-kouang	道光	1821
Khang-hi	康熙	1662	Hien-fong	咸豐	1851
Yung-tching	雍正	1723	Tong-tche	同治	1862
Kien-long	乾隆	1736	Kouang-tsu	光緒	1875
Kia-king	嘉慶	1796			

Nien-hao des derniers empereurs en caractères sigillographiques.

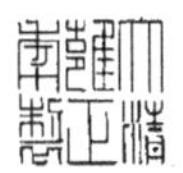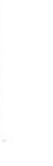

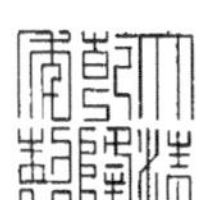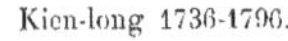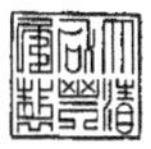

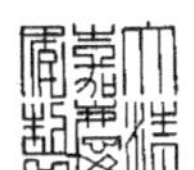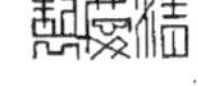

Yung-tching 1723-1736.   Kien-long 1736-1796.   Kia-king 1796-1821.

Tao-kouang 1821-1851   Hien-fong 1851-1862.   Tong-tche 1862-1875.

HISTORIQUE DE DIVERS FOURS

NOMS DE POTIERS CÉLÈBRES

Sous le rapport administratif, la Chine est divisée en dix-huit provinces depuis le règne de Kien-long. Selon Stanislas Julien, treize de ces provinces fabriquent de la porcelaine. Les manufactures les plus nombreuses ou les plus importantes s'élèvent dans le Tche-kiang, le Fo-kien, le Kouang-tong et le Kiang-si, siège de l'établissement impérial de King-te-tchin. Trois des provinces, indiquées par Stanislas Julien comme possédant des fours à porcelaine, le Chan-tong, le Kan-sou et le Tsse-tchouen ne travaillent que le grès ou la terre émaillée. En conséquence, nous réduirons à dix les provinces dont la production céramique est à base de kaolin.

King-te-tchin, le bourg de King-te, situé dans le district de Féou-liang, département de Jao-tcheou-fou, porta le nom de Nan-tchang-tchin jusqu'au règne de Tchin-tsong des Song qui ordonna d'inscrire sur les vases destinés au palais impérial « *King-te-nien-tchi* » ; dès lors la manufacture s'appela King-te-tchin. Ce bourg, qui est une véritable ville, est bâti dans une vaste plaine, bornée par de hautes montagnes, sur les rives d'une grande rivière très propice au commerce ; la population jadis excédait un million d'âmes.

Hong-wou, fondateur de la dynastie des Ming, établit vers 1369 une manufacture à King-te-tchin uniquement destinée aux besoins du palais de l'empereur. Sous Siouen-te (1426-1435) on comptait dans cette localité cinquante-huit fours de l'État disséminés çà et là au milieu des fours privés ; postérieurement ils furent réunis dans l'enceinte même de la fabrique impériale.

L'histoire de la céramique est peu fertile en renseignements jusqu'aux Thang

(618) et même jusqu'aux Song (960); c'est à partir de l'avènement de cette
dernière dynastie que nous commençons à débrouiller quelques faits intéressants au milieu de ce chaos obscur.

L'auteur chinois dans son examen des anciennes porcelaines (disons poteries)
enregistre d'abord la poterie de *Tong-ngeou, Tong-ngeou-thao,* qui était renommée sous les Tçin (265-419 A. D.) et qui était *bleue* (?). La couverte de
cette poterie devait être un céladon de fer verdâtre; la nuance *bleue* indiquée
est un défaut de traduction. Le mot *thao* existait-il à cette époque? a-t-il été
appliqué après coup à un produit auparavant innommé, qui a reçu postérieurement cette qualification? Nous aurions intérêt à le savoir, mais personne n'est
capable de répondre avec autorité et certitude.

Sous les Thang vivait un potier célèbre nommé *Thao-yu;* il habitait le vil-
lage de Tchong-sieou, dépendant de King-te-tchin. *Thao* est-ce un nom de
famille? est-ce un surnom emprunté à son métier par celui qui l'exerçait?
Est-ce, au contraire, l'artisan qui a transmis son nom à un produit inventé par
lui? cette dernière hypothèse n'est valable que si le mot *thao,* inconnu jusqu'alors,
a été adopté à cette époque pour désigner une poterie nouvelle, un grès kaolinique, par exemple, et a été appliqué à des produits antérieurs similaires ou
analogues bien que moins parfaits. La sagesse nous invite à laisser dormir
paisiblement ces suppositions; à quoi bon chercher une réponse sérieuse et vé
ridique, quand on est convaincu à l'avance de l'inutilité des efforts?

En tout cas, *thao-yao* c'est le four *thao* dont les produits appelés *Kia-yu-
khi, vases de jade factice,* étaient envoyés en tribut à l'empereur.

Thao fabriquait une poterie « terre ou grès émaillés ou mélange de grès et
de kaolin »; cette poterie n'était pas la porcelaine kaolinique telle que nous
l'entendons aujourd'hui; voilà tout ce que nous savons de cet artisan en
terre.

Pi-se-yao, 秘色窰. Ce four existait déjà sous les Thang et, selon Stanislas Julien, il aurait produit une *porcelaine de couleur cachée.* M. du Sartel
pense que cette *couleur cachée* est du bleu de cobalt *caché sous la couverte;*
je ne puis partager cette opinion. D'abord *yao* signifie *four* et non *porcelaine*
et le produit en question n'est qu'une terre ou un grès, la porcelaine n'ayant
été découverte que sous les Song ainsi que je l'ai démontré plus haut. Quant
aux caractères *Pi-se,* faut-il les interpréter conformément à la version de
Stanislas Julien ou admettre le sens proposé par des lettrés chinois de la

Mission de Paris qui assurent qu'il n'y a là aucune *couleur cachée* mais un *procédé secret de fabrication?*

Après une enquête prolongée, je suis en mesure d'affirmer que le *Pi-se* (yao) n'est pas une porcelaine dans l'acception rigoureuse du mot, mais une poterie émaillée ou plutôt un grès cérame, mélangé ou non de kaolin, avec couverte opaque luisante, *monochrome* dans la tonalité du *vert olive* ou *d'un vert foncé.*

Les *Pi-se* sont sortis des fours du pays de Ou et de Youeï sous les Thang, et le roi Tsien-lieou (907) le premier les fit fabriquer spécialement pour l'empereur. Sous les Song du Sud (1127-1260) la manufacture fut transférée à Yu-yao dans le Tche-kiang, et on désigna dès lors ses produits sous le nom de *Pi-se-tse.* Il est probable que les Pi-se n'ont été primitivement qu'une poterie émaillée un peu kaolinique et que, plus tard, à l'époque des Song du Sud, ils sont devenus de véritables porcelaines faites à l'imitation des anciennes poteries.

Tchaï-yao, 柴 窯. Les célèbres poteries de Ting-tcheou dans le Honan (tchaï-yao) n'ont pas sans doute les qualités requises pour être classées au nombre des porcelaines; la matière première, qui entre dans leur composition, n'est pas encore assèz épurée pour leur ouvrir un accès légitime au sein de cette catégorie, mais elles se rapprochent certainement beaucoup plus de la porcelaine kaolinique que tous les produits antérieurs. Leur fabrication remonte à l'an 954 du règne de Chi-tsong de la dynastie des Tcheou postérieurs; Tchaï était le nom de famille de ce souverain.

Selon la tradition, leur couleur « le *bleu du ciel après la pluie* » « *Yu-kouo-thien-tsing,* 雨 過 天 青 » serait la nuance indiquée par l'empereur Chi-tsong auquel on avait demandé par un placet de spécifier la tonalité des vases destinés au palais impérial.

Depuis longtemps, les *Tchaï-yao* sont tellement rares que l'on recueille avec soin les fragments de ces poteries renommées et qu'on les porte à la ceinture comme ornement; « *ils éblouissent les yeux comme une pierre précieuse et leurs éclairs auraient pu détourner une flèche* ». On jugera par ces expressions de l'emphase des écrivains orientaux qui déclarent eux-mêmes naïvement qu'on n'est pas obligé d'ajouter foi à une telle puissance.

La qualification *de bleu du ciel après la pluie* donne lieu à controverse; ce qui est certain, c'est que ce bleu n'est pas un bleu franc, bien défini, c'est un bleu vague tirant légèrement sur le vert d'eau. En Chine, le caractère 青 *tsing* désigne simultanément le bleu du ciel et le vert pâle du feuillage naissant;

on comprend dès lors, sans commentaires, que la traduction est assez délicate et laisse planer des doutes sur la nuance exacte.

Des Chinois compétents m'assurent que la couleur bleue verdâtre n'est pas la seule tonalité des Tchaï-yao; cette porcelaine imparfaite est parfois jaunâtre, chamois pâle; telle est la teinte de mon vase balustre craquelé avec fleurettes en relief. Ce spécimen, malgré son aspect rustique, vaut un trésor.

Ting-yao, 定 窯. Parmi les porcelaines antiques imitées à King-te-tchin figurent, au premier rang, celles du four de Ting (Ting-yao) fabriquées sous les Song à Ting-tcheou, province du Tchi-li. Ces vases étaient minces, d'une blancheur éclatante, avec décor gravé, gaufré ou peint. On estimait moins les vases *thou-ting* en terre émaillée de Ting; leur teinte tirait sur l'ivoire ou le chamois. Je décris plus loin plusieurs échantillons de ces deux genres différents.

Jou-yao, 汝 窯. Les écrivains chinois parlent avec une admiration peu contenue des porcelaines antiques de Jou-tcheou, *Jou-yao* et de celles appelées *Kouan-yao*. Celles de Jou-tcheou, fabriquées dans le Honan sous les Song, d'un vert bleuté, étaient les plus estimées par les habitants de l'Empire du Milieu.

Kouan-yao, 官 窯. L'empereur Hoeï-tsoung des Song fonda, vers 1108, dans le Tche-kiang, une manufacture de porcelaines et ordonna de nommer les produits *Kouan-yao*. Stanislas Julien traduit *Kouan-yao, porcelaine des magistrats;* ce qui ferait croire qu'on fabriquait des porcelaines spécialement pour les fonctionnaires. Tel n'est pas le sens de Kouan 官, qui signifie *mandarin, officiel, gouvernemental.* Kouan-yao est le four, la manufacture de l'État, dont les produits sont destinés au souverain. Cette interprétation m'a été confirmée par le marquis d'Hervey-Saint-Denys, si compétent en ces matières.

Les Kouan-yao, bien que fort appréciés, ne venaient qu'en seconde ligne après les Jou-yao; ils étaient de trois nuances : le blanc de lune, le vert pâle bleuâtre et le vert foncé.

Il serait difficile de placer sous les yeux du lecteur une pièce authentique de ces manufactures; cependant j'ai plusieurs échantillons incontestés de Ting-yao, pourquoi renoncer à l'espoir qu'un jour nos vœux seront comblés et que notre bonne fortune nous procurera des Jou-yao et des Kouan-yao antiques? Pour le moment, nous sommes réduits à admirer de confiance, mais notre admiration n'est pas entièrement platonique, basée sur une réputation séculaire. Je me console des ruines du passé en songeant que nous possédons certainement de superbes imitations de ces porcelaines renommées qui, avant d'être brisées et de disparaître, ont heureusement rencontré d'habiles artistes pour les reproduire dans toute leur beauté et pour leur donner une nouvelle existence et une nouvelle jeunesse. Pourquoi ne saurions-nous pas plus tard reconnaître ces rejetons précieux? ils sont sûrs d'être accueillis avec enthousiasme et traités avec une entière sympathie.

Les Jou-yao et les Kouan-yao ont été imités avec succès à King-te-tchin.

Long-tsiouen-yao, 龍 泉 窯 . La manufacture de Long-tsiouen, sous les Song, s'élevait dans le district de ce nom, province du Tche-kiang. Ses produits ont été copiés à King-te-tchin avec une grande perfection; leur décor est, généralement, gravé ou gaufré avec ou sans craquelures; leur couleur est le vert d'eau, nuance indiquée par le Père d'Entrecolles dans ses *Lettres édifiantes*. Stanislas Julien, il est vrai, soutient que leur couverte était bleue; non seulement ses raisons ne m'ont pas convaincu, mais j'ai sous les yeux la preuve de sa méprise.

Tous mes échantillons de ce genre sont verts et les Chinois les plus compétents affirment tous que la porcelaine de Long-tsiouen est invariablement verte. Ceux qui ont habité la Chine et ont parlé la langue de ce pays savent que le caractère 青 *tsing* désigne à la fois le bleu du ciel et le vert tendre du feuillage naissant. Les vases de Long-tsiouen sont verts comme les jeunes feuilles des arbres, et les pièces dans la tonalité du *bleu du ciel après la pluie* ont une teinte qui flotte entre le bleu et le vert. Le ciel lui-même après la pluie ne prend-il pas une coloration indécise qui se rapproche autant du vert pâle que du bleu-clair azuré? La nuance *tsing* peut provoquer des débats sans fin, mais le ton des produits de Long-tsiouen est vert sans contestation possible.

Sous les Song vivaient à Long-tsiouen deux frères du nom de Tchang. L'aîné s'appelait *Sing-i* 生 一, le cadet *Sing-eul* 生 二. Les porcelaines de l'aîné, dites *Ko-yao* (four du frère aîné) 哥 窯, étaient craquelées, d'un vert pâle ou de la couleur du riz. Celles du cadet, dites *Tchang-yao* (four de Tchang), vertes et sans craquelures, avaient, d'après les auteurs chinois, le ton pur *du beau jade*. Cette comparaison avec le jade plaide encore en ma faveur contre Stanislas Julien qui tient pour le bleu, car le jade n'est pas bleu et la comparaison pécherait par la base, si on comparait des vases bleus au jade qui est plus ou moins vert.

Kiun-yao, 均 窰. Cette fabrication importante comprenait principalement des flambés, des clairs de lune, des violets de peau d'aubergine. Je
reporterai les détails au chapitre réservé à l'époque des Song.

Kien-yao, 建 窰. Le four de Kien, *Kien-yao,* est célèbre dans les annales
de la céramique. Ses beaux produits à couverte blanche vitreuse étaient connus
déjà et recherchés sous la dynastie des Song; une notice spéciale leur sera
consacrée sous la rubrique des blancs de Chine.

Noms de fabricants célèbres. Chu-ong (Chu le vénérable) et sa fille Chu-
kiao (la belle Chu) ont laissé une réputation incontestée pour leur habileté à
fabriquer des objets de curiosité ainsi que des jarres et des lagènes en porcelaine. Leurs fours étaient situés dans la province du Kiang-si sous les Song.

Durant la période Siouen-te des Ming, les deux sœurs Sieou ciselaient sur
leurs coupes des combats de grillons qui ont préservé leur nom de l'oubli. Sous
Tching-hoa vivait un ouvrier d'une adresse consommée Kao-than-jin; ses jarres
étaient ornées de pivoines fleuries et de poules entourées de poussins.

Le nom de ces potiers a son importance dans l'histoire de l'art; malheureusement, si leurs œuvres parviennent jamais entre nos mains, nous serons incapables de les reconnaître; sans doute leur renommée est légitime, mais nous
n'avons aucun moyen de contrôler leur talent, je le regrette vivement.

Je serais aussi embarrassé pour montrer avec certitude des ouvrages de
Tchéou, le céramiste fameux de la période Ouan-li. Il excellait particulièrement à imiter les trépieds et les vases antiques; les amateurs se disputaient ses
œuvres avec acharnement et les payaient au poids de l'or, tant ils étaient pénétrés d'admiration pour ses vases dont la beauté égalait celle des modèles.
Nous possédons peut-être plusieurs de ces merveilles sans pouvoir discerner
leur origine.

Un autre artiste de cette époque, Hao-chi-kieou, signait ses ouvrages *Ou-in-
tao-jin* 壺 隱 道 人 *le religieux Ou qui vit dans la retraite;* il fabriquait
des coupes élégantes décorées de nuages et des tasses *coquille d'œuf.*

Lang exécuta, à l'époque Ouan-li, les *sang de bœuf,* si réputés, connus sous
le nom de Lang-yao.

Thang-in-siouen dirigea la manufacture impériale durant la période Khang-
hi; son administration a laissé des traces glorieuses.

Son successeur, sous Yung-tching, fut Nien-hi-yao qui remplit seul ces
fonctions jusqu'en 1728. Thang-ing vint alors s'établir à King-te-tchin comme

directeur adjoint ; cette collaboration fructueuse se prolongea sous Kien-long. Thang-ing devint ensuite seul directeur et éclipsa tous ses devanciers par ses inventions ingénieuses et ses imitations incomparables.

Nous retiendrons ces trois derniers noms avec reconnaissance et nous les inscrirons au premier rang sur le livre d'or de la céramique.

FABRICATIONS SPÉCIALES

ET PROCÉDÉS PARTICULIERS A LA CHINE

Je consacrerai quelques pages à la description de certains décors et de certains procédés qui nous ont été révélés par les Chinois, nos maîtres en céramique et les propagateurs de cet art charmant dans le monde entier. Les Japonais déclarent, sans honte, qu'ils ont été tributaires du Céleste Empire sous ce rapport et que les céramistes chinois ont été les éducateurs de leurs potiers.

Porcelaine craquelée ou truitée. — La craquelure est une des découvertes les plus appréciées de l'esprit inventif et industrieux des Chinois en céramique. Chacun connaît ces pièces couvertes d'un émail vitreux fendillé en tous sens ; ce réseau gracieux, composé de lignes brisées éloignées les unes des autres ou de lignes régulières et très rapprochées, enveloppe la porcelaine d'une espèce de cotte de mailles et produit le plus heureux effet. Le craquelé habille à souhait les fonds feuille morte ainsi que toutes les couvertes d'un blanc indécis avec tendance vers le gris, le jaune ou le verdâtre. Sur les porcelaines de cette qualité particulière les anses, appendices et autres accessoires sont formés d'une pâte brune ferrugineuse non vernissée, mais réveillée par des traces de dorure. Sous cet aspect monastique, les pièces ont une allure sévère, un cachet de simplicité grandiose qui ne manquent pas de séduction.

La craquelure n'est pas l'apanage exclusif des monochromes que je viens d'indiquer, elle est appliquée avec un succès égal sur la plupart des autres couleurs et principalement sur le bleu turquoise, le vert feuille de camellia, les flambés et le sang de bœuf qui lui empruntent une parure du meilleur goût.

Les fonds blancs à décor polychrome ne répudient pas toujours cet ornement qui meuble avec élégance les parties trop dénudées. Cette armure délicate ne convient pas aux rouges d'or ni aux rouges de fer, elle leur est inutile.

Pour produire ces fentes ou craquelures, on mélange à l'émail de la couverte un peu de stéatite broyée *(hoa chi)*. En Europe, on attribue le craquelé à des différences de dilatabilité entre la pâte du corps de la pièce et l'émail de la glaçure. La couverte, fondue à la surface de la pièce, selon M. Lauth, ne prend pas, pendant le refroidissement, le même retrait qu'elle. L'expérience a démontré que le craquelé, obtenu sur des porcelaines dont l'état de vitrification n'est pas normal, n'offre aucune garantie de durée ; le refroidissement détermine la rupture des pièces dont la cuisson est incomplète.

Le craquelé est-il très serré, il se nomme *truité* parce qu'il rappelle alors les fines écailles d'une truite. On rend les fentes plus visibles en les colorant avec un liquide rouge ou noir. Lorsqu'un fin truité se mêle aux larges mailles du craquelé ou bien lorsque les fentes rouges et noires se montrent accouplées et entrelacées, les pièces sont à double réseau.

Je possède un cornet blanc sillonné de craquelures bleues, le cas est exceptionnel.

Signalons encore des porcelaines, à fond blanc jaunâtre, offrant un truité rose ; elles sont parfois décorées de motifs polychromes. J'ai acheté à la vente de l'amiral Coupvent un vase à larges craquelures bleues avec un fin truité rose qui simule les vaisseaux du corps humain (rare).

Il est incontestable que le craquelé n'a été, primitivement, qu'un accident fortuit ; mais, après de longs tâtonnements et des essais multipliés, l'ouvrier chinois a réussi à régulariser et reproduire, au gré de son caprice, par des procédés infaillibles, un ornement heureux que le hasard lui avait révélé.

Le céramiste oriental a tenu à nous prouver victorieusement qu'il était maître de son art et qu'il avait la faculté de craqueler une pièce à sa fantaisie. Aussi voyons-nous alterner ou se succéder sur un même vase des zônes craquelées, blanches, colorées ou peintes. Les spécimens de ce genre sont nombreux, mais je ne veux présenter qu'un seul exemple : gourde à panse sphérique fond céladon vert d'eau ; col piriforme blanc portant une bordure, des plantes et un papillon en bleu ; entre le col et la panse, bande avec craquelures d'une tonalité blonde.

Certaines pièces, dont le fond blanc, gris ou bleu est sillonné de craquelures, sont décorées de sujets en bleu de cobalt ou en couleur; elles sont très goûtées des amateurs.

La *porcelaine flambée ou flammée* est un des produits les plus merveilleux de l'Orient. Les Chinois, auteurs de cette découverte, ont excellé en ce genre de fabrication.

Malgré de nombreuses affinités avec le *sang de bœuf*, les flambés ne peuvent point être classés dans la même série. Le flambé n'est pas monochrome; s'il est craquelé, il n'est pas pointillé; le cuivre n'est pas dans l'espèce, comme pour le *sang de bœuf*, l'unique matière colorante, puisque le fer joue un rôle important comme auxiliaire dans la décoration; telles sont les divergences principales entre les deux couvertes qui exigent un classement à part.

Le Père d'Entrecolles avait, le premier, signalé les flambés dans sa lettre de 1722; il écrivait alors que ces pièces appelées *yao pien* (*transmutation*) devaient leurs colorations si chaudes et si attrayantes *au défaut ou à l'excès de chaleur et à d'autres causes impossibles à conjecturer.*

La couverte flambée reproduit la plupart des nuances de l'arc-en-ciel; le protoxyde de cuivre ou plutôt le cuivre métallique est l'élément principal qui lui fournit ce costume si somptueux et si varié. La richesse et la beauté s'unissent ici et se prêtent un mutuel concours pour nous captiver. Le rouge vif du flambé est connu dans le commerce sous le nom de *rouge haricot;* il tourne au vert ou au bleu sous l'influence d'une oxygénation plus abondante. L'habileté de l'ouvrier chinois a consisté à obtenir les produits les plus pittoresques en augmentant ou en diminuant dans le four la masse d'oxygène par une combustion plus ou moins rapide. On était persuadé autrefois que c'étaient des tours de main hardis qui avaient enfanté ces couvertes dont l'éclat et le caprice réalisent nos rêves les plus extravagants; cette hypothèse n'a rien d'invraisemblable pour peu que l'on songe aux procédés chinois qui sont souvent empiriques ou qui, du moins, l'ont été dans le principe.

Le scintillement de certaines pierreries, les flammes diaprées du punch, une coulée de lave incandescente, le pelage moucheté du jaguar, les tons variés d'une riche fourrure, les jets lumineux de la foudre déchirant l'obscurité du firmament, toutes ces particularités, tous ces phénomènes ont été observés, saisis à la hâte, traduits et imprimés sur la surface fragile des poteries kaoliniques. Une main invisible a tracé, en traits indélébiles, ce décor éblouissant pour le plaisir de nos yeux et l'agrément de nos ameublements les plus luxueux.

Les flambés rouges sont souvent sillonnés de coulées ou de traînées bleuâtres ou mouchetés de taches de ce même ton ayant l'aspect le plus réjouissant. Ces parties bleutées ou violacées seraient-elles aussi régulières si elles étaient uniquement produites par des variations dans l'atmosphère du four? Ne faut-il pas les attribuer à l'emploi d'un minerai de cuivre impur contenant du cobalt ou de l'acide titanique? Cette hypothèse est possible, car en Chine les procédés et les feux sont souvent empiriques et on s'expose à dire une sottise ou à émettre un fait inexact toutes les fois qu'on veut expliquer un procédé chinois en s'appuyant sur la science moderne. Ces nuances bleuâtres sont généralement à base de cuivre, mais elles acquièrent quelquefois une tonalité qui frappe par son intensité et qui rappelle le bleu de cobalt; ces mêmes taches apparaissent également par exception sur certaines couvertes sang de bœuf. Nos céramistes d'Europe prétendent obtenir des effets analogues au moyen de l'acide titanique, et, d'autre part, une analyse chimique a révélé une fois la présence du cobalt dans une couverte haricot. Enfin un artiste distingué et militant affirme que ces coulées peuvent provenir du borate de chaux et qu'il en fait journellement l'expérience dans ses travaux personnels. Sans pousser plus loin ces investigations, je constaterai que ces veines, quelle que soit leur origine, réjouissent le regard et sont toujours agréées avec plaisir.

Les taches jaunes, grises ou brunes, visibles sur certains flambés, sont un indice assuré de l'existence du fer dans la matière première.

La couleur rouge des flambés ne présente pas toujours un aspect uniforme; les variétés de tons sont nombreuses, le rouge de la couverte est plus ou moins foncé, il passe du rubis à la brique et au grenat; nous omettons une quantité de nuances mixtes ou intermédiaires d'une qualification difficile à définir.

La surface inférieure des flambés, lorsqu'elle est privée de couverte (ce qui est le cas le plus fréquent), prend une coloration jaunâtre au cours de la cuisson à cause du fer contenu dans un kaolin mal épuré. La blancheur de la pâte a été préservée sous la glaçure, on le constate quand la pièce est brisée ou quand on enlève une parcelle de la couverte par une légère cassure.

Je comparerais volontiers certains flambés à un feu d'artifice permanent fixé sur la pâte par les combinaisons savantes d'un enchanteur habile qui y a accumulé les nuances les plus diverses et les plus chatoyantes d'une main libérale. En effet, les porcelaines flambées ne donnent-elles pas parfois l'illusion de fusées s'élançant sans interruption dans les airs en jets colorés et lumineux ou bien de chandelles romaines retombant en étoiles multicolores et en globes flamboyants? Vase magique, quel sorcier a, sur tes flancs naissants, produit et retenu inaltérables les flammes qui jettent des éclairs? Quel ouvrier divin a couvert ta nudité de ce vêtement royal? Qui donc, dans la fournaise incandescente, a tissé pour tes épaules ce manteau constellé de pierreries si étincelant, si somptueux? Le secret semble impénétrable, le four a longtemps caché soigneusement ses mystères; seront-ils bientôt divulgués? La fée jalouse, qui protège la céramique et préside discrètement à ces élucubrations occultes, le permettra-t-elle jamais? La science moderne a parlé et nous offre des aperçus ingénieux sur un sujet dont l'obscurité est déjà presque dissipée.

La formation des flambés nous est expliquée scientifiquement par M. Lauth : le cuivre verdit ou bleuit à l'endroit frappé quand l'air pénètre dans le four à la fin de la cuisson ou durant le refroidissement. Sous l'action de sa haute température, l'émail continue à couler entraînant les parties oxydées qui se fondent dans la masse et donnent naissance aux flambés.

Les flambés nous ravissent par la variété et la juxtaposition imprévue des couleurs les plus diverses et les plus chatoyantes; leur costume si brillant leur assure la faveur publique.

Les potiers de la période Khang-hi avaient préparé par les progrès accomplis les succès des deux règnes suivants, et l'édifice eut alors un couronnement digne de lui.

Les plus beaux spécimens de ce genre ont été exécutés sous Yung-tching et sous Kien-long. Ce dernier empereur avait une prédilection marquée pour ces couvertes si riches, si variées, aussi imprima-t-il une vigoureuse impulsion à cette fabrication dont les produits sont bien dignes de la vogue qu'ils ont acquise en Chine et en Europe.

Les flambés portent quelquefois une marque dynastique, je possède plusieurs spécimens inscrits du nien-hao des deux empereurs cités plus haut; ces estampilles assez rares ont leur valeur scientifique. Il existait assurément des *yao pien* sous les Ming et même antérieurement, j'ai les preuves en main, les coupes antiques de Kiun par exemple; seulement ces flambés étaient souvent de qualité secondaire, et ce n'est que sous Kien-long qu'ils ont conquis le prix de beauté.

Je possède trois flambés remarquables. Un vase, en forme de balustre carré aplati, provenant du Palais d'Été, porte, au col, des feuilles et des fruits en couleur, et, au milieu de la panse, une pêche en léger relief entourée de feuillages verts qui se détachent agréablement sur un fond bleu violacé. Un vase piriforme, dont l'émail rouge haricot a coulé et s'est accumulé à la base en masse épaisse, montre, à la partie supérieure restée dans une tonalité blonde, deux lépidoptères aux ailes polychromes qui volent sur un truité fin et serré. Le troisième échantillon est une bouteille verte craquelée avec quelques taches rouges disséminées à la base et collier bleuté près de l'orifice. Le rouge est à peine visible de place en place; le vert est demeuré vainqueur dans ce combat singulier; ce phénomène est le résultat d'une abondante oxygénation.

Je compléterai cette liste par un vase quadrilatéral dont la couverte bleu pâle est veinée de gris; la série n'aura ainsi aucune lacune.

Encouragés par l'élévation des prix de vente, les Chinois ont repris la fabrication des couvertes flambées, et leurs essais commencent à être satisfaisants. Les flambés modernes, il est vrai, n'égalent pas la perfection des anciens, mais ils ont déjà une tenue suffisante et ne sont pas indignes de nos suffrages. Parmi les pièces sorties du four, le plus grand nombre a une valeur d'art minime et les spécimens de choix sont rares comparés à ceux de rebut; mais il est important de constater que les produits des céramistes contemporains occuperont bientôt une place honorable.

Dans les qualités anciennes, l'émail est moins vitreux, plus profond, moins superficiel; les craquelures sont plus serrées, moins longues, ne sillonnent pas la surface en la traversant de part en part. Le pied des vases nouveaux, cuits sur un lit de sable, a été usé à la meule pour enlever la trace des coulures ou gouttes de suif accumulées à la base et pour effacer l'empreinte des graviers ayant adhéré pendant la cuisson. Sur les pièces antérieures à notre siècle ce dernier fait est exceptionnel.

La panse de quelques flambés est ornée de motifs en relief. L'émail coloré laisse, à découvert, les parties saillantes qui émergent presque blanches sur des parois chargées de couleurs chatoyantes; tel un roc sous-marin apparaît, à marée basse, à la surface de l'Océan, simulant le dos d'un monstre prêt à s'élancer hors de l'onde amère.

Les porcelaines de cette nature ont été imitées dans les fours modernes et la réussite a été satisfaisante; la vogue de ces bonnes copies n'est pas douteuse, il faut donc recommander aux acheteurs de se méfier des contrefaçons.

Le contraste entre les nuances du fond et des saillies mérite d'être mentionné avec éloges et on regrette que ces reliefs ne soient pas plus fréquents; nos regrets impliquent une admiration sincère.

Porcelaine soufflée. — Elle comprend un grand nombre de nuances. Ce procédé, originaire du Céleste Empire, consiste à projeter, par insufflation, des gouttelettes d'émail coloré sur une porcelaine monochrome et à couvrir successivement la surface entière de ce pointillé délicat. L'opération s'exécute avec un tube de bambou, muni, à l'extrémité, d'une gaze légère que l'on trempe dans un bain convenablement préparé; cette gaze tamise le liquide. Parfois, la matière colorée, moins pulvérisée par le souffle et lancée en masses plus abondantes, coule sur la pièce en veines régulières simulant des traces de larmes.

Le soufflé se recommande par la finesse du décor qui atteint la perfection sous Kien-long; mais il est une innovation du règne de Khang-hi. C'est à cette dernière époque que les céramistes inventèrent le *che-pi-lu* 虫 它 皮 緣 *vert de peau de serpent*, soufflé dont la couverte imite parfaitement la peau du ventre de certains serpents. Il y a de bonnes copies modernes; on aurait tort de les repousser avec dédain et de leur refuser une place dans nos vitrines.

Les variétés sont nombreuses; des gouttelettes bleues se détachent sur fond rouge ou sur fond vert et réciproquement. Le pointillé est bleu sur fond blanc ou rouge sur fond vert; parfois il est vert ou rouge sur fond jaune. Ces genres différents sont tous représentés dans mon musée par des exemplaires de choix.

Le soufflé rouge à larmes bleues ressemble au décor de l'œuf du rouge-gorge (*robin egg*), et il est ainsi désigné aux États-Unis.

Porcelaine peau d'orange. — La Chine a fabriqué des pièces dont la surface imite la peau rugueuse de l'orange. Ce genre de couverte, le *Tsong-yen* des Chinois, provient d'un retrait, opéré pendant la liquéfaction, qui, au lieu de produire un craquelé, se traduit par des gouttelettes irrégulièrement semées. Cette fabrication date des Ming, ainsi que le prouve une théière, à panse sphéroïdale, dont le fond jaune pâle, simulant la peau de l'orange ou plutôt celle du citron, porte deux médaillons bleus en relief. Je possède également une gourde brune et d'autres vases de la période Kien-long dont les parois ressemblent à l'écorce de l'orange, non par la couleur, mais par les aspérités ou les ondulations de la surface.

Porcelaine ajourée ou réticulée. — Elle est ainsi désignée à cause de ses parois repercées à jour qui forment soit un filet à mailles géométriques, soit un dessin régulier. Parfois ce treillis à jour laisse apercevoir une autre cloison interne qui est pleine et porte des ornements en couleur. Certains vases réticulés offrent la particularité d'avoir, au col ou à la panse, une portion mobile tournant sur elle-même comme un vase Kien-long qui m'appartient. Il existe des bols dont les parois ajourées encadrent des médaillons pleins chargés de sujets en relief; j'en ai un magnifique spécimen.

Des plats ont leur bordure découpée à jour; certains bols et compotiers sont bordés d'une série d'anneaux engagés, décorés en couleur, qui les enveloppe gracieusement d'une ceinture.

Porcelaine à grains de riz. — Cette fabrication ingénieuse a servi de modèle à nos manufactures d'Europe; Sèvres notamment lui a emprunté un type du meilleur goût. Découpés à jour et enduits sur chaque face d'une mince couche d'émail, ces grains de riz affectent la forme d'ornements géométriques ou de cigognes et d'autres animaux; l'effet est charmant. Il suffit de placer l'objet entre son œil et le jour pour rendre visibles ces grains de riz qui apparaissent aussitôt en transparence.

Décor hoang-koua-lu. — Appliqué avec un gros pinceau, il imite la peau du jeune concombre, réunissant quatre nuances juxtaposées en panneaux irréguliers. Le jaune, le vert, le brun de manganèse se détachent à l'aventure, sans ordre, sur un fond blanc. Maintes fois, le brun de manganèse se formule en dessins sur le blanc qui n'est alors accompagné que des deux autres couleurs.

Flacon à tabac, fond hoang-koua-lu, avec éléphant brun.

Vase turbiné, même fond, avec dragon brun foncé sous couverte; lustres métalliques éclatants rouge rubis.

Bol campanulé, même fond, décor gravé; un autre avec décor gaufré.

Cette couverte, fréquente sous Khang-hi et Kien-long, existe dans mon musée sur des plats, des bols, des bouteilles, des vases et des porte-pinceaux en forme de salamandre; elle se recommande par la beauté de ses reflets métalliques.

Décor polychrome à zônes variées. — Le potier chinois excelle à associer, sur la même pièce, des décorations très diverses; ainsi, sur le même vase, on voit se succéder une zône blanche chargée de peintures en bleu de cobalt ou en couleur, une bande feuille morte ou café au lait, une bordure blanche avec craquelures brunes et blondes et un fond vert d'eau, bleu foncé ou bleu d'empois. Cet ordre est souvent interverti, mais le groupement complet ou partiel est toujours plaisant. La composition de ces couvertes et de ces décors ne connaît d'autres bornes que l'imagination de l'artiste dont les ressources sont infinies.

Porcelaine à couches superposées. — Certains monochromes et certaines porcelaines décorées doivent la nuance et l'intensité de leur coloration à la superposition de deux couches successives de couleurs différentes. J'offrirai plusieurs exemples : Un vert oseille foncé a acquis cette tonalité particulière au moyen d'un premier enduit rouge qui communique une note spéciale à la couche supérieure du vert.

Une bouteille, fond céladon vert d'eau, décorée de trois groupes de feuilles bleues, a reçu postérieurement une couche d'émail en rouge de cuivre. Cette accumulation de couleurs donne à ma pièce l'aspect d'un marbre; l'effet est d'autant mieux accueilli qu'il est plus imprévu.

L'émail vert bouteille est appliqué sur une couche de bleu violacé; la modification apportée dans la tonalité générale par cette méthode est très heureuse.

Plusieurs porcelaines semblent noires au premier abord; une couche de brun de laque sur un premier enduit en bleu de cobalt foncé produit ce brun intense qui tire sur le noir.

Je crois inutile de multiplier ces citations; on a dû comprendre la portée de mes observations.

Porcelaine laquée burgautée. — Ce décor consiste à couvrir d'un enduit de laque noire la surface de la porcelaine, spécialement préparée pour recevoir ce corps étranger et pour obtenir une adhérence aussi intime et aussi durable que possible. Cette laque est incrustée de burgau (nacre) à reflets irrisés, découpé en plaquettes représentant des ornements, des paysages, des animaux, des personnages qui remplacent les sujets polychromes des autres porcelaines.

Une température trop élevée amène des cloques et produit des décollements partiels qui déshonorent la pièce, c'est là un grave inconvénient. Pour éviter ces accidents regrettables, on doit se méfier de la chaleur trop forte de nos calorifères parisiens.

J'ai un joli plateau à bords relevés, en porcelaine laquée burgautée, portant un paysage; il a été acheté à la vente Montebello.

Un petit bol de cette série, fond café au lait à l'intérieur, est orné, au pourtour, d'un paysage en burgau sur fond laqué noir.

Porcelaines imitant d'autres matières ou des objets naturels. — L'artiste chinois, loin de fuir les difficultés, semble les rechercher à dessein pour le plaisir de les attaquer de front et de les surmonter; les obstacles l'attirent et le fascinent, rien ne le rebute, son opiniâtreté est assurée de la victoire; sa confiance en son art est pleinement justifiée. Ses tentatives les plus audacieuses dans la voie de l'imitation ont été pour lui un sujet perpétuel de triomphes; ses œuvres sont un témoignage irrécusable et éloquent de ses ingénieux procédés.

Marbre, jaspe, serpentine. — Boîte carrée; couverte imitant un marbre rouge veiné de brun.

Vase blanc portant des taches jaunes à l'instar du marbre.

Vase fond bleu marbré de taches grises et verdâtres.

Vase ovoïde jaune moucheté de gris et de bleu.

Vase vert veiné de bleu et de jaune comme la serpentine.

Granit. — Bouteille piriforme fond gris mastic maculé de taches verdâtres; imitation de granit.

Lapis-lazuli ou *lazulite.* — Petit bol hémisphérique.

Jade. — Flacon tabatière avec les Pa-Sien en relief, imitant le jade ainsi que les pièces suivantes, Pl. VII, n° 22. Coupe formée de deux courges engagées avec feuillage en relief, fond vert maculé de blanc.

Jouy, sceptre de bon augure, orné, en relief, de chauves-souris dans les nuages et du cachet rond de longévité.

Poudingue. — Boîte en porcelaine imitant le poudingue; sur le couvercle, paysage hollandais en couleur.

Vase ovoïde blanc portant un agrégat de cailloux polychromes.

Turquoise de Chine. — Vase ovoïde avec semé de bouquets polychromes se détachant sur un fond verdâtre imitant la turquoise de Chine.

Améthyste. — Coupe fond violet strié de veines blanches à peine indiquées (époque Youen).

Bronze. — Vase à panse ovoïde surmontée d'un col droit évasé, fond brun à patine de bronze maculé de larges taches irrégulières en bleu et vert de gris.

Vase bursaire, à large ouverture en collerette, porté sur quatre coquillages polychromes différents figurés au naturel; fond brun imitant le bronze pailleté d'or à larges veines foncées (Palais d'Été). Pl. XXXIV, n° 100.

Vase bursaire, fond verdâtre à pointillé d'or imitant le bronze; décoré, en or et argent, d'ornements hiératiques; entre le col et la panse, bordure de dessins archaïques en relief sur fond vert de gris.

Bronze damasquiné d'or et d'argent. — Vase balustre hexagone, fond brun imitant le bronze, orné de tiges fleuries et de motifs dorés qui simulent des damasquines d'or.

Gourde, même fond, avec fleurs et fruits en or et en argent.

Émail cloisonné. — Vase à eau, fond vert pâle à réseau doré portant des fleurs de pêcher en couleur; imitation d'émail cloisonné.

Pitong hexagone, fond bleu céleste, décor polychrome imitant l'émail cloisonné : rinceaux, arabesques, ornements symétriques.

Émail sur cuivre. — Vase ovoïde, fond vert turquoise de Chine, portant deux réserves blanches à paysages en couleur; imitation de cuivre émaillé.

Tasse et soucoupe en porcelaine imitant le cuivre émaillé; soucoupe fond vert avec dragons noirs dans les nuages; au centre, cachet rond de longévité en vert sur fond rose; revers rose.

Émail de Limoges. — Coupes de l'ancienne collection Marquis imitant un émail du dix-septième siècle.

Faïence de Palissy. — Pitong en porcelaine formé d'un tronc d'arbre sur lequel se détachent, en relief, un pêcher chargé de fruits et des singes qui cueillent des pêches et les dévorent; œuvre originale dans le goût des émaux de Palissy. Pl. XXXIV, n° 102.

Verre de Venise rubanné. — Trois petites bouteilles fond blanc, jaune ou bleu clair coloré en bleu foncé et en rose par des traînées capricieuses du pinceau dans le genre du verre de Venise.

Verre taillé à deux couches superposées de nuances variées. — Bouteille décorée en gros vert et en relief sur fond uni vert pâle : sur le col, feuilles dressées; sur la panse, salamandres au milieu d'arabesques.

Aventurine. — Vase turbiné à base élargie fond brun à paillettes étincelantes. Vase, même fond, portant deux chiens de Fô en couleur.

Bois d'acajou ou de noyer. — Bol dont la couverte imite le bois d'acajou; intérieur frotté d'argent.

Grand vase cylindrique pour le jus de prunelles avec couronnement en diadème; imitation de bois de noyer avec ses veines et ses nœuds.

Soie. — Boîte sphéroïdale, ornée de grecques concentriques gravées, dans une tonalité bise imitant la soie écrue.

Laque de Pékin. — Plateau ovale à ornements géométriques; imitation de laque rouge ciselée.

Boîte sphéroïdale; cachets ronds de longévité se détachant sur des bâtons rompus, coupés, au centre, par une double bordure de grecques; fond ayant la patine du bronze vert; au sommet du couvercle, médaillon circulaire avec dragon émergeant des flots en imitation de laque rouge ciselée.

Écaille brune et blonde. — Bouteille fond rouge chaudron avec taches brunes; imitation d'écaille brune.

Bouteille fond jaune translucide maculé de brun; imitation d'écaille blonde.

Cuir. — Vase dont la couverte reproduit le grain du cuir verdâtre ou brunâtre.

Corail. — Porte-pinceau simulant une branche de corail rouge.

Bambou. — Bouteille, fond brun rougeâtre portant des ornements gravés hiératiques qui se détachent sur un fond blanc façonné à l'instar de la moëlle du bambou.

Épi de maïs. — Flacon à tabac en forme d'épi de maïs à grains jaunes.

Fleurs, feuilles, fruits, graines. — Fleurs de magnolia, de pivoines, de chrysanthèmes, etc. Feuilles de bégonia, de nélumbo, etc. Pêches de longévité, cédrats, grenades, bananes, arbouses, kakis, mangues, litchis, tomates, châtaignes, gousses de légumineuses, etc. imités au naturel.

Coquillages. — Nombreux coquillages de toute sorte copiés sur nature avec une exactitude surprenante et une perfection inouïe. Pl. XXXVI, n° 107.

Peau de serpent. — Bouteilles dont la couverte imite la peau du serpent et celle de la couleuvre.

Flacon tabatière fond gros vert parsemé de points d'un vert pâle.

Boccaro. — Pitong ovale lobé orné, en relief, de scènes à personnages; porcelaine brune imitant le grès cérame, dit *boccaro*.

Je crois inutile de continuer cette liste qui suffit amplement à notre instruction.

Le céramiste chinois a successivement choisi un des objets indiqués ci-dessus et il a concentré ses efforts sur les imitations les plus périlleuses;

rien n'a effrayé son audace, rien n'a échappé à l'investigation de son regard aussi pénétrant que sagace, tout dans la nature lui a semblé digne d'exercer sa verve intarissable et d'être copié avec amour. Le succès a toujours couronné son ardeur infatigable et son ambition la plus osée. Tous les spécimens que je viens de décrire existent dans mon musée particulier en échantillons d'élite, en nombre plus considérable même que ceux qui ont été mentionnés ; on peut donc vérifier la véracité de mes assertions et les contrôler par l'inspection des pièces ; de cette façon, personne n'aura le droit d'accuser l'exactitude de mes paroles.

Cette série sera complète si je parviens à acquérir une des deux coupes basses, imitant un émail de Limoges du dix-septième siècle, qui ornaient jadis le cabinet de M. Marquis, connu par sa passion pour les belles porcelaines d'Orient, non moins que par sa fabrique de chocolat. La vente de ce comestible superfin permettait au collectionneur du passage des Panoramas d'enrichir ses vitrines et de les garnir royalement des dépouilles opimes de la Chine et du Japon.

Ces imitations ont été fabriquées sous Yung-tching et Kien-long ; les plus parfaites ont valu la célébrité à Thang-ing, directeur de la manufacture impériale. Bien que toutes mes copies ne sortent pas des ateliers de King-tetchin, mes pièces d'élite ont cette illustre origine, je le déclare avec fierté.

Le pitong aux singes en relief (Pl. XXXIV, 102) décrit plus haut, doit-il être considéré comme une œuvre originale conçue et exécutée dans le goût de Bernard Palissy par un Chinois du temps de Yung-tching dont l'esprit était, à son insu, hanté par les mânes du célèbre émailleur français du seizième siècle ? Est-il une simple imitation interprétée, à sa manière, par un artiste habile ? Qui serait capable de le dire avec autorité ? La fantaisie orientale a enfanté des œuvres plus extraordinaires ; aussi la première hypothèse est vraisemblable et probable. Le Chinois aurait copié fidèlement son modèle ainsi qu'il a copié les coupes de Limoges ; sa reproduction eut été exacte et il ne se serait pas livré aux écarts d'une imagination vagabonde.

Quoiqu'il en soit, mon pitong à relief occupe ici son rang normal, logique, sinon comme copie de Palissy, du moins comme une œuvre qui, malgré son originalité, évoque involontairement la mémoire du grand céramiste de notre pays ; il est la preuve évidente que deux artistes, ayant vécu dans des climats et des temps différents et obéissant à leurs aptitudes naturelles, arrivent à concevoir spontanément et à exécuter sans modèle des ouvrages similaires. Ce cas n'est pas unique dans le monde des arts.

A ma connaissance, aucune contrée dans l'univers n'a poussé à une telle perfection les imitations en tout genre et ne peut rivaliser avec la Chine sur ce terrain. Proclamons loyalement la supériorité du céramiste oriental sur ses concurrents; à chacun, sa page glorieuse.

Motifs de décor ; leur variété. — Il est superflu de retracer les dessins simples ou compliqués issus de la géométrie. Rappelons seulement que le filet, la grecque, la mosaïque, le quadrillé, le losange, les bâtons rompus ou toute autre figure géométrique contribuent à enrichir les parois des pièces céramiques et à les orner avec un luxe de bon aloi. Le rinceau, le filigrane, l'œil de perdrix, le pointillé, l'arabesque, le lambrequin, la pendeloque, le clathré, le caillouté, l'étoile, l'imbrication, l'entrelacs, le croisillon, le fleuron, le trèfle, la dent de loup, le faux godron sont des éléments de décor du goût le plus pur; ils réalisent, aux yeux de l'amateur, une des ornementations les plus idéales que puissent rêver l'imagination et la poésie en ce monde.

Il est temps de faire ressortir tout le parti que les céramistes chinois ont su tirer de la gravure, du gaufrage, du relief, de l'application de l'or et de l'argent pour augmenter la valeur et accroître la richesse de leurs porcelaines d'art. L'or et l'argent jouent un rôle important en céramique et rehaussent la beauté des pièces par l'éclat d'une nouvelle parure. Les vases monochromes ou à décor varié demandent à la gravure et au relief un surcroît de charme et d'engouement. J'ai un plat, deux bols et un vase (Pl. XXVI, n° 74) portant des ornements gravés qui ont reçu postérieurement une décoration polychrome, c'est une conception originale. Cette gravure, qui se dissimule modestement sous un flot de couleurs étincelantes et apparaît seulement de loin en loin, procure une sensation d'autant plus agréable qu'elle est inattendue.

Le Père d'Entrecolles nous a appris la méthode, suivie en Chine, pour préparer l'or avant de l'appliquer sur la porcelaine. On laisse sécher l'or broyé et dissous; au moment de l'employer, on le dissout de nouveau dans de l'eau gommée; trente parties d'or sont incorporées à trois parties de céruse, puis on l'applique comme les couleurs.

En général, les ors chinois sont superficiels, peu adhérents, mal cuits et s'effacent facilement à l'usage; alors les vases sont privés d'une parure somptueuse. Je possède, cependant, quelques échantillons qui défient tout reproche.

A cause de la grande valeur de l'or à Pékin, les Chinois ne l'ont employé en masse compacte que sur les pièces d'élite.

J'appellerai encore l'attention sur la forme aussi variée qu'imprévue des réserves dont le décor harmonieux flatte la vue par la grâce de l'exécution ; elles représentent des fruits, des fleurs, des feuilles, des animaux, des rouleaux à moitié déployés, des éventails ou des dessins géométriques. Cette mine inépuisable d'innovations étranges a été successivement exploitée avec bonheur par le céramiste. Ces réserves sont tracées par un procédé aussi simple qu'ingénieux ; on ne met la couverte colorée qu'après avoir, préalablement, collé sur la pièce crue, aux endroits spécialement désignés, un morceau de papier taillé suivant le modèle adopté. La découpure est enlevée après la mise en couverte, et les réserves reçoivent ensuite leur glaçure et leur décor.

Tous les émaux, qui ornent une pièce peuvent-ils supporter le même degré, ils sont cuits dans le même four ; mais si l'émail des réserves est plus tendre, la pièce subit une première cuisson et les médaillons sont décorés postérieurement à un feu moins ardent. Le Chinois est un observateur de premier ordre ; il est né artiste, ses œuvres en font foi.

Anses, goulots, pieds de vases. — Les anses prennent cent formes diverses : têtes de monstres ou d'éléphant, oiseaux, papillons, chauves-souris, salamandres, rinceaux, jouys, demi-arceaux, S, tubulures, tiges feuillues ; elles imitent aussi la vannerie. Les goulots ne sont guère moins variés. Les pieds de vases, en dehors des contours géométriques, se formulent en pattes ou défenses d'éléphant sortant de mufles, en champignons, coquillages, trèfles, rameaux feuillus ou fleuris, etc. Les conceptions les plus ingénieuses et les plus originales ont apporté un contingent précieux à une exécution parfaite.

Reflets métalliques. — Les irrisations ou reflets métalliques, qui ont assuré la réputation des faïences de Gubbio et de certaines poteries italiennes au seizième siècle, ne sont pas moins éclatants sur les porcelaines orientales. Le lustre est aussi intense sur la céramique chinoise, principalement sur les émaux verts, jaunes, noirs ou violets de manganèse ; il est dû sans doute à la présence du plomb dans les couvertes. Ces reflets rubis sont plus séduisants encore quand un rayon de soleil vient caresser amoureusement une potiche de King-te-tchin et, en la frappant directement, lui communique aussitôt la gaieté, l'animation et la vie.

Boccaros. — Le boccaro est une poterie de grès cérame dont la fabrication, en Chine, remonte à une haute antiquité ; il se recommande par la densité et la finesse de la pâte, non moins que par la variété des tons. Ces grès sont tantôt bruns ou rouges, tantôt jaunâtres dans une gamme plus ou moins accentuée ; leur surface, souvent, est mate ou polie sans ornements ; ils sont parfois décorés de gaufrures saillantes, de motifs en relief ou d'émaux polychromes.

Dans le premier cas, la pièce tire sa valeur de la beauté de la forme ou de la qualité exceptionnelle de la matière.

Je connais, en ce genre, des vases, des bols, des coupes, des théières, des plats.

Théière, en grès rouge, ayant la forme d'un cédrat main-de-Fô.

Porte-bouquet formé d'un tronc d'arbre ; boccaro jaunâtre.

Vase à eau sphérique, fond brun, portant, sur la panse, une branche de pêcher fleuri en couleur.

Compotier orné de fleurs arabesques polychromes sur fond blanc gris craquelé.

Je citerai encore deux coupes à boire formées, chacune, d'une demi-pêche évidée, reposant sur une tige chargée de feuilles et de jeunes fruits adhérents. La paroi extérieure est rouge brique ainsi que la tige ; le feuillage est gris verdâtre ; l'intérieur et les fruits sont jaunâtres. Ces pièces sont d'une perfection rare et le critique le plus sévère ne saurait découvrir en elles un seul défaut (Kien-long).

NUANCES DIVERSES DES PORCELAINES

CHINOISES

DÉTAILS INTÉRESSANTS. — REVUE DES PRINCIPALES COULEURS

La division des porcelaines en monochromes et polychromes a un avantage incontestable; elle est facile et pratique. Je n'appliquerai pas à la céramique chinoise la méthode, admise en Europe, qui consiste à classer les couleurs selon le degré de chaleur nécessaire à leur cuisson; je m'exposerais à trop de méprises en cherchant à établir une distinction bien tranchée, scientifiquement exacte, entre la porcelaine de grand feu et celle de petit feu. La plupart du temps, les procédés chinois sont empiriques; on ne connaîtra jamais avec certitude la température des fours du Céleste Empire; nous savons seulement que nos porcelaines de luxe exigent un degré supérieur.

Parmi les couleurs qui supportent une combustion élevée, je citerai : le blanc, les céladons vert d'eau, gris ou blanchâtre, le bleu de cobalt, le brun de fer et la série des rouges tirés du cuivre. Le bleu turquoise, le violet et le jaune cuisent dans un foyer moins ardent. Il est enfin des émaux tendres dont la cuisson s'opère à un degré réduit qui suffit à leur tempérament. De ce nombre sont : les rouges de fer, les rouges d'or et couleurs dérivées, ainsi que la plupart des verts.

Un feu intense aurait une action trop violente et volatiliserait les matières colorantes qui entrent dans la composition des émaux tendres. Au sortir de la fournaise, la pièce serait terne ou décolorée; les couleurs seraient brûlées, presque effacées ou oblitérées.

Le rouge de cuivre lui-même est sujet à cet inconvénient quand la cuisson n'est pas conduite avec la prudence et la science nécessaires, et, dans ce cas, au lieu d'avoir cet éclat de bon aloi, cette teinte pourpre nette et franche, pleine de séduction, il tourne au gris ou au brun et revêt ce costume maussade, lugubre qui calme l'enthousiasme, attriste, refroidit et éloigne l'amateur.

Le bleu de cobalt n'est pas non plus à l'abri des revers dans le four de grand feu quand l'ouvrier ne connaît pas à fond l'art de diriger l'action du combustible ou quand il s'endort dans une quiétude désastreuse. La sollicitude du cuiseur doit, sans cesse, être en éveil, et il est indispensable au succès de son œuvre qu'il couve la fournée avec une tendresse égale à celle de l'oiseau qui réchauffe sous le duvet protecteur de ses ailes les petits qu'il affectionne en souvenir de ses chères amours. J'ajouterai que la couvée est moins exposée que le travail fragile confié aux soins de celui qui surveille la fournée, car l'excès de chaleur est aussi nuisible qu'un manque de cuisson ou qu'un refroidissement subit, et ces causes contraires produisent les mêmes conséquences lamentables : la perte ou la détérioration d'un travail de longue haleine. Le bleu de cobalt, en effet, n'acquiert cette nuance chaude et transparente qui nous passionne qu'à la condition expresse de cuire dans un foyer allumé par une main habile et entretenu au degré exact, sans excès ni défaillance, pendant la durée entière de l'opération. Surchauffé, le bleu devient noir, trop foncé, grumeleux ; au contraire, il reste pâle et sans vigueur lorsqu'il n'a pas subi une chauffe suffisante. Ces détails mettront en lumière les épreuves capitales que traverse une pièce céramique dans le four depuis l'entrée jusqu'à la sortie, et c'est avec raison que l'amateur, qui n'ignore aucune des cruelles péripéties de cet enfantement laborieux, ne marchande pas son admiration aux pièces parfaites ; cette admiration n'est pas béate, banale, mais consciente et réfléchie.

La palette chinoise pour le décor des porcelaines polychromes est très restreinte ; les matières colorantes se réduisent aux suivantes : les bleus sont tirés de l'oxyde de cobalt ; les jaunes, de l'antimoine ou du plomb ; certains rouges, les verts francs ou bleuâtres, du cuivre ; le céladon vert d'eau, du fer ; le carmin et le rose, du chlorure d'or ; le blanc, des acides stannique ou arsénique ; le rouge de fer, de l'oxyde de fer ; le noir, de l'oxyde de manganèse impur. Le rouge de fer et le noir se distinguent par une faible épaisseur et par une teinte qui reste presque invariablement terne. Les autres couleurs, celles principalement fournies par l'or, font saillie sur la surface des pièces et présentent une masse glacée formant relief malgré une minime proportion de matière colorante.

La pauvreté de la palette chinoise relativement au décor est plus apparente que réelle ; les céramistes d'Orient ont démontré sans réplique leur ingéniosité en produisant une ornementation très riche avec un nombre restreint de couleurs ; ils ont proclamé leur supériorité par des œuvres magistrales.

Dans la série des monochromes, au contraire, la variété des nuances est presque illimitée ; les unes voulues, cherchées, obtenues par des procédés certains, infaillibles ; les autres, plus ou moins empiriques, résultant soit d'accidents fortuits, soit d'insuffisance ou d'excès de chauffage dans le four ; ces dernières ne sont pas les moins intéressantes.

Toute couleur est simple ou composée, pure ou rompue : le rouge, le jaune, le bleu sont des couleurs simples.

Le rouge et le jaune donnent l'orangé ; le jaune et le bleu donnent le vert ; le bleu et le rouge donnent le violet ; ce sont des couleurs composées.

La puissance de la coloration peut être atténuée par le blanc ; les couleurs peuvent être montées par le noir. On obtient par ce moyen, en additionnant de blanc ou de noir les autres couleurs, toutes les dégradations de tons, la gamme entière.

La nomenclature suivante offrira un aperçu partiel des fonds variés des porcelaines orientales :

Blanc : mat, glacé, crème, d'ivoire.

Noir : glacé ou mat.

Rouge (de fer) : corail, brique, capucine.

Rouge (de cuivre) : purpurin, haricot (flambé), sang de bœuf, sang de poulet, foie de cheval ou de mouton, rubis, fraise écrasée, peau de pêche, grenat, peau de nèfle.

Rouge (d'or) : carmin, rose (rouge additionné de blanc), amarante.

Jaune : jonquille, citron, serin, paille, safran, souffre, moutarde, d'anguille, chamois, etc.

Bleu : pâle ou foncé, franc, agatisé, céleste, turquoise, lapis (fouetté), d'empois, lavande, ardoise, indigo (de roi), etc.

Orangé : (rouge et jaune), abricot.

Vert : (jaune et bleu) pâle ou foncé, vert d'eau (céladon), d'huile, pomme, pré, olive, oseille, feuille de camellia, purée de pois, bouteille, poussière de thé, gros vert tirant sur le noir, émeraude.

Violet : (bleu et rouge), violet de peau d'aubergine, pensée, lilas, lie de vin, héliotrope. Le violet de maganèse est un gris violacé.

Brun et nuances intermédiaires : brun-rougeâtre, marron, bronze, feuille morte, café au lait, chocolat, loutre, capucin, ocre brune, écorce de châtaigne, chaudron, brun de laque noirâtre, etc.

Gris : de perle, souris, cendré, suie.

J'omets assurément plus d'une nuance, car, par des dégradations insensibles de tons, on produit des couleurs rompues dans une gamme illimitée que la plume est impuissante à qualifier nettement et que le pinceau seul accomplit victorieusement avec une certitude infaillible.

La gamme des couleurs a été, presque dans son ensemble, exploitée par les céramistes chinois. Il est des nuances sans doute qui ont échappé à leurs incessantes investigations, mais ce ne sont pas des nuances franches, ce sont plutôt des couleurs anormales comme celles extraites du pétrole ou de la houille en ce siècle d'expérimentation scientifique. Les noms de ces dernières couleurs, empreints eux-mêmes d'une certaine incertitude, n'expriment pas clairement une teinte bien déterminée. Les couleurs *Magenta* ou *Solferino*, par exemple, rappellent par leur nom l'époque de leur découverte, mais elles n'offrent nullement à l'esprit l'image d'une teinte naturelle ni aucun point de comparaison capable de l'amener à discerner, sans la voir, une de ces nuances pour ainsi dire fausses.

La plupart de ces couleurs servent de subjectif, de fond à des décors polychromes et produisent l'ornementation la plus luxueuse qu'il soit possible d'imaginer.

Les principales nuances seront successivement passées en revue et étudiées en détail; toutes sont représentées par des spécimens de choix, beaucoup seront décrites dans un chapitre à la fin de ce livre.

Porcelaine blanche, blanc de Chine. — De tout temps, le blanc de Chine a conquis nos suffrages et mérité notre estime. Il figure déjà avec honneur à l'époque des Song, et sa fabrication n'a jamais été abandonnée jusqu'à nos jours. Malgré le peu de ressources que cette couverte semble offrir sous le rapport de la décoration, le potier chinois a su, par d'ingénieux procédés, en tirer un parti considérable. Certaines pièces sont enduites d'une glaçure diaphane, vitreuse qui les pare merveilleusement et leur donne l'apparence de la pâte tendre; c'est à cette qualité seule que s'applique ordinai-

rement la dénomination de *blanc de Chine*; je ne serai pas aussi exclusif.

Cette couverte blanche vitreuse convient aux statuettes de divinités qui nous
charment par leur modelé parfait et par leur nuance si bien appropriée. La
nature de la matière première, courte et sèche, ne s'accommoderait pas du travail du tour, aussi ces statuettes sont-elles exécutées dans un moule; en ce
genre je possède plusieurs Kouan-inn, un Poutaï, un Lohan, un Cheou-
laô, etc.

La plupart des blancs de Chine sont émaillés; néanmoins les pièces suivantes
sont restées à l'état de biscuit, sans couche d'émail; elles ne sont pas communes, mais elles ne sont pas uniques : bouteille portant un réseau en filet, pitong cylindrique et deux écritoires ornés, tous trois, d'un paysage en relief.

Boîte à rouge en biscuit non émaillé avec paysages en relief; au couvercle,
un homme, appuyé sur le tronc d'un saule, regarde un cheval au pâturage,
Pl. XXXVII, n° 114.

Réservoir à eau formé de deux fruits blancs ovoïdes accolés, à surface granulée, reposant sur une tige chargée de feuilles bleues; l'un des fruits, coupé
par moitié, sert de récipient; au sommet de l'autre, médaillon réticulé dont le
centre est occupé par un rectangle à dix compartiments contenant, chacun, un
caractère chinois doré (Palais d'Été), Pl. XXXVII, n° 113.

Ces biscuits sont une œuvre originale, il s'agit ici d'une conception spontanée.
Les pièces ci-dessus datent de la fin du dix-septième ou du commencement du
dix-huitième siècle avant la fondation de Sèvres; une écritoire, notamment, est
marquée Khang-hi.

Un des centres principaux de production des blancs de Chine a été Kien-yang,
Kien-yao, le four de Kien, dans le Fo-kien. Cette manufacture a été transférée
par les Ming à Te-hoa dans la même province.

Les Ting-yao et les Tien-pe, dont je parle ailleurs, se rattachent à la classe
des blancs de Chine, bien qu'ils soient plus mats, moins vitreux que les Kien-
yao.

Ma série des blancs de Chine est complétée par un groupe de deux personnages, des chiens de Fô, des cachets, une théière, etc.

Le blanc de Chine se prête à la gravure, au gaufrage, au relief, à la ciselure;
j'ai recueilli, dans cette catégorie, des vases gravés, gaufrés ou à reliefs; trois
coupes à libations, ayant la tonalité de l'ivoire, l'une avec animaux gravés, les

autres avec fleurs ciselées; des bols gaufrés; des pitongs, des boîtes, des bols ajourés avec ou sans médaillons à reliefs.

Les porcelaines blanches se divisent en deux branches distinctes. Les unes sont restées sans décor bien que destinées à être ornées postérieurement de peintures; pièces inachevées, incomplètes, elles sont peu intéressantes, ainsi que celles exécutées pour recevoir en Europe une décoration supplémentaire. Au contraire, nous devons accueillir avec sympathie et estime la porcelaine blanche fabriquée avec l'intention de lui conserver cette robe immaculée. Elle est alors, généralement, d'une finesse extrême et parfois recèle, gravés dans la pâte, soit des dragons, soit d'autres sujets qui n'apparaissent que vus en transparence ou évoqués, en quelque sorte, par du thé ou tout autre liquide coloré versé dans le récipient. J'ai des bols et des compotiers qui sont d'excellents exemples de cette espèce.

Il y a encore des pièces blanches décorées, sous émail, de motifs visibles légèrement teintés en bleu ou en vert pâle. Ce genre, d'une valeur indiscutable, est représenté, dans mes vitrines, par plusieurs bouteilles. Dans le domaine de la céramique, le sol chinois a été fouillé en tous sens, et toutes les mines ont été exploitées avec une habileté consommée.

Le *céladon* est une nuance vague, sans coloration bien franche; c'est un ton blafard, flou, tendre, quelque peu fade dont l'origine se rapporte aux excentricités galantes et aux conceptions précieuses de l'Astrée.

Nous appellerons *céladon* la couverte pâle passant du vert d'eau au gris verdâtre et du gris bleuté au blanc teinté d'azur. Les deux types principaux sont le vert d'eau et le bleu d'empois; par extension, mais à tort, on admet sous cette dénomination le bleu turquoise et le violet. En conséquence, je bannirai de cette classe ces deux dernières nuances qui y figurent sans droit; j'y réserverai une place, au contraire, à la couverte *poussière de thé* qui est un céladon de fer.

Le *céladon vert d'eau* doit le plus souvent sa coloration au fer. Les Persans et les Turcs nomment le céladon vert d'eau *mertebani;* ils croient que cet émail jouit de la propriété de déceler l'existence du poison dans un breuvage; c'est une réputation usurpée comme tant d'autres en ce monde où les illusions sont si fréquentes; mais l'illusion, c'est le sourire du ciel à l'humanité souffrante, c'est un éclair de bonheur dans la tristesse de la vie; aussi faut-il les respecter sans scrupules quand elles sont innocentes.

On conserve religieusement à Oxford la coupe de l'archevêque Warham ; elle est en céladon et fut apportée en Angleterre avant la Réforme. En 1487, Laurent de Médicis reçut, en cadeau, du sultan d'Égypte plusieurs pièces de cette qualité. La porcelaine céladonnée est donc d'une ancienneté authentique ; elle a grand air dans sa simplicité, et son antiquité est un titre de noblesse.

Cette couverte a été primitivement employée pour dissimuler une pâte grossière, ayant une teinte brune ou jaunâtre, plus voisine du grès que de la porcelaine. Cette coloration provenait du fer contenu dans un kaolin mal épuré ; l'opacité de la glaçure remédiait à ce défaut en le couvrant d'un masque.

Les porcelaines de Long-Tsiouen sont des céladons de cette série.

La gravure, le gaufrage et le relief sont souvent les seuls ornements de cette couverte verdâtre dont la tenue modeste suffit à nous charmer ; parfois ce fond est égayé par un décor en bleu de cobalt, en rouge de cuivre ou en pâte blanche. Lorsque ces trois décors sont associés sur la même pièce, la séduction est infaillible.

Le céladon revêt aussi le costume, chamarré de vert, qui distingue l'époque Khang-hi ; il est fort apprécié.

Plat et bol avec bouquets et ornements polychromes sur fond céladon vert d'eau.

Les spécimens, ornés d'émaux tirés du chlorure d'or, datent des périodes Yung-tching et Kien-long, ainsi que ceux dont l'or est la seule parure ; ils ont conquis une place enviée dans l'affection des collectionneurs et cette affection est pleinement justifiée. Ces émaux sont appliqués directement sur le fond ou bien ils occupent des réserves blanches.

Le *céladon bleu d'empois* est à base de cobalt. Ce bleu pâle est recherché à l'état de monochrome ; humble violette, il se présente sans faste et il nous plaît par sa simplicité. La note est plus gaie, le parfum plus suave, l'attrait plus assuré lorsque le décor est complété par des sujets en bleu de cobalt légèrement plus foncé que le fond, quand il est réveillé par du rouge de cuivre uni au bleu de cobalt ou quand il est gravé sous le vernis.

Il est des vases ornés, sur la panse, de sujets gravés sous émail bleu, tandis que le col, resté blanc, est décoré en rouge de cuivre et en bleu de cobalt ; ces variations sont d'un goût exquis.

D'autres pièces, après avoir reçu un décor en bleu et rouge, sont enrichies par des touches blanches posées en engobe.

Rouge : les rouges, très variés de ton, occupent une large place dans l'ornementation des porcelaines ; leur importance est assez considérable pour exiger une description détaillée ; je commencerai la série par les rouges tirés du cuivre.

Le rouge de cuivre est plus ou moins purpurin quand la chauffe a été normale ; il est terne, gris ou brunâtre lorsqu'il a été soumis à une température trop élevée.

Les flambés rouge haricot figureraient ici, si le fer n'intervenait pas souvent dans le décor et si des veines diversement colorées ne les rejetaient pas hors du cadre des monochromes.

Le sang de bœuf, le sang de poulet, le foie de cheval, la fraise écrasée, la peau de pêche se rapprochent du flambé rouge de cuivre par la composition chimique de leur couverte et par le degré de chaleur nécessaire à leur cuisson.

J'indiquerai minutieusement les signes particuliers à chaque espèce, puisque ces signes permettent de les reconnaître et de les discerner.

Le *sang de bœuf* est un rouge vif dont l'émail vitreux est sillonné de craquelures et semé de petits points nombreux sur la couverte. Ces points ressemblent aux bulles d'acide carbonique qui viennent crever à la surface du liquide dans les eaux gazeuses thermales. Les porcelaines revêtues de ce vernis coloré existaient sous les Ming, et c'est même sous Ouan-li que le célèbre Lang fabriquait des *sang de bœuf* qui ont éclipsé les produits similaires des autres périodes.

Les œuvres de Lang, les *Lang-yao* sont d'un beau rouge uni ou d'un rouge moucheté de taches rouges plus intenses ; le dessous des pièces est un céladon gris ou verdâtre avec ou sans craquelures.

Sous l'influence d'un excès de chaleur le *sang de bœuf* perd la limpidité de sa belle nuance rouge et prend une teinte brune peu agréable ; rarement il offre un ton uniforme sur toute sa surface. Souvent, pendant la cuisson, les parties de la couverte plus exposées au feu sont brûlées et le rouge se convertit en brun sombre au détriment de la beauté de la pièce.

J'ai reçu de Chine un grand vase, fond sang de bœuf, portant, en relief, les dix femmes savantes réservées en blanc et décorées en bleu (époque Ming).

La fabrication des *sang de bœuf* a continué sous les Thsing.

J'ai vu un sang de bœuf rubis moderne qui n'aurait été déplacé dans aucun cabinet d'élite ; l'émail rouge, par l'action d'un feu ardent, avait été précipité vers la base et s'y était accumulé en masse profonde du plus beau rubis, simulant une mare de sang coagulé. La partie supérieure du vase, par un contraste éloquent, avait revêtu une jolie teinte rosée du ton le plus suave, et, de ce milieu, émergeaient, en relief, deux fong-hoangs restés blancs. Ce magnifique spécimen avait surnagé, seul peut-être, parmi des centaines de pièces brisées ou inférieures qui avaient sombré dans une de ces catastrophes auxquelles les porcelaines sont continuellement exposées pendant la cuisson.

Le sang de poulet, *Ki-hong*, est un rouge moins vif que le sang de bœuf; il se rapproche de la nuance grenat; craquelé comme le sang de bœuf, il n'est pas pointillé. De beaux échantillons du genre ont été exécutés par Lang.

Les *foies de cheval* ou *de mouton* sont des rouges moins éclatants que le sang de bœuf; leur surface est pointillée, mais non craquelée; généralement l'orifice du col des vases est entouré d'un anneau blanc faiblement rosé.

Les Américains du Nord affichent une prédilection effrénée pour deux espèces de rouge; leur passion même s'est dévoilée avec si peu de retenue, que ces deux couvertes ont acquis, sur le marché chinois, une valeur insensée.

La fraise écrasée (*crushed strawberry*) et la peau de pêche (*peach blow*) ont aujourd'hui, grâce à cette vogue croissante, une réputation universelle.

La fraise écrasée est un rouge de cuivre, plus ou moins pâle, sans tonalité nettement définie, avec tendance vers un rose particulier; c'est un rouge éteint, atténué, rompu. Cet émail, étendu en couche légère et transparente sur un fond céladon vert d'eau tendre, semble s'être évaporé partiellement sous l'action d'un feu violent. Cette couverte délicate est si suave qu'elle fait prime sur le marché; sa cote élevée est certainement supérieure à sa valeur réelle, mais tout raisonnement est inutile avec des gens passionnés qui disposent de millions et qui estiment un objet en raison du prix de revient; d'ailleurs comment arriver à la note juste? C'est une recherche inutile, c'est une utopie.

La *peau de pêche* a été longtemps confondue avec la fraise écrasée; ce n'est que récemment que l'on a songé à opérer une bifurcation et à la classer dans une catégorie voisine. La nuance diffère peu en réalité, le fond est presque identique, seulement le *peach blow* se distingue par une foule de petits points ou de macules verdâtres rappelant les taches de rousseur de la peau de pêche. Ces taches, provenant d'un excès d'oxygénation, ont été accueillies comme des grains de beauté et sont une cause de sympathie, voire même de faveur excessive. Cet accident, ce défaut n'a rien qui soit de nature à nous attrister, à nous déplaire, il ne nous inspire aucune répulsion; j'inclinerais plutôt à l'agréer avec satisfaction ; je tiens pourtant à protester contre un engouement immodéré, irréfléchi, qui se traduit fatalement pour l'acheteur par une valeur exagérée ; là se borne mon observation.

Un vase de cette espèce, acheté en Chine environ 600 francs, il y a 7 ans, a été vendu à New-York 75,000 francs, et, la propriétaire étant décédée, ce même vase a été payé dernièrement 90,000 francs aux enchères publiques. Un tel prix dénote un grain de folie chez l'acquéreur, mais les millionnaires ne commettent que des folies relatives ; d'ailleurs, les collectionneurs avouent volontiers qu'ils sont tous un peu malades ; leur maladie est si douce qu'ils y tiennent autant qu'à la vie. Que ne peut-on en dire autant de toutes celles qui affligent la pauvre humanité !

Le *rouge de fer* diffère essentiellement des rouges tirés du cuivre, il n'est plus purpurin, il rappelle surtout le corail. En cette nuance spéciale, la robe monochrome a déjà son charme ; la robe d'apparat est somptueuse, empruntant à l'or ou à la palette polychrome un supplément de luxe et de richesse.

Le rouge corail uni ou fouetté est particulièrement estimé ; ce fond convient parfaitement à tous les décors, à ceux de l'époque Khang-hi aussi bien qu'à ceux de la période Kien-long. Je renverrai pour les détails au paragraphe du bleu fouetté, parce que ces deux fonds, inventés également sous Khang-hi, présentent de nombreuses affinités et des analogies frappantes ; j'éviterai ainsi des redites fastidieuses.

Je mériterais un blâme si j'omettais les pièces à fond rouge de fer sur lequel s'enlèvent, réservées en blanc, des arabesques du meilleur effet ainsi que des médaillons de toute forme ornés d'émaux polychromes ; voici deux exemples :

Vase cylindrique à col droit, décor polychrome ; sur le col, jeux d'enfants ; sur l'épaulement, fond vert ou violet à rosaces avec quatre médaillons d'attributs ; sur la panse, fond rouge chargé d'arabesques blanches, deux grandes réserves rectangulaires lobées à bouquets alternant avec une réserve carrée, surmontée d'un médaillon circulaire, occupés par des personnages ; à la base, faux godrons.

Grand bol hémisphérique, décor polychrome ; bordure jaune avec guirlande de fleurs ; fond rouge chargé d'arabesques blanches et coupé de réserves fleuries en forme de feuilles ou de fruits ; à l'intérieur, bordure rouge avec arabesques blanches et fleurs ornementales en couleur sur fond blanc.

Beaucoup de plats et d'assiettes portent, sur le marli, ce même fond rouge à arabesques blanches. Peut-on rêver un cadre qui mette mieux en valeur le sujet peint au centre? Quels artistes d'élite que les céramistes chinois! Chez eux l'invention ne le cède nullement à la perfection du travail, rien n'est laissé au hasard; chaque partie concourt à rehausser l'harmonie de l'ensemble et tend à en dégager la beauté.

Le *carmin* ou *rouge d'or* et le *rose* ont une origine commune, ils sont extraits du chlorure d'or. Le rose est un carmin dont la pâleur résulte de l'addition d'une dose d'émail blanc. Cette découverte importante remonte aux premières années de Yung-tching.

Jaune : cette couleur est tirée de minerais de plomb ou d'antimoine. J'ai donné plus haut une liste abrégée des nuances correspondant au jaune; j'ajouterai qu'il y a encore d'autres teintes que l'on est parvenu à reproduire plus ou moins exactement par des tons dégradés assez difficiles à définir.

Je ne parlerai en ce moment que du jaune moutarde qui est parfois un peu verdâtre et qui est craquelé. Cette couverte n'est guère antérieure à l'époque Kien-long. De nombreuses contrefaçons modernes ont été expédiées de Chine pour satisfaire l'engouement des Américains. La vogue momentanée, éphémère du *mustard yellow* n'est plus qu'un souvenir; rien ne la justifiait, et ce feu de paille s'est éteint rapidement après avoir jeté un brillant éclat.

Choisi par la dynastie Tartare, actuellement régnante, pour la couleur impériale, le jaune apporte dans le décor une note claire et harmonieuse; employé comme fond ou dans l'ornementation, il se marie convenablement avec les autres nuances. Il est uni, fouetté, gravé, réticulé, à reliefs.

Brun et nuances intermédiaires ou dérivées : les couvertes bronze, capucin, marron, feuille morte, café au lait, etc., d'une tonalité brune plus ou moins sombre, auront un compte spécial ouvert au chapitre des périodes de fabrication.

Bleu : la plupart des bleus sont extraits d'un minerai cobaltifère; il faut excepter le bleu turquoise et le bleu des porcelaines flambées qui sont tirés du cuivre. Le cobalt supporte l'ardeur du grand feu et est employé généralement sous couverte. Il ne donne pas toujours des résultats satisfaisants sur la couverte en ce sens que souvent il demeure terne sans être glacé; il se produit même alors fréquemment dans le four des cloques qui cèdent sous la pression du doigt et tombent en poussière laissant, par place, le décor dépouillé de vernis. Cet inconvénient est grave sans doute, mais, quand la réussite est complète, la difficulté vaincue double la jouissance de l'amateur.

Les porcelaines blanches à décor bleu sont très renommées. Les pièces de la période Siouen-te sont célèbres dans les annales de la céramique et ont toujours été regardées en Chine comme les plus belles.

Le bleu est souvent associé au rouge de cuivre sur fond blanc, et cette réunion offre un ensemble harmonieux.

Le cobalt n'est pas appliqué directement sur le cru au moyen du pinceau; des recherches spéciales ont démontré que l'ouvrier chinois avait recours à un procédé fort ingénieux pour éviter les dangers de cette méthode. La pâte étant très absorbante avant d'être soumise à l'action du feu, il est difficile de dessiner des traits corrects et délicats dans ces conditions; une grande habitude, une incroyable légèreté de main triomphent à peine de cet écueil; les traits restent le plus souvent baveux, manquent de netteté et de précision. Le mode très simple, employé en Chine pour remédier à cette faculté d'absorption du cru, consiste à enduire préalablement d'une mince couche de gomme adragante, de gélatine ou de colle de poisson les parties destinées à recevoir une décoration quelconque. Je tiens à signaler ce procédé à cause des services qu'il rendra à nos céramistes; il est décrit dans un ouvrage chinois non encore traduit.

Le bleu fouetté et le bleu turquoise demandent quelques explications en raison de la vogue dont ils jouissent à juste titre.

Le *bleu fouetté* exerce toujours sur les amateurs une attraction irrésistible. Sa réputation est ancienne et universelle; fort apprécié en Orient, il n'est pas moins recherché en Europe, principalement quand il est décoré d'émaux polychromes ou quand, dans des réserves blanches, surgissent des sujets en couleur ou en camaïeu bleu. Les ornements en camaïeu bleu cuisent au grand feu avec la pièce elle-même; au contraire, les motifs polychromes appliqués sur la couverte nécessitent une seconde cuisson au petit feu et seraient volatilisés ou altérés par une température intense. Le bleu fouetté est plus ou moins foncé; il est posé à l'éponge ton sur ton ou sur un fond blanc légèrement teinté d'azur; dans ce dernier cas, il séduit par une fraîcheur juvénile et réjouit le regard comme le printemps naissant. Exposé à un feu trop ardent, il est brûlé, flétri, tourne au noir et prend un aspect sombre et maussade. Le céramiste demande à l'or un supplément de richesse pour ses vases; ce genre de parure convient parfaitement au bleu qui nous occupe.

Le *bleu fouetté* et le *rouge corail,* que nous accouplons ici à dessein, cuisent à deux feux différents puisque le premier affronte le grand feu et que l'autre ne supporte qu'un feu modéré; mais ils ont beaucoup de points de ressemblance sous le rapport du décor complémentaire; ce sont deux innovations de la période Khang-hi.

Ces nuances admirables déjà, l'une et l'autre, à l'état de monochromes, excitent notre admiration à un degré supérieur quand elles se montrent avec une parure d'or ou bien lorsqu'elles ne forment que le fond et que, sur ce fond exquis, s'enlèvent, en couleur, soit directement, soit dans des réserves blanches ménagées à propos, des personnages, des animaux, des insectes, des plantes, des bouquets, des paysages ou d'autres motifs variés à l'infini. Pl. VI, 17, 18 et Pl. XXV, 70.

Le bleu fouetté se prête à recevoir une ornementation en rouge de cuivre dans les parties restées blanches qui forment quelquefois relief. Ce fond comporte également des sujets en *peau de pêche* peints directement.

Les pièces, fond rouge corail, sont décorées en bleu de cobalt avec avantage; il en est d'autres, non moins gracieuses, sur lesquelles des plantes, des animaux, des oiseaux, réservés en blanc, sont simplement dessinés au trait rouge (de fer) ou gravés sous couverte avec une délicatesse extrême.

Bleu turquoise et *violet:* si nous associons ces deux nuances, c'est qu'elles sont souvent réunies sur les mêmes pièces; ces couvertes sont appliquées sur biscuit et réclament un degré de chaleur intermédiaire entre le grand et le petit feu. Le bleu turquoise se rencontre déjà sur des vases exécutés sous les premiers empereurs des Ming; la découverte doit même être inscrite sous les Youen ou à la fin des Song; on connaît des spécimens de l'époque Mongole. De superbes échantillons de ce bleu ont été fabriqués sous Khang-hi et ses deux successeurs. Le bleu turquoise Khang-hi, en général, est plus verdâtre et plus vitreux que celui Kien-long; il rappelle le galuchat par sa couleur et ses craquelures.

Le dessous du vase est-il émaillé, les Chinois disent que la pièce est impériale, faite pour le palais du souverain.

Le bleu turquoise et le violet sont unis, gravés, gaufrés, ajourés, à relief; la première de ces couvertes est toujours truitée.

Les pêches de longévité servant de réservoirs à eau et les perroquets, fond bleu turquoise, ont un décor violet ou réciproquement; ainsi, un perroquet bleu est posé sur un rocher violet. Une pêche violette porte sur ses flancs des feuillages bleus et vice-versa.

Il y a des pièces bleu turquoise décorées en bleu de cobalt; d'autres sont ornées de dessins noirs, ces dernières sont rares et très estimées. Le noir est un bleu très foncé tiré d'un minerai cobaltifère impur.

Les essais, tentés en Europe pour obtenir cette espèce de décor, n'ont pas donné de bons résultats; on n'a pas réussi à éviter les coulures.

Le bleu turquoise est à base de cuivre; son nom est bien choisi puisque la turquoise, celle de nouvelle roche du moins, est un ivoire fossile coloré par l'oxyde de cuivre. Les anciens catalogues qualifiaient cette nuance *bleu céleste*, expression qu'il faut réserver pour certains bleus de cobalt. Le violet a pour base l'oxyde de manganèse et le violet bleuâtre, le cobalt; dans le second cas, on ajoute une certaine dose de rouge d'or.

Vert : je ne reviendrai pas sur le vert d'eau dont il a été question sous la rubrique *céladons*. Je commencerai cette série par le *vert d'huile, yeou-lu-yeou* 油 綠 泑, qui formait le fond de certains vases de l'époque Tching-hoa; il a été reproduit avec succès sous Khang-hi et se recommande par ses reflets métalliques qui ne sont pas inférieurs à ceux des fameuses faïences italiennes de Gubbio. Ce fond est orné avec des émaux polychromes (Pl. XIX, 52) ou simplement avec du bleu de cobalt.

Le *vert feuille de camellia*, sous un aspect modeste, a conquis la faveur du public. Il est truité; ce réseau de fines mailles accroît le bon goût de cette nuance qui emprunte une nouvelle parure au lustre métallique de la surface. Le plus souvent il est uni, mais il se présente quelquefois avec des gravures sous couverte; les sujets gravés sont des dragons ou des tiges fleuries. De rares spécimens, trop rares malheureusement, sont rehaussés par des dessins bleus d'un ton noirâtre; ils datent de la première moitié du dix-huitième siècle.

On voit dans mes vitrines un cornet droit, peut-être unique, fond vert de camellia, orné de personnages en gros bleu sous couverte, fabriqué sous les Ming.

Je possède également deux vases ovoïdes avec décor analogue sortis des ateliers chinois au dix-huitième siècle. Je citerai enfin, comme une rareté, un vase vert feuille de camellia portant trois chiens de Fô en vert foncé qui forment relief.

Vert pomme : couverte claire, tantôt unie, tantôt maculée de taches d'un vert jaunâtre ; elle plaît par sa fraîcheur. Certaines pièces craquelées, à glaçure vitreuse, ont été exécutées sous Khang-hi ; elles se formulent en bouteilles, vases ovoïdes, gobelets d'un vert plus ou moins tendre ; l'intérieur et le dessous de ces porcelaines estimées sont en céladon gris ou verdâtre craquelé.

Des imitations ont été tentées pendant la période Tao-kouang (1820-1850), mais le ton est moins soutenu, plus fade, la qualité est inférieure, cependant j'ai acquis une bouteille de cette époque qui n'est pas indigne de ses aînées.

L'émail *vert pâle* et l'émail *gros vert* se rencontrent sous les Ming et sous tous les souverains de la dynastie Tartare. L'émail gros vert figure, comme fond, sur les belles pièces du temps de Tching-hoa, qui ont servi de modèles aux artistes du règne de Khang-hi ; ce fait est confirmé par un vase carré et une gourde décrits plus loin. Le même décor a été reproduit sous Kien-long avec une délicatesse extrême, mais cette délicatesse exclut la sève plantureuse et robuste des vieilles qualités ; ce que le décor gagne en finesse, il le perd en vigueur. Ces comparaisons entre des produits similaires de trois époques différentes sont un enseignement précieux et contribuent largement à parfaire notre éducation ; chaque époque donne une note particulière.

L'émail gros vert est très tendre, il se raie et s'oblitère aisément ; la conséquence est fatale, il y a disette de beaux échantillons en bon état. Cet émail moucheté de vert clair ou réciproquement est assez rare ; je déplore sincèrement la parcimonie avec laquelle les céramistes chinois ont employé ce décor. La superposition de ces deux teintes produit un excellent effet même lorsque la pièce ne porte aucun ornement étranger ainsi que l'une de mes bouteilles. Quand le fond est coupé par des réserves blanches avec sujets en couleur, l'accent est encore plus éloquent, l'attraction doublée, le chant plus joyeux ; j'ai, en ce genre, un bol égayé par les motifs polychromes des médaillons ; il y a là une heureuse association.

Le *vert bouteille* est un émail transparent d'une tonalité agréable en dépit de son costume sombre.

Les spécimens de cette nuance sont rehaussés de motifs variés en vert de plusieurs tons, en bleu de cobalt, en bleu fouetté, en or, et, par exception, en jaune d'ocre brune. Sur ce fond sont quelquefois réservés des médaillons blancs à sujets polychromes ou des cartouches en bleu fouetté avec motifs ou inscriptions dorés. Pl. XX, 53.

Le vert bouteille est encore utilisé pour former des bordures ou des faux godrons en relief sur des fonds en bleu fouetté.

Cette fabrication est spéciale au règne de Khang-hi.

Une pièce défectueuse, dont la couverte s'était écaillée partiellement, m'a renseigné sur le procédé chinois et m'a appris que l'émail vert est appliqué sur une première couche de bleu violacé.

Le *vert oseille* est un vert foncé peu commun dans les collections ; ce genre est représenté par un vase Khang-hi et une bouteille Yung-tching. La bouteille, mouchetée de taches claires, reproduit la nuance de l'oseille cuite.

Le *vert olive* est moins intense que le précédent.

Le *vert purée de pois* est une nuance bien connue. Si l'image est vulgaire, du moins elle est juste et pratique.

Je ne tenterai pas de cataloguer toutes les tonalités de vert ; la liste trop longue serait fastidieuse ; d'ailleurs il est des verts dégradés qu'il est difficile de qualifier avec précision et clarté.

Le *gris* est un mélange de blanc et de noir. En céramique, on obtient ce ton avec un minerai de manganèse impur ou un minerai de fer employés à faible dose.

Le gris se rapproche souvent d'un bleu d'empois très clair ou d'un vert d'eau très pâle. Certains vases gris se recommandent par leur forme exquise et ne portent aucun ornement étranger ; la pureté de la couverte et la perfection de la forme constituent toute leur beauté, néanmoins l'attrait est si puissant que toute résistance est inutile ; la passion, qui obsède l'amateur, est plus forte que la voix de la raison.

PORCELAINES MONOCHROME

ET POLYCHROME

SUPÉRIORITÉ ARTISTIQUE DE LA PORCELAINE POLYCHROME

J'ai dit que l'Amérique du Nord accordait une préférence marquée aux monochromes, mais que l'Europe, mieux inspirée, se conformant au goût chinois, regardait les monochromes avec une affection raisonnée et réservait son admiration la plus sincère pour les porcelaines à décor polychrome. Je reviendrai sur ce sujet afin d'expliquer les motifs de cette prédilection judicieuse.

La série des monochromes comprend les nuances les plus diverses et les tons les plus imprévus; il s'en dégage, néanmoins, une impression de monotonie et de tristesse quand la gamme est trop prolongée. Le monochrome apporte, il est vrai, un réel contingent de jouissance pour le regard, mais l'isolement lui est plutôt favorable. Son triomphe est surtout complet lorsqu'il vient jeter une note aimable et harmonieuse parmi les porcelaines polychromes; alors, mais alors seulement il procure une sensation dont la saveur intense saisit et transporte. Au contraire, si, au lieu d'être semés discrètement au milieu de porcelaines multicolores, les monochromes se présentent en masses compactes et comme en bataillons serrés, on n'éprouve plus le même entraînement, quelqu'ingénieux que soit le rangement, quelque savante que soit la disposition des nuances; l'enchantement décroît, le rêve s'évapore bientôt et se dissipe.

A mon avis, que j'exprime avec la plus intime et la plus ferme conviction, la porcelaine la plus curieuse, la plus gaie, la plus divertissante, la plus instructive, la plus charmante en un mot, c'est la porcelaine à décor polychrome, celle qui mérite le nom de porcelaine d'art, celle qui s'impose par son rayonnement et sa beauté, qui supporte avec majesté et glorieusement les plus dangereux voisinages. Le dix-huitième siècle, si raffiné dans ses goûts, la jugeait ainsi et n'eût pas désavoué notre verdict, nous l'affirmons sans réticence. Aussi figurait-elle avec noblesse dans les cabinets célèbres de cette époque luxueuse, chez les grands seigneurs les plus distingués, chez tous les amateurs de haute marque, à côté des œuvres d'art les plus estimées, au milieu des tableaux de maîtres choisis avec le plus scrupuleux discernement et la science la plus profonde ; et n'allez pas croire, au moins, que la porcelaine orientale était dédaigneusement reléguée dans les coins obscurs, aux endroits sacrifiés ; loin de là, elle occupait sans conteste les places les plus enviées et brillait dans toute sa gloire parmi les marbres les plus précieux et les plus beaux bronzes. Elle captivait les connaisseurs les plus délicats et se maintenait fièrement sur les premiers rangs, sans craindre aucun rival, à l'exclusion de ces faïences italiennes du seizième siècle que nos collectionneurs modernes recherchent avidement et paient des prix si élevés, peut-être même exagérés.

Si j'octroie la palme à la porcelaine polychrome, c'est qu'elle éblouit le regard par la variété et l'éclat de ses tons chatoyants non moins que par le feu de ses reflets magiques ; elle, seule, porte sur elle son enseignement ; seule, elle nous révèle les coutumes du peuple chinois, le secret de ses mœurs intimes, les mystères de sa religion ; elle évoque des scènes de la vie privée, glorifie les faits et les personnages historiques, reproduit des épisodes célèbres de roman ou de théâtre. Quelle source d'instruction ! L'intérêt ajoute encore son attraction à la beauté et devient une nouvelle séduction.

Je le répète avec intention, la porcelaine de Chine prime les œuvres céramiques des autres nations par la variété infinie de ses formes et de ses décors. Les potiers du Céleste Empire, guidés par leur goût raffiné, ont réussi à mettre au point et ont tracé d'une main sûre les lois véritables de l'art décoratif qui, grâce à une direction savante et judicieuse, s'est élevé à des altitudes presque inaccessibles. La mesure exacte a été, dès le principe, l'objectif de leurs constants efforts et la raison décisive de leurs victoires.

Quand on analyse, de bonne foi, la science qui a présidé, pendant des siècles, à la fabrication de ces productions si diverses et si merveilleuses, on ne sait ce qu'on doit le plus admirer dans ces décors incomparables, la justesse des proportions, la fécondité de l'invention, l'ingéniosité des procédés, le sentiment inné des couleurs, la pondération des nuances, la perfection de l'ensemble. Les tons les plus disparates en apparence s'unissent et se juxtaposent sans choquer l'œil, produisant le plus harmonieux concert; le céramiste chinois côtoie les plus dangereux récifs sans craindre les avaries, sans redouter le naufrage.

L'art chinois diffère essentiellement de l'art japonais; une barrière plus élevée que la muraille de Chine les sépare, un abîme plus profond que l'Océan les divise. Le Japonais brille par une originalité étonnante et affiche un réalisme charmant; scrupuleux observateur des types les plus vulgaires et des actes journaliers de la vie, il les traduit dans un langage populaire avec une fidélité et un bonheur incroyables; la nature vivante absorbe son attention et subjugue son esprit; il s'efforce de saisir au passage les faits les plus fugitifs et de les couler dans un moule durable avec une adresse et une sagacité inimitables.

Le Chinois, lui, s'attache moins à la vie ambiante; il se livre, de préférence, aux écarts d'imagination les plus imprévus; il vogue à pleines voiles vers les conceptions les plus originales, tournant sa boussole vers l'idéal qui est son port. L'idéal, ici, n'est pas la beauté absolue telle que nous la comprenons en Europe et qui hante nos cerveaux dans nos songes les plus poétiques; ce n'est pas cette évocation divine d'êtres humains ou célestes enfantés par l'élite de nos grands artistes, c'est l'inspiration revêtue d'un corps tangible, d'une forme visible. Le Chinois n'est pas prisonnier de la nature telle qu'elle s'agite autour de lui, il répudie tout esclavage; il vise plus haut, il s'envole vers les cîmes élevées; il parcourt dans ses extases le pays des rêves en le peuplant de ses idoles; il nous montre, dans ses œuvres, le résultat palpable de ses caprices féeriques et de ses élucubrations les plus extravagantes. La figure humaine n'offre pas, sans doute, sur les porcelaines d'Orient, le type de beauté admis dans nos contrées d'Occident; mais le type chinois diffère essentiellement du type européen, et il est certain que les habitants de Pékin ou de Canton ne partagent pas notre manière d'envisager et de comprendre l'esthétique. Avouons, d'ailleurs, que, sur leurs porcelaines d'art, leurs personnages ont toujours un air de grandeur et de dignité qui frappe et surprend; leurs artistes ont su éviter la banalité et fuir ce qui est vulgaire. Les assiettes et les soucoupes *coquille d'œuf* représentent des femmes et des jeunes filles d'une beauté accomplie et d'une grâce irréprochable; l'homme et l'enfant s'y présentent eux-mêmes sous des traits agréables; l'ensemble du tableau plaît et attache. Les animaux qui se prélassent, à l'envi, sur les vases d'Orient sont des animaux fabuleux, fantastiques, c'est du moins le cas le plus fréquent. Ne cherchez pas dans la nature, en Chine ni ailleurs, les oiseaux, insectes ou papillons de ces porcelaines ; le plus souvent ils ne sont qu'une édition illustrée, revue et corrigée pour le plaisir de nos yeux. Si la nature est mise à contribution par le peintre céramiste, c'est pour la doter généreusement des dons de son imagination féconde et pour nous éblouir par les trésors d'une palette si riche malgré une pauvreté apparente ; les ressources semblent bornées et l'étincelle jaillit sans interruption.

Les dieux ou les héros, qui figurent sur les pièces céramiques, ne sont pas des portraits, et, néanmoins, ils paraissent ressemblants, tant leur attitude et leur physionomie sont appropriées au rôle qui leur est assigné dans une scène de roman, de théâtre ou d'histoire ou dans les cérémonies religieuses.

N'oublions pas que nous sommes en Orient et que l'artiste chinois travaille d'abord pour les Orientaux. Nous aurions tort de juger, à la légère et sans discernement, les décors des porcelaines ; nous devons entrer et nous incorporer, pour ainsi dire, dans la peau du peuple auquel elles sont destinées principalement ; nous devons nous imprégner du milieu pour lequel ont été exécutées ces œuvres magistrales. Les travaux faits pour l'exportation ne donnent pas toute la mesure du talent de l'artiste, ils sont moins sincères, moins ingénieux ; ils n'exhalent pas, au même degré, le parfum enivrant du terroir ni la senteur capiteuse du génie national.

L'admiration ne se commande pas, c'est incontestable ; il n'est pas moins vrai qu'on est blâmable de rejeter avec mépris et de bannir témérairement ce qu'on ne comprend pas de suite ou qu'on n'a regardé et étudié qu'imparfaitement avec parti pris. La civilisation chinoise étonne les Européens au premier abord, je l'accorde volontiers ; mais on se sent attiré par un aimant invincible dès qu'on est acclimaté au milieu de ces œuvres étranges parfois, bizarres souvent, toujours séduisantes qui frappent par une conception grandiose ou originale et par une merveilleuse exécution.

Vous sentez si bien vous-même que vous avez perdu votre procès, s'écrie un de mes adversaires les plus opiniâtres, que vous plaidez les circonstances atténuantes ; vous prononcez ainsi votre propre condamnation. Je m'empresse de répondre à cette accusation fallacieuse que je ne désespère nullement de gagner ma cause devant un public impartial ; je m'efforce de mettre en lumière les plus puissants arguments afin de faire pénétrer ma conviction dans l'esprit du lectour ; je ne sais si je m'abuse, mais j'ose croire que mes efforts ne seront pas inutiles ; cette espérance m'engage à la lutte et soutient mon courage.

Fort bien, direz-vous, mais que signifient ces chevaux roses, bleus ou jaunes qui traînent des chariots ou qui s'élancent à travers la plaine montés par de sveltes amazones ? Il n'est pas rare de voir ces chevaux au pelage si peu naturel sur des potiches ventrues ou sur des vases cylindriques. Eh bien! ne vous hâtez pas de tourner en dérision ce qui vous semble ridicule et ne vous laissez pas entraîner au blâme par votre premier mouvement. Réfléchissez un instant et vous serez amené à penser que ces couleurs invraisemblables n'ont pas été adoptées au hasard et sans raison. L'explication que vous sollicitez vous sera fournie par un passage de Pi-pa-ki, histoire du luth, roman populaire d'un auteur du quatorzième siècle, *Kia-tong-kia*. Le céramiste reproduit avec l'émail de sa palette des chevaux dépeints dans un roman. Voici, à titre d'exemple, le cheval du tchong-youen, le docteur de 1re classe, tel qu'il est décrit dans le Pi-pa-ki. « Ce cheval était paré de toutes les couleurs, depuis les plus vives jusqu'aux plus sombres, depuis le gris de la cannelle, le brun rougeâtre de la châtaigne jusqu'au rouge de la jujube. Dans quelques endroits son poil ressemblait au plumage de l'hirondelle. » Et plus loin : « Je n'en finirais pas si j'énumérais tous les noms qu'on lui a donnés. Les uns l'appellent le dragon volant, le cerf rouge, l'hirondelle verte, etc. »

Le poète ne connaît plus de limite lorsqu'il se livre aux excès d'une verve qui tient du délire et qu'il s'abandonne aux emportements d'une imagination poussée à l'extravagance. Le peintre n'est que l'interprète fidèle du poète dans ses œuvres les plus risquées et les plus fantastiques ; il n'invente pas toujours, il s'efforce d'illustrer avec précision les romans renommés de l'antiquité ou ceux de l'époque moderne.

Ainsi la réflexion et l'étude nous donnent la clé de bizarreries, de caprices baroques qui paraissaient n'avoir aucune apparence de raison et excitaient une hilarité déplacée. L'homme grave médite et raisonne avant de rire inconsidérément de sujets ignorés ou incompris ; c'est la voie que je vous recommande, c'est celle de la sagesse.

EXPLICATION DES SUJETS DE DÉCOR
DE LA PORCELAINE

VASES RITUELS, FIGURATIONS RELIGIEUSES, SYMBOLES ET EM-
BLÈMES, PIÈCES DE CADEAU, SUJETS CIVILS; SCÈNES DE ROMAN,
DE THÉATRE, D'HISTOIRE, ETC.

Mon désir le plus ardent est de rendre l'étude de la céramique attrayante;
je ferai tous mes efforts pour réaliser ce rêve, pour atteindre ce but. A cet
effet, je relaterai l'usage des divers objets originaires de la Chine; je tenterai,
à propos, des incursions dans l'histoire ou dans les mœurs de ce peuple si
éloigné de nous par sa manière d'entendre la vie et de la pratiquer; j'expli-
querai, dans la mesure de mes connaissances, les figurations qui ornent les
pièces céramiques; j'indiquerai la secte religieuse à laquelle appartiennent les
personnages sacrés qui se détachent en émail sur la panse des vases de nos
musées publics ou privés.

Il y a là toute une confusion à éviter, car les figurations et les emblèmes
diffèrent souvent selon que les vases sont destinés aux Taoïstes ou aux Bouddhistes. Toutefois si les personnages déifiés par les Tao-sse sont autres que
ceux sanctifiés par les disciples du Bouddha, de nombreux emprunts ont été
faits à la religion de Çakya-mouni par les sectateurs du Tao. Nous savons
déjà que le Chinois est, en général, fort indifférent en matière religieuse, et
qu'il pratique successivement, ou plutôt collatéralement et à la fois, les trois
religions principales de sa patrie, demandant à chacune d'elles ce qu'elle peut
lui accorder de plus propice à ses intérêts; ses convictions restent toujours
au second plan, subordonnées à ses besoins et à ses aspirations du moment.

Les pièces fabriquées pour les mahométans sont décorées d'inscriptions arabes, versets ou extraits du Coran; en Chine, les musulmans excèdent le nombre de 25 millions sur une population de 450 millions d'habitants.

Rien, en Chine, n'est abandonné au hasard; tout a une signification précise; c'est pour cela que l'attrait augmentera pour les initiés à mesure que le crépuscule remplacera l'obscurité et fera place, à son tour, à la lumière qui, pâle et diffuse d'abord, paraîtra ensuite dans tout le rayonnement de son éclat.

Nous pouvons entreprendre, sans plus tarder, cette étude qui nous réserve de curieuses révélations; elle ne sera pas superflue pour rectifier des erreurs invétérées, éclairer plusieurs points obscurs ou douteux et dévoiler des faits ignorés ou insuffisamment compris. Les notions déjà transcrites par mes prédécesseurs et indispensables à mon travail seront intercalées et résumées avec précision; j'y ajouterai les renseignements que j'ai puisés aux meilleures sources et soumis au contrôle le plus sévère. Les annales du musée Guimet ont été pour moi une source féconde d'informations précieuses.

Parmi les pièces céramiques qui forment nos collections ou qui sont disséminées çà et là dans nos intérieurs modernes, je mentionnerai d'abord celles qui servent dans les différents cultes professés par les habitants du Céleste Empire. D'autres ont été fabriquées pour les besoins journaliers ou pour le confort et le plaisir des yeux dans un but de luxe, en vue de l'ameublement. Il en est qui sont destinées aux présents que les Chinois s'envoient dans les diverses circonstances de la vie, au renouvellement de l'année ou aux anniversaires. Enfin certaines pièces honorifiques sont offertes par l'Empereur aux mandarins qui ont bien mérité de la patrie et qui se sont rendus dignes des munificences souveraines par d'éminents services. Ces dernières portent souvent des inscriptions qui rappellent les faits et les circonstances ayant déterminé la libéralité du fils du Ciel, parfois le décor lui-même se rapporte à ces actes glorieux.

Les porcelaines fabriquées pour l'exportation prennent les formes et revêtent les décors particuliers à chacune des nations étrangères qui les a commandées conformément à son goût et à ses besoins.

Je suis donc forcément amené à m'occuper des religions qui ont cours en Chine; je serai, sur ce sujet, aussi réservé et aussi bref que possible; un certain développement, néanmoins, est indispensable.

Les religions principales se réduisent à trois en y comprenant le culte de

Yu, le Confucéisme qui, véritablement, est moins une religion qu'un code de morale et qu'un hommage perpétuel rendu à l'antiquité. Je négligerai le Christianisme qui a un nombre d'adhérents fort restreint comparativement au chiffre de la population et qui n'a aucune importance au point de vue céramique.

Avant d'aborder le culte Confucéen, je consignerai certains détails qui se rapportent directement à la décoration des porcelaines dont j'esquisse l'histoire.

Les chroniques chinoises, qui ont un caractère d'authenticité indéniable, ne traitent malheureusement que des faits historiques ou administratifs et sont muettes sur la question religieuse. Il semble avéré, cependant, que, dans l'antiquité, la Chine adorait un Dieu souverain, Chang-Ti et sacrifiait aux Esprits des airs, des eaux et de la terre.

L'empereur Hoang-ti (2698 avant J.-C.) prit, le premier, un nom impérial réservé jusque-là pour le souverain du ciel, *Chang-Ti* qui, dès lors, eut, sur la terre, un délégué de ses attributions et de sa puissance. Ce délégué, cet empereur jaune (Hoang-Ti), cumula, en les réunissant dans les mêmes mains, les pouvoirs civil et religieux; en conséquence, il éleva des autels à l'Être Suprême et lui offrit des sacrifices publics. Au solstice d'été, au solstice d'hiver et dans certaines occasions solennelles, l'Empereur adresse des prières au *Chang-Ti* et préside aux cérémonies officielles; cette prérogative impériale est encore en vigueur de nos jours.

La forme des vases rituels nous a été conservée par un document des plus précieux. La bibliothèque nationale de Paris possède un exemplaire des 42 volumes in-folio, publiés par ordre de Kien-long, contenant la gravure et la description détaillée des vases antiques réunis au musée impérial de Pékin. Ces vases, au nombre de 1444, sont tous différents; plusieurs datent de la dynastie des Chang qui a commencé à régner 1783 ans avant l'ère chrétienne. Ces gravures nous permettent de juger l'avancement extraordinaire des arts en Chine à une époque aussi lointaine. On trouve également cet ouvrage au musée Guimet.

La plupart de ces vases sont en bronze; la solidité de la matière les a sauvés de la destruction. Malheureusement, l'entrée du palais de Pékin est interdite aux étrangers, et aucun Européen n'est admis à visiter cette collection qui nous intéresse tout particulièrement puisqu'elle contient en partie les modèles des produits céramiques que nous allons énumérer. Cette digression n'est donc pas un hors d'œuvre, mais se rattache à notre sujet par les liens les plus intimes.

Il est certain que les vases rituels en bronze des antiques dynasties des Chang et des Tcheou, qui étaient fondus sur des types invariables, déterminés avec la plus rigoureuse précision, ont été imités en poterie d'abord et plus tard en porcelaine. Ces formes immuables se sont perpétuées et transmises d'âge en âge par la tradition grâce à la description minutieuse des livres canoniques. Il était formellement interdit aux ouvriers d'opérer le moindre changement dans le galbe ou dans la dimension des objets du culte ; ainsi s'explique cette immobilité si contraire au progrès! Ces prescriptions impératives ont élevé autour de l'art une espèce de muraille de Chine ; elles ont opposé un obstacle invincible aux artistes en leur enlevant toute initiative individuelle, en les retenant captifs dans l'enceinte d'une étroite prison, en mesurant l'envergure de leurs ailes et en chargeant le génie national de lourdes chaînes qui ont entravé son essor et pesé constamment sur lui pendant des siècles.

Il serait donc injuste de reprocher aux ouvriers des époques antiques certaine routine et certaine gaucherie, indépendantes de leur volonté ; il serait injuste de faire remonter jusqu'à eux la responsabilité de cette immobilité hiératique qui leur était imposée comme un héritage nécessaire. Une loi inflexible empêchait toute émancipation et courbait toute personnalité sous l'exigence des Rites ; tout écart était prohibé sans recours. Aussi l'introduction du Bouddhisme en Chine a-t-elle été un événement capital au point de vue de l'épanouissement de l'art ; elle fut un signal de progrès, je le constate plus loin.

A l'appui de ces énonciations, je transcris, comme témoignage, une page de l'art chinois, publié par M. Paléologue. « Les Rites, dit-il, qui ont réglé tous les détails du culte primitif, ont déterminé, en même temps, les formes des vases réservés à l'accomplissement de ces cérémonies et ils y ont pourvu avec une précision si minutieuse et si impérative que les bronzes fabriqués aujourd'hui pour les sacrifices officiels sont encore composés du même alliage, ont le même galbe, les mêmes dimensions en tous sens et le même poids que ceux qui furent fondus dans le même but, il y a plus de 2500 ans ».

Je m'occuperai d'abord de la religion de Confucius qui est encore la religion d'État.

Le philosophe éminent Koung-fou-tseu, Confucius, naquit 551 ans avant J.-C. dans le Chan-tong ; il parut à une époque de corruption sociale, et sa longue

  11

carrière fut employée à prêcher la morale non moins qu'à inculquer à ses compatriotes le respect des ancêtres et de l'antiquité. Après sa mort, on lui éleva partout des temples pour honorer la mémoire du plus grand instituteur du genre humain; sa doctrine, propagée par de nombreux disciples, est devenue la base de la religion de l'Empereur et des Lettrés. Confucius peut être considéré comme le fondateur du culte des ancêtres, et tout son enseignement est fondé sur les traditions religieuses des premiers siècles.

Le culte ancestral, qui ne doit pas être confondu avec une adoration idolâtrique, consiste à conserver, dans chaque famille, des tablettes portant, en lettres d'or, les noms, titres et professions des membres défunts. Ces tablettes ont été primitivement des images, transformées depuis en planchettes n'ayant aucune apparence humaine. Chaque jour, le chef de famille apporte une offrande devant les tablettes des aïeux et brûle, pieusement, en leur honneur, un bâtonnet d'encens. Des offrandes plus copieuses, plus solennelles ont lieu le jour de l'an, à la fête des morts et à certains anniversaires. Le chef de maison est le prêtre de la famille et préside aux offrandes faites aux dieux qui ne sont, pour la plupart, que des ancêtres divinisés.

Le culte des ancêtres a pour origine la croyance enracinée chez les Chinois que l'âme est errante après la mort et qu'elle reviendra habiter le corps du défunt à un moment quelconque. Les cérémonies sur les tombeaux et les offrandes aux trépassés ont pour but de bien disposer le parent décédé à l'égard du survivant, désireux de se soustraire aux maladies et autres malheurs que la colère du mort peut causer à celui qui se montre négligent pour lui et ne satisfait pas ses besoins.

Il n'est pas sans intérêt de connaître l'économie intérieure de la pièce consacrée au culte ancestral. Sur un autel privé s'élèvent, côte à côte, deux petites châsses ou tabernacles qui renferment : l'une, les dieux domestiques; l'autre, les tablettes des aïeux. Les dieux domestiques sont au nombre de trois : *Kouan-inn* ayant, à sa droite, *Tsao-koun-kong,* dieu du feu et de la cuisine, et, à gauche, *To-ti-kong* ou *Kou-long,* dieu du sol et de la richesse. Devant chaque châsse sont placés un ting, deux flambeaux et deux jeux de blocs divinatoires. Ces blocs servent à consulter les dieux avant toute entreprise.

Les offrandes sont disposées sur une table, en avant de l'autel, dans l'ordre suivant : au centre, trois ou cinq plats pour les viandes cuites. Les trois offrandes de chair principales sont : un canard grillé, une poule rôtie et un porc ou une tête de porc. Ces mets peuvent être remplacés par d'autres viandes, par des œufs ou du macaroni ; des tripes et un foie de porc complètent les cinq offrandes de chair. Autour des plats dressés sur des socles plus ou moins riches sont rangés quatre compotiers à piédouche pour les fruits, une buire à vin, trois coupes *Tsio* pour libations, sept tasses ou bols pour boire, une boîte parallélipipédique pour gâteaux à trois ou six compartiments, un offertoire pour sucreries en forme de table rectangulaire, enfin deux ou quatre chandeliers pour cierges ou bâtonnets odorants. On substitue quelquefois aux chandeliers des chiens de Fô ou d'autres animaux auxquels est accolé un tube servant à fixer la baguette d'encens.

Les offrandes de fruits comprennent des cédrats, des oranges, des dattes, des kakis, des grenades et des cannes à sucre.

Le vin pour libations est le *saki* ou *saké*, liqueur de grain fermenté ou toute autre boisson analogue.

Les offrandes de nourriture ou de boisson sont consommées vers le soir par les personnes de la famille et les invités. Si les Chinois continuent à offrir des mets et du vin à leurs parents décédés bien que rien ne prouve que les destinataires en tirent le moindre profit, ils l'expliquent en disant que les âmes des défunts se nourrissent du double des offrandes, de leurs parties immatérielles et abandonnent aux vivants les portions visibles.

Les objets employés pour le culte ancestral n'ont aucun caractère distinctif bien tranché, ils se confondent avec ceux des autres religions.

Les vases rituels des dynasties Chang et Tcheou fixeront notre attention pendant quelques instants. Ce sont des *tings* (brûle-parfums), des coupes sacrificatoires *Tsio*, des bols, des tasses pour le vin, de grands plats à bords arrondis pour les viandes, des compotiers pour les fruits ; ce sont des vases pour le vin, l'eau, le grain bouilli du sacrifice ou le sang de la victime.

Les tings élevés sur trois ou quatre pieds, de forme variée, ont une panse parallélipipédique, sphéroïdale, lobée accostée de deux anses ou de deux oreilles. Le premier ting aurait été fait par l'Empereur Fou-hi pour sacrifier aux Esprits du Ciel et de la Terre. Pl. I, 1, 2, 4 et Pl. II, 5, 6.

Les cendriers, à panse surbaissée et à large ouverture circulaire, portent aux flancs deux têtes de monstres ; on plante dans les cendres qu'ils contiennent les bâtonnets odorants. Pl. I, 3.

Les coupes *Tsio* affectent la forme d'un casque renversé porté par trois longs pieds effilés ou par des défenses d'éléphant sortant de têtes de monstres. Reproduction de bronzes antiques, elles sont en blanc de Chine unies ou gravées; d'autres, jaunes, sont ornées de gravures sous couverte; quelques-unes sont blanches avec motifs en bleu de cobalt ou en couleur. Pl. III, 8.

Il est des coupes libatoires, ressemblant à de petites saucières, remarquables par l'extrême finesse de l'ornementation. De chaque côté d'une anse rectangulaire plate se détache, en relief, une salamandre à queue fourchue qui se montre également accouplée sous le déversoir; sur les faces latérales du pourtour se dessine la tête hiératique du *T'ao-tié* réduite à l'état d'ornement; les rebords intérieur et extérieur, fond vert piqué de noir ou quadrillé, portent soit des fleurettes soit tout autre motif de décor avec rosaces ou réserves d'attributs. Dix de ces jolies coupes, toutes différentes, alignées sur la planche d'une de mes vitrines, sont un témoignage irrécusable de l'esprit inventif des éminents céramistes de la Chine. Pl. III, 9.

Il existe des tasses libatoires monochromes de cette espèce en brun, en violet et en bleu turquoise. Parmi mes coupes sacrificatoires en forme de saucière, l'une imite le bronze vert-de-grisé, une autre est fond blanc avec fleurs bleues; il y en a également à couverte brune ou rouge de fer portant des arabesques d'or. Je n'ai pas la prétention de n'omettre aucun décor; la nomenclature serait trop longue et la tâche trop laborieuse. Ces tasses à vin servent pour les sacrifices accomplis par le Fils du ciel dans les circonstances déterminées par le livre des Rites.

Les coupes libatoires en blanc de Chine avec gravures ou avec fleurs ciselées sont une réminiscence des coupes antiques taillées dans les cornes de rhinocéros.

Les vases *Fou* et *Koueï* sont destinés à recevoir le grain bouilli du sacrifice; les premiers sont carrés ou rectangulaires; les autres, ovales ou ovoïdes. Pl. II, 7.

Mon vase *Koueï* est une grande boîte ovale, sur piédouche saillant, en porcelaine jaune avec décor gravé et ornements en relief; le couvercle bombé est surmonté de quatre anses simulant des ailerons droits (Kien-long).

Ma boîte rectangulaire *Fou* est ornée de dessins hiératiques en relief sur fond jaune; sa forme rappelle le vaisseau de bois, l'auge du maçon sur piédouche en saillie. Le couvercle est une seconde auge renversée, bordée d'une crête ou galerie festonnée.

Le vase *Koueï* de la collection Bourdeley à Paris est ovoïde, fond jaune, avec décor en relief; trois ailerons se dressent sur le couvercle et trois autres servent de pieds.

Le vase rituel *Teou,* coiffé de son couvercle, ressemble à une sphère qui, portée par un tube cylindrique, pose sur un piédouche bombé; d'autres fois la panse est cylindroïde et le couvercle en dôme.

Les bronzes anciens étaient ornés d'animaux fantastiques qui ont été reproduits sur la céramique sous toutes les dynasties; ces animaux sont au nombre de quatre : Le dragon, *long;* le phénix, *fong-hoang;* la licorne, *ki-lin;* la tortue, *koueï.* Le chien de Fô est une figuration bouddhique; il en est question plus loin.

Le *Dragon* symbolise le printemps et l'Orient; son corps, démesurément allongé comme celui du serpent, est revêtu d'écailles; sa tête, surmontée de deux cornes fourchues, est pourvue de tentacules nasaux et sa large gueule armée d'énormes crocs aigus; chacune de ses quatre pattes est munie de cinq griffes. Il peut, à son gré, devenir invisible ou occuper toute l'étendue du ciel. Habitant pendant l'automne et l'hiver les profondeurs de l'Océan, il se dirige, au printemps, vers le sommet des montagnes, et de là s'élance vers les régions les plus élevées du ciel; il préside à la distribution de la pluie et soutient la voûte céleste. Pl. IV, 12 et Pl. XIII, 36.

Le dragon est un monstre mythologique dont l'idée première a été probablement suggérée par le crocodile qui existait jadis dans les fleuves du Nord de la Chine et qui n'a pas encore disparu du sud de l'Empire. Cet animal causait de nombreuses déprédations; mais, détruit dans le Nord, il cessa d'inspirer la terreur aux populations et fut bientôt considéré comme un être aquatique de bon augure qui présageait et faisait tomber la pluie, source de fertilité chez une nation agricole. Le crocodile, ainsi transformé en dragon, est devenu le symbole de la pluie et de l'abondance. Cette influence bienfaisante attribuée au dragon a déterminé les Fils du ciel, sous la dynastie des Han, à le choisir pour personnifier leur puissance terrestre; cet animal fantastique porte alors cinq griffes, il n'en a que quatre lorsqu'il est l'insigne des princes du sang.

Un de mes vases, fond jaune soufre, est orné d'un dragon bleu avec deux ailes; ce cas est exceptionnel.

J'interrogeais, un jour, un brave et honnête Chinois sur l'existence de ce monstre fabuleux, et, de l'air le plus grave, il m'affirmait qu'il avait vu, une fois, sa tête émerger du fleuve et son œil jeter des éclairs; une fois n'est pas coutume et comment juger sur une fois? Aussi, comme j'insistais en badinant, convaincu qu'il se moquait de moi, que la tête de son dragon ne lui était apparue que dans ses rêves, provoqués même peut-être par l'abus de l'opium, si goûté de ses compatriotes : Eh bien! Monsieur, s'écrie-t-il un peu fâché de mon incrédulité, vous avez tort de plaisanter sur un tel sujet; je suis de bonne foi, je n'ai pas aperçu le dragon moi-même, il est vrai, mais je vous jure que mon frère l'a vu et très bien vu. Est-ce son frère, son père, son aïeul ou l'aïeul de son aïeul? On l'a vu, tant mieux, j'en suis bien aise, mais n'en déplaise à mon Chinois, malgré sa sincérité, je conserverai tous mes doutes tant qu'il ne m'aura pas montré, au grand jour, cet animal invisible en dépit de sa taille gigantesque.

Le *Fong-hoang,* le phénix chinois, rappelle le paon par son brillant plumage, et sa queue d'argus; il en diffère par sa tête qui ressemble à celle du dindon ou du faisan. Cet oiseau, symbole de perfection et de beauté, est immortel; il demeure au plus haut des cieux; il ne quitte son séjour aérien et ne descend sur la terre que pour annoncer un événement heureux ou la naissance d'un grand citoyen; il est consacré à l'Impératrice. Pl. IV, 12; Pl. V, 15; Pl. XVI, 44, 45.

Le *Ki-lin* est un animal de bon augure malgré son aspect rébarbatif et son physique ingrat; il a plutôt un air de candeur que de méchanceté. Sa douceur est extrême; il parcourt le monde avec une rapidité prodigieuse et se détourne de sa route pour éviter de fouler aux pieds le moindre être vivant ou de causer le plus faible dommage; sa tête, qui ressemble à celle du dragon, porte une seule corne; son corps couvert d'écailles, comme d'une armure, se rapproche, par la forme, de celui du cerf; sa queue est touffue; ses jambes effilées se terminent par un sabot fendu; son existence se prolonge jusqu'à mille ans. Le Ki-lin personnifie la félicité et la perfection. Pl. V, 16.

J'ai vu, une fois, sur un vase trois Ki-lins avec des ailes.

La *Tortue sacrée* a la queue velue; elle représente la force et est l'incarnation de l'astre Yao-Kouang, une des étoiles de la Grande Ourse.

De nombreuses pièces céramiques nous montrent l'effigie du *Tao-tié* (le glouton) qui, devenu un motif d'ornement, ne conserve que les yeux et la mâchoire de sa tête primitive dont les traits effrayants sont bien faits pour inspirer la répulsion et l'horreur. Pl. III, 8 et 9; Pl. XIII, 38; Pl. XXXII, 94.

Le renard est également un animal surnaturel; il est le héros des vieux contes populaires du Japon. On le considère, en Chine, comme un être mystérieux et on redoute ses déprédations; il vit mille ans et, à cet âge, il est admis, de droit, à habiter le ciel.

Consulté sur les légendes relatives au renard, un Chinois me répondit en ces termes pittoresques : Vous pouvez me croire; ce que je vais vous raconter est arrivé cent fois bien que cela soit incroyable. Le dîner est prêt dans une habitation, la famille est réunie autour d'une table chargée de mets; les portes, les fenêtres sont fermées, tout est hermétiquement clos; le renard s'introduit à l'improviste; on n'a rien vu, rien entendu, et cependant, sans le moindre bruit, le repas a disparu, escamoté par enchantement avec une rapidité vertigineuse; le renard invisible a tout emporté.

Je ne puis passer sous silence la *Grecque*, le *Taï-ki* et les *Koua*, si fréquents sur les vases antiques et sur la céramique de tous les temps. Je ne pense pas que la grecque, malgré son nom, soit originaire de la Grèce. Certains auteurs, peu familiers avec les produits de l'Extrême-Orient, ont cru donner une explication naturelle en écrivant que cet ornement *en forme de méandre* fut inventé par les Grecs en souvenir des sinuosités d'un fleuve si célèbre dans leurs poésies. Je crois plutôt que la grecque a été importée anciennement en Europe et qu'elle est de source chinoise. En effet, la grecque, *leï-ouen*, « *festons en forme du tonnerre* » figure déjà sur les vases de la dynastie des Chang qui sont antérieurs à la guerre de Troie; elle est la décoration principale, parfois même la décoration unique, tandis que, chez les Grecs et les Étrusques, elle n'apparaît qu'à titre d'ornement accessoire; en tout cas, son antiquité en Chine est un argument, sinon irréfutable, au moins de grande valeur.

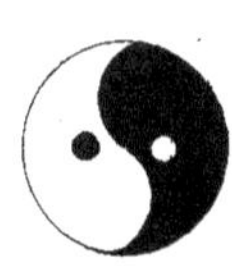

Le *Taï-ki,* le grand suprême, symbolise les deux forces de la nature, le *yang* et le *yin*. Le *yang*, principe mâle, noble, actif, identifie le soleil, la chaleur, la lumière. Le *yin*, principe féminin, passif, plastique, représente la lune, le froid, les ténèbres. Par sa forme circulaire, le diagramme *Taï-ki* ressemble à deux larmes ou à deux virgules juxtaposées, divisées par une inflexion curviligne. Pl. XI, 31.

Les huit trigrammes ou *Pa-koua* sont dérivés des quatre formes :

qui sont sans doute les quatre saisons, les quatre formes de la nature, produites par la chaleur et le froid, la lumière et l'obscurité. Pl. XI, 34.

Les *Pa-koua* sont huit symboles tracés par l'empereur Fou-hi qui régnait 3467 ans avant le Christ. Ils sont formés d'une ligne continue et d'une ligne brisée, représentant le principe mâle *yang* et le principe féminin *yin,* qui, par des combinaisons variées, se développent en huit trigrammes symbolisant le ciel, la terre, la foudre, les montagnes, le feu, les nuages, les eaux et le vent.

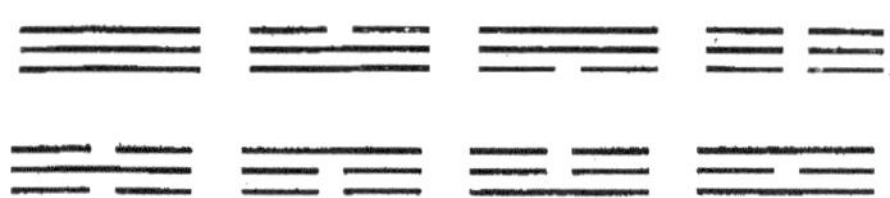

La tradition veut que ces figures aient été découvertes par Fou-hi sur le dos d'un cheval sacré qui sortit du fleuve Jaune en sa présence. Ce cheval est peint sur la porcelaine ou modelé en blanc de Chine; il n'est pas toujours isolé, et parfois on compte huit de ces animaux sur une pièce. Les légendes mystérieuses abondent partout aux premiers temps des religions et des empires; ainsi l'Aurore quitte sa couche au milieu de la brume et se dégage peu à peu des vapeurs ambiantes avant d'éclairer l'univers de ses rayons lumineux.

Les Pa-koua sont pour les savants du Céleste Empire une énigme qui contient tous les mystères de la Création; mais, en dépit des recherches les plus laborieuses, l'énigme reste indéchiffrable, vainement les sages consultent le sphinx et travaillent depuis plusieurs siècles à la solution du problème.

TAOÏSME.

Le Taoïsme et le Bouddhisme sont les deux autres principales religions de la Chine. Les vases et autres ustensiles employés par les sectateurs du Tao ou ceux du Bouddha sont, en général, ornés de signes particuliers distincts. Je décrirai ces ornements avec soin et précision, parce qu'ils font partie intime et intégrante du sujet et que cette description est utile pour reconnaître le culte auquel la pièce est destinée.

Avant de poursuivre notre route, formulons des réserves et disons que toujours, en Chine, il y a lieu à réticences. En effet, dans le principe, les objets rituels variaient de forme ou du moins de décor suivant les cultes ; mais ce caractère si distinct s'est effacé peu à peu ; le Taoïsme s'est paré des splendeurs du Bouddhisme, et ses emprunts ont été nombreux. La conviction religieuse n'a jamais poussé de profondes racines dans la conscience du Chinois qui est très accommodante et fort élastique. L'habitant de l'Empire du Milieu adresse ses prières à un Dieu quelconque, et, si ses vœux ne sont pas promptement exaucés, il porte sans aucun scrupule ses hommages au temple voisin, selon les besoins du moment, quand même le Dieu qui y est adoré est d'une religion rivale. Cette promiscuité religieuse est générale ; elle a une couleur locale bien digne de remarque.

La naissance de Lao-tseu remonte à l'an 604 avant le Christ, précédant de 54 ans celle de Koung-tseu. Ce philosophe célèbre exposa sa doctrine dans un livre qui a survécu à toutes les révolutions et qui a traversé les âges en y laissant une trace lumineuse. Le *Tao-te-king* (Livre de la Raison suprême et de la Vertu) est l'évangile des disciples du maître. Les sectateurs de Lao-tseu l'ont divinisé, après avoir fondé une religion basée sur ses préceptes plus ou moins détournés de leur conception primitive. Il n'entre pas dans mon cadre d'analyser la doctrine du grand philosophe ; il m'importe seulement de constater que la religion du Tao a bientôt dégénéré pour devenir un foyer d'idolâtrie, accordant droit d'asile à toutes les superstitions. Ainsi, elle adresse ses hommages et son adoration non seulement à Lao-tseu, élevé au rang des dieux et représenté sous les traits de l'Être Suprême, mais encore aux Esprits du ciel, des étoiles, des airs, des vents, de la terre, des eaux, des montagnes. Les grands hommes, sanctifiés après leur mort, sont admis dans ce panthéon parmi les immortels.

Ce culte reconnaît deux Trinités qui dirigent le monde. La Trinité supérieure, *San-thsing*, joue un rôle purement spirituel et confie le gouvernement de l'univers à une Trinité inférieure, *San-kouan*. Cette dernière nous intéresse particulièrement, parce qu'elle se montre souvent sur les vases cylindriques, subconiques ou ovoïdes ; elle se compose de *Chang-Ti*, chef du ciel ; de *Nan-Kieu-Laó-Dzin* ou *Cheou-Laó*, dieu de l'Étoile du Sud et de la longévité, et de *Lim-Paó*, dieu de la génération et de la providence. Pl. VI, 17, 18.

Cheou-laô n'est autre que notre philosophe Lao-tseu transformé en divinité par les Tao-sse. C'est un petit vieillard trapu avec une couronne de cheveux blancs, une longue barbe et d'épais sourcils d'une blancheur immaculée; son crâne porte une protubérance très développée qui dénote l'intensité de la méditation. Tantôt il est assis, tantôt il est monté sur un axis, un cerf blanc, une grue ou un buffle, ou bien il est suivi de l'un des trois premiers animaux; parfois debout, il s'appuie sur un long bâton noueux en bambou. Il tient dans sa main le *ling-tchi,* champignon, gage d'immortalité, le fruit du fameux pêcher *fan-tao,* qui ne mûrit que tous les 3,000 ans, le rouleau du lettré ou le sceptre, insigne de la puissance. Pl. VI, 18, voir le personnage de droite et Pl. XXVII, 76.

Souvent il est accompagné d'un serviteur chargé d'une gourde, du chryptogame sacré ou de tout autre emblème de longue vie.

Les disciples fanatiques de Lao-tseu ne pouvaient pas élever leur maître au ciel sans entourer son berceau d'une légende mystérieuse. Fils d'une mère arrivée au déclin de la vie, notre philosophe demeura quatre-vingts ans dans son sein et naquit avec des cheveux blancs; de là le nom de *Lao-tseu, vieillard-enfant.* Il a été canonisé en 666 de notre ère par l'empereur Kao-tsoung des Thang.

Autour de Cheou-laô, élevé au rang de Dieu Souverain et assis sur les nuages, sont groupés huit personnages connus sous le nom de *Pa-Sien* ou *Pa-Chen,* les huit Saints, les huit Génies. Pl. VII, 19 et Pl. XXXVIII, 115.

Les Pa-Sien sont des demi-dieux, des esprits, dotés de pouvoirs surnaturels, ayant acquis par leurs vertus l'immortalité ainsi que la faculté de se rendre invisibles. Ces philosophes, vénérés pendant leur existence terrestre pour leur science et leur conduite irréprochable, ont été immortalisés après leur sortie de ce monde. Ils résident sur le mont *Kouen-lun,* séjour des Immortels, ou dans les « *dix îles inconnues de l'océan Pacifique* ». Ces îles produisent une mousse divine et une plante d'immortalité ressemblant à une herbe aquatique; une seule feuille de ce végétal rappelle à la vie un homme mort depuis trois jours. Dans une de ces îles s'élève un rocher de jade duquel jaillit une source de vin doux procurant aux buveurs une vie prolongée.

L'empereur Tsin-chi-hoang-ti envoya une flotte à la découverte de ces îles magiques, mais aucun vaisseau de l'expédition ne reparut jamais.

Il est rare de rencontrer ces Génies isolés autrement qu'en statuettes; on les trouve, au contraire, réunis sur des plats, des bols ou des vases fabriqués pour la secte Taoïque. Voici leurs noms et attributs :

1° *Tchong-li-kouan* vécut sous les Tcheou et réussit à composer l'élixir de vie; vieillard barbu, à ventre proéminent, il tient un ling-tchi ou une pêche d'une main et, de l'autre, l'écran de plumes qui lui sert à ranimer l'âme des morts. Pl. XXXVIII, 115, au centre.

2° *Liu-tong-pin*, né en 755, étudia avec zèle les principes du Taoïsme et obtint, au concours, le 3ᵉ grade littéraire. Devenu disciple de Tchong-li-kouan qui lui était apparu dans la solitude du Lou-chan, il surmonta victorieusement dix tentations successives et fut initié par son maître aux secrets de l'alchimie et de l'élixir d'immortalité. Un chasse-mouches à la main, il porte sur son dos un glaive miraculeux, en signe du pouvoir surnaturel, qui lui a été conféré, de purger le monde des fléaux et des monstres qui le dévastent. Il figure également parmi les dieux des Lettres à cause de ses succès littéraires et de son excellent commentaire du Tao-te-king. Pl. XXXVIII, à droite.

3° *Li-te-kouaé* se présente sous les traits et les haillons d'un mendiant bossu et boiteux. Je ne puis résister au plaisir de vous conter son histoire qui mérite d'être méditée : Lao-tseu, son maître, lui avait ordonné de venir le retrouver dans la région des nuages, mais son esprit seul ayant le droit de quitter la terre il était obligé de confier son corps à la garde d'un disciple pendant ses absences. Mal lui en prit, car un jour en redescendant du ciel il ne trouva ni corps ni disciple; ce dernier cependant n'était ni infidèle ni coupable, ayant été appelé en toute hâte auprès de sa mère mourante. Étant dans l'impossibilité de réintégrer son véritable corps, Li-te-kouaé, par un excès de désintéressement surhumain, se contenta du corps d'un pauvre boiteux. En mémoire de tant d'abnégation, il porte une béquille et une gourde de pèlerin; de cette gourde s'échappent parfois des chauves-souris, signe de bonheur. Pl. XXXVIII, à gauche.

4° *Tsao-kouo-kieou*, fils d'un général, est coiffé d'un bonnet de cour et il tient des castagnettes à la main.

5° *Tchang-kouo-laô* fut un nécromancien célèbre qui vivait au huitième siècle ; il voyageait sur une mule blanche qui le transportait rapidement à de grandes distances et qui possédait la propriété assez singulière, mais fort commode, de pouvoir être pliée et placée sous le bras dès qu'elle avait atteint le terme du voyage. Cet immortel se reconnaît à un long tube de bambou et à deux baguettes servant à frapper ce tambour spécial.

6° *Han-siang-tse* a pour emblème une flûte. Liu-tong-pin lui enseignait la philosophie au sommet du pêcher fabuleux des Génies, lorsqu'il tomba accidentellement d'une branche ; il conquit ainsi l'immortalité grâce à la protection de son maître. La moralité de cette fable nous démontre que, si les accidents servent quelquefois, les protections servent toujours.

7° *Lan-tsae-ho* de sexe douteux, tantôt mâle, tantôt femelle, se distingue par une sarclette ou un panier fleuri.

8° *Ho-sien-kou* habitait les environs de Canton et avait un goût prononcé pour la solitude. Elle se nourrissait exclusivement de poudre de nacre, ce qui lui assura l'immortalité. Étant partie pour la Cour, vers l'an 700, sur les sollicitations réitérées et pressantes de l'Impératrice régnante Wou-heou des Thang, elle disparut en route et on ne la revit jamais. Son signe distinctif est une fleur de lotus.

La bouteille suivante, provenant du Palais d'Été, nous montre les Pa-Sien avec leurs attributs respectifs.

Bouteille à panse cylindro-ovoïde surbaissée, col évasé et piédouche élevé, décor polychrome ; jouys dorés en anses : sur le col, fond jaune, salamandres hiératiques et pendeloques entre une bordure rouge à motifs d'or accostée de fleurons et une bande avec cachets ronds de longévité ; sur l'épaulement et sous la panse, bande carmin chargée de rinceaux gravés et d'arabesques fleuries ; sur la panse, fond blanc, les Pa-Sien, en riches costumes, au milieu de nuages disposés en compartiments symétriques ; sur le piédouche, triple bordure : blanche avec bâtons rompus bleus, jaune avec feuilles dressées, rouge avec ornements dorés (marque de Kien-long). Pl. XXXVIII, 115.

Les Pa-Sien ne sont pas les seuls Dieux ou Immortels qui apparaissent sur les pièces céramiques. *Pou-taï* est une idole bouddhique ; il a sa place marquée parmi les figurations relatives au culte de Bouddha.

Tchong-kouë, le Shio-ki du Japon, offre une certaine ressemblance avec Pou-taï à cause de sa tenue débraillée, mais la différence qui existe dans l'expression de la physionomie rend la confusion impossible ; sa face, au lieu d'accuser la sensualité, respire l'astuce et la malice. Mandarin à l'époque des Thang, il a été proclamé, après son décès, le chef des diables et est honoré le cinquième jour de la cinquième lune. Destructeur des mauvais Génies, il jouit de la faculté de se métamorphoser à volonté pour tromper les démons et mieux les exterminer. Pl. VII, 20.

Pi-cha-moun, dieu des honneurs, est revêtu d'une cuirasse ou d'un habit d'arlequin, formé de carrés et de losanges de nuances variées.

Lou ou *Fou-taï*, dieu du bonheur, est accompagné de *Tchao-ouin-tein*, dieu de la fortune et protecteur des joueurs, monté sur un tigre, et de *Li-tché*, invoqué par les Lettrés pour réussir dans les examens.

Pien-tsaï-tien-niu, déesse de l'amour, est élégamment vêtue et étendue dans une pose nonchalante; tantôt elle se complaît à célébrer la poésie du printemps en s'accompagnant d'un instrument de musique; tantôt elle regarde tendrement évoluer deux cyprins dorés dans l'onde limpide d'une vasque ou bien deux canards mandarins s'ébattre sur un lac paisible au milieu de nélumbos en fleurs.

Je citerai pour mémoire une déesse que j'aurais aimé à voir sur la porcelaine; sa figure poétique mérite une évocation spéciale.

Ki-stang-tien-niu, la déesse des talents, est implorée par les pauvres mortels qui la supplient de laisser échapper de ses mains avares et tomber sur eux une de ses perles bienfaisantes; la perle, en effet, procure à celui qui la reçoit la science ou le talent, objectif éternel de nos prières. La perle isolée ou entourée de lemnisques est un attribut qui complète le décor d'un marli avec la tablette honorifique, la pierre sonore et le rouleau du savant.

On compte cinq dieux principaux de la littérature : Leur chef est *Wen-chang-ti-kiun*, dieu de l'étoile Wen-chang; ses deux collègues les plus renommés sont *Liu-tong-pin*, un des Pa-Sien, et le dieu stellaire, *Koueï-sing*, canonisé sous les Youen en 1314. Le dernier est le plus populaire, bien que son rang soit subalterne puisqu'il n'est que le quatrième parmi les protecteurs des Lettres; il a été convié à cette haute dignité à cause de la place qu'il occupe, au firmament, près de Wen-chang dont il est le satellite. On raconte qu'ayant obtenu le grade de Han-lin aux examens officiels, il se vit, à raison de sa laideur, refuser par le souverain la fleur d'or qu'il avait méritée; désespéré de cet affront inique et résolu à se noyer, il se précipita à l'eau, mais il fut sauvé par la tortue fabuleuse Ngao qui l'enleva au ciel.

Koueï-sing est représenté, en peinture ou en statuette, sous les traits d'un démon à l'aspect rébarbatif, enveloppé de draperies flottantes, un pied appuyé sur un dragon et l'autre levé en l'air; dans une de ses mains il tient le pinceau du lettré; au dessus de sa tête vole la chauve-souris qui personnifie l'inspiration poétique. D'autres fois, il est campé sur un boisseau, constellation qu'il habite dans les astres; son nom signifie *fantôme du boisseau*. On le voit peint sur plusieurs pitongs de la collection, qui contient, en plus, une superbe statuette de ce dieu exécutée sous Khang-hi en émaux polychromes. Pl. VIII, 24.

Kouan-ti, dieu de la guerre, s'illustra par son attachement à la dynastie des Han et par une bravoure incomparable. Il est mort à cinquante-huit ans en 219 de l'ère chrétienne; canonisé au douzième siècle, il fut déifié en 1594 en récompense de son héroïsme et de ses vertus militaires. Sa loyauté l'a désigné au choix des marchands comme patron et protecteur. Souvent il est accompagné de deux écuyers : Kouan-ping, son fils et Tcheou-tsang, son frère d'armes.

Kouan-ti est figuré assis, l'air intrépide et bienveillant, tenant parfois sa longue barbe, un dragon brodé sur ses vêtements et un crapaud à trois pattes à ses pieds. Je possède une magnifique statuette du dieu de la guerre sur un piédestal à dossier; elle est émaillée sur biscuit et décorée en bleu turquoise et violet d'aubergine (Siouen-te). Pl. VIII, 23.

La vie de Kouan-ti est racontée dans le « *San-koûe-tchi, Histoire des trois royaumes* », roman historique écrit sous les Youen par Lo-kouan-tchong, un des auteurs les plus populaires de l'Empire chinois. Ce vaillant guerrier, au caractère chevaleresque, après avoir mis son épée au service de l'empereur légitime, combattit avec ses frères d'armes Liou-pi et Tchong-feï les bandes insurgées des *Bonnets Jaunes* qui dévastaient le pays. L'armée des rebelles sous les ordres de Tchang-kio était formidable. A la première rencontre avec l'ennemi, Kouan-ti coupa en deux sur son cheval le chef suprême; cet exploit, digne des héros d'Homère, jeta la consternation dans les rangs des révoltés qui prirent la fuite dans le plus grand désordre. Il serait trop long de relater en détail tous les combats singuliers et tous les faits d'armes glorieux auxquels Kouan-ti prit part durant cette longue guerre, il faut les lire dans l'ouvrage traduit par Théodore Pavie, et je suis sûr qu'on ne regrettera pas les heures employées à suivre ce récit si palpitant, si dramatique qui peut presque être considéré comme une page d'histoire.

La tradition rapporte qu'un enfant, jadis, aurait pêché un crapaud à trois pattes qui était chargé de sapèques d'or. Ce crapaud personnifie la légende du bonheur et de la richesse; c'est un sujet fréquent en céramique.

Je m'occupe plus loin des *Ho-ho* qui se présentent quelquefois avec le crapaud à trois pattes sur leurs épaules; cette assertion est prouvée par un flacon tabatière qui m'appartient et qui représente un des Ho-ho. Pl. VII, 21.

Notre revue serait incomplète si nous omettions la reine des Génies, la déesse de longévité, *Si-wang-mou* qui est souvent confondue avec Kouan-inn. Cette aimable divinité est, sur les vases, les bols et les plats, une jeune femme pleine de charmes, dans une élégante toilette; elle s'avance, debout sur les nuages, une gourde sous le bras, appuyant sur son épaule un long bambou auquel est suspendue une corbeille de fleurs, ou bien elle est arrêtée sous un pin ou sous un pêcher fleuri, accompagnée d'une suivante ou d'un axis chargés de la pêche de longévité, alors elle tient un ling-tchi ou un bouquet. D'autres fois, elle navigue assise sur un pétale de nélumbo comme dans un frêle esquif, tandis que sa servante sur un autre pétale porte la fameuse pêche *Fan-tao*. Je possède un plat, une gourde et un vase qui montrent Si-wang-mou telle que je viens de la dépeindre. Pl. VIII, 23, et Pl. XLI, 118.

Rappelons que la plupart des dieux du panthéon chinois ne sont que des mortels divinisés après leur mort en raison de leur science, de leurs vertus ou de services éminents rendus au pays. Consultez sur ce sujet les écrits du savant Hollandais de Groot.

Cette nomenclature, quelque peu fastidieuse, était indispensable pour éclairer notre itinéraire; je terminerai par une observation concernant les garnitures d'autels dans les temples taoïques. Un ting entre deux chandeliers et un vase à fleurs à chaque extrémité composent la décoration principale; si la même disposition est répétée sur les autels bouddhiques, cette analogie s'explique par ce fait que les Tao-sse l'ont empruntée au culte de Bouddha. Une différence essentielle, qui sépare les deux religions, consiste dans les statuettes et les figurations peintes des dieux et des saints qui sont exposées dans les temples à la vénération des fidèles. Décrivons maintenant les emblèmes dont le sens est important à connaître en raison de leur fréquence sur la céramique.

En Chine, la vieillesse étant particulièrement honorée, le plus ardent désir de tout Chinois est d'atteindre un âge avancé afin de jouir plus longtemps des biens terrestres. En conséquence, les pièces céramiques ou autres que les habitants du Céleste Empire s'envoient en cadeaux au renouvellement de l'année, aux divers anniversaires ou dans toute autre circonstance importante de la vie sont décorées de symboles de longévité ou de bonheur, qui sont un souhait à l'adresse du destinataire.

Les signes de longévité sont nombreux : le pin, le pêcher, le prunier, le saule, le cyprès, le cèdre, le bambou, la pêche *fan-tao*, le chryptogame (*ling-tchi*), la gourde, le jouy, le cerf blanc, l'axis, la grue, le lièvre.

Une existence prolongée jusqu'aux plus extrêmes limites ne satisfait pas les Tao-sse ; ils travaillent à se soustraire à la mort et se livrent, avec ardeur, à la pratique des sciences occultes et de l'alchimie dans l'espoir de découvrir le précieux breuvage d'immortalité. L'agaric branchu, le *ling-tchi* est un champignon qui entre dans la composition de cet élixir magique ; il pousse, de préférence, sur les rochers, dans les pays accidentés. Pl. XIII, n° 37.

La légende nous apprend que, dans l'antiquité, les démons étaient jugés et dévorés sous un pêcher, regardé comme symbole du soleil parce qu'il se couvre de fleurs à l'équinoxe du printemps au moment où l'astre du jour triomphe des ténèbres. Le soleil, source de la vie universelle, en se levant à l'horizon, chasse les Esprits Malfaisants ,il est donc naturel que le pêcher, qui lui est consacré, soit considéré en Chine comme un épouvantail des fantômes et un emblème de la force vitale et de l'immortalité (Voir de Groot).

Le pêcher *Fan-tao* ne fleurit qu'au bout de trois mille ans, et une nouvelle période égale est nécessaire pour la maturité des fruits ; cet arbre fabuleux croît près du palais de Si-wang-mou, la reine des Génies. La pêche de longévité se rapproche par la forme plutôt de la mangue que de la pêche ordinaire. Pl. XXVIII, 79.

Le prunier est un signe de longévité parce que Lao-tseu est né sous ses rameaux.

Le saule figure ici au même titre que le prunier en raison de la puissance exceptionnelle de sa végétation ; aussi les saints personnages du Taoïsme sont-ils souvent représentés sous un saule à la recherche du fameux élixir qui préserve du trépas.

Le pin, le cyprès et le cèdre symbolisent l'éternité ; ils restent verts toute l'année et résistent à l'esprit de mort qui règne pendant l'hiver. Le pin seul est commun sur la porcelaine.

Dans un grand nombre d'écrits chinois, il est question du lièvre de la lune ;

aussi, quand il figure comme marque sous une pièce céramique, voit-on émerger plus haut le disque lunaire. Cet animal légendaire vit mille ans et son poil ne blanchit qu'après cinq cents ans d'existence. Les Tao-sse croient que le lièvre habite l'astre des nuits et broie les drogues qui composent le breuvage d'immortalité, objectif de leurs ardents désirs. On le confond à tort avec le lapin, qui est un des signes du zodiaque chinois.

La grue, la cigogne atteint une vieillesse fabuleuse, et, après une existence de deux mille ans, elle recouvre la teinte noire de son plumage; je ne garantis pas l'authenticité de ce fait, je ne l'admets que sous bénéfice d'inventaire et vous engage à faire comme moi.

Je signalerai encore sur la céramique l'usage fréquent des caractères *cheou*

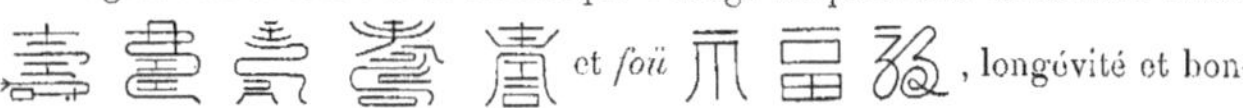

et *foü*, longévité et bonheur; je ne séparerai pas ces caractères qui sont souvent réunis sur la même pièce et inscrits, côte à côte, de plusieurs manières différentes. Sur une même panse ou un même col, *cheou* est peint sous chacune des formes variées usitées dans les écritures qui ont eu cours successivement depuis l'antiquité jusqu'à nos jours; il se formule aussi en cachet rond (Pl. XXIX, 83), ou bien il est disséminé

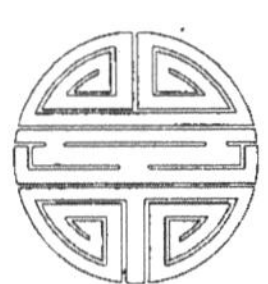

sur toute la surface d'une pièce dont il est l'unique décor, comme sur le revers de plats de mariage. J'ai un pitong cylindrique blanc portant *cheou* écrit de cent deux manières différentes; un bol et un plat sont ornés d'un arbre dont le tronc noueux nous présente le même caractère avec des rameaux chargés de pêches de longévité polychromes.

Je citerai encore un vase cylindrique blanc avec décor en couleur : sur le col, quatre médaillons formés d'arbres de longévité dont les branches sont courbées en caractères de longévité ou de bonheur; sur l'épaulement, fond vert à filigranes noirs coupé par quatre réserves avec chiens de Fô; sur la panse, fond gros vert à bâtons rompus vert pâle, se détachent des cachets ronds de longévité et deux grandes réserves blanches rectangulaires qui alternent avec deux petites réserves superposées, contenant des animaux fabuleux, des paysages et du mobilier; à la base, faux godrons (Khang-hi). Pl. V, 15.

Le caractère *cheou*, sous ses formes variées, est accepté par toutes les sectes religieuses, il est l'ornement obligé des présents offerts aux anniversaires; c'est un vœu libéralement exprimé.

Les emblèmes de bonheur sont : la chauve-souris, la grenade, le cédrat odorant main de Fô, l'orange, la pie, la couleur rouge.

Le Jouy, sceptre de bonheur et de longévité, est offert aux époux et aux amis en signe de bonne chance.

La chauve-souris a été adoptée comme symbole du bonheur parce que les mots *füh* et *foü*, qui désignent *chauve-souris* et *bonheur* dans la langue chinoise, ont la même consonance et s'emploient l'un pour l'autre. Peintes sur un vase, cinq chauves-souris présagent les cinq félicités : longévité, richesse, amour de la vertu, contentement, mort heureuse.

La grenade est réputée un signe d'abondance et de bon augure en raison du nombre de ses graines comestibles.

Neuf ou douze pies, rassemblées sur une pièce céramique, sont un souhait de prospérité jusqu'à la neuvième ou la douzième génération.

L'orange, grâce à sa couleur rouge, symbolise le bonheur et la douceur de la vie.

Les deux canards mandarins personnifient la félicité conjugale et les deux poissons rouges, l'harmonie domestique. Dans le commerce, on appelle *assiette de mariage*, une assiette ornée des Pa-sien sur le marli et, au centre, de deux canards mandarins nageant au milieu de nélumbos fleuris.

La fleur du pêcher, qui écarte les Esprits malins, est rouge ; telle est la cause déterminante qui a fait classer la couleur rouge au nombre des emblèmes favorables.

La figure, indiquée par Jacquemart comme étant une hache sacrée, est encore un indice de bonne chance.

Nous parlerons maintenant de la religion bouddhique.

BOUDDHISME.

Le Bouddhisme joue un rôle considérable dans l'histoire des religions en Orient. Il fut introduit en Chine vers l'an 64 après le Christ. L'empereur Ming-ti des Han vit, en rêve, un homme couleur d'or dont la tête brillait d'un éclat surnaturel, et, il envoya des ambassadeurs dans l'Inde pour en rapporter les livres sacrés et les statues du Bouddha (Fò). Florissante au sixième et au septième siècle ,cette religion perdit peu à peu son prestige et faillit sombrer au neuvième siècle sous les attaques des disciples de Lao-tseu et de Confucius, jaloux de sa prospérité. Elle reconquit la faveur du public sous les Youen, grâce à la protection du gouvernement ; ce fut une nouvelle floraison éphémère. Elle ne fut inquiétée ni par les Ming ni par la dynastie régnante ; les sectes rivales ont cessé des hostilités désormais sans objet et ne redoutent plus sa concurrence. Si l'éclipse n'est pas totale, le Bouddhisme végète sans faste n'ayant plus la force de vaincre l'indifférence générale.

Le renoncement ascétique, le célibat, la mendicité, étant contraires à l'esprit du confucéisme, répugnent aux Célestes et les éloignent de la doctrine du Bouddha ; mais, d'un autre côté, en entourant les funérailles de cérémonies pompeuses, en soulageant les âmes des défunts par leurs prières , les prêtres bouddhistes surent se concilier les sympathies du peuple chinois, toujours prêt à favoriser tout ce qui rehaussait le culte des ancêtres.

Sous le rapport de l'art, le Bouddhisme eut l'influence la plus heureuse. Longtemps comprimé par les lois implacables des Rites , l'art avait perdu toute vitalité, il s'étiolait, accablé sous le poids de la vétusté, comme un arbre épuisé et sans sève. En apportant une modification nécessaire aux formules surannées, le culte du Bouddha a affranchi l'art des entraves du passé et inauguré une ère de gloire et de prospérité ; il a brisé, partiellement du moins , le vieux moule usé et trop étroit ; son introduction a été ainsi une renaissance féconde.

Ranimé par un souffle vivifiant, l'arbre presque desséché a repris sa vigueur, et, se couvrant d'une verdure nouvelle, il a bientôt produit des fruits savoureux comme au temps de sa jeunesse printanière.

Ce renouveau fut une époque de progrès, le cadre s'est élargi. Les artistes, n'étant plus captifs, ont pris leur vol vers un idéal plus pur et plus parfait ; ils ont été libres d'obéir à leur génie et de secouer enfin les liens qui avaient entravé leur essor pendant tant de siècles.

Alors l'art s'est annobli, le galbe des vases s'est perfectionné , gagnant en élégance et en souplesse ; la fantaisie a enfanté les combinaisons les plus variées et les plus charmantes. L'esprit d'initiative a remplacé avec avantage l'imitation servile ; le style a acquis plus d'élévation et de majesté ; en un mot, cette émancipation a été la source des créations les plus ingénieuses. M. Paléologue a développé cette thèse avec succès et il nous fait partager sa conviction.

Le Bouddhisme a imprimé son cachet, sa marque particulière sur les objets employés dans les cérémonies de son culte et même sur ceux destinés aux besoins journaliers de ses adeptes.

La statuette de Çakya-mouni a été fondue et ciselée en bronze, sculptée en marbre ou en albâtre, taillée en bois pour orner les temples consacrés au fondateur historique de la religion de Bouddha. Plus rare en céramique, elle existe cependant; j'en ai réuni plusieurs exemplaires remarquables. Pl. IX, 26.

Je m'écarterais de mon sujet en retraçant, en détail, la vie du Bouddha (le Sage). Quelques lignes suffiront pour rappeler qu'il naquit près de Bénarès, à la fin du septième siècle avant le Christ; il reçut le nom de Siddhartha (établisseur). Bien que d'origine royale, se dérobant aux plus hautes destinées terrestres, il se réfugia dans la solitude d'Ourouvella, se soumit aux austérités les plus rigoureuses et passa sept années dans la méditation et la prière. Ces sept ans écoulés, un jour qu'il réfléchissait aux vanités des biens de ce monde, à l'ombre d'un figuier sacré, il sentit tout à coup se déchirer les voiles qui obscurcissaient son entendement et il acquit le degré de renoncement et de pureté nécessaire pour devenir Bouddha. Çakya-mouni avait alors trente-six ans; il quitta aussitôt sa retraite et parcourut l'Inde pendant 45 ans, prêchant la morale et la charité. Les disciples accouraient en foule et le suivaient dans ses voyages; à quatre-vingt-un ans, il expira ou plutôt entra dans le Nirvâna, après avoir recommandé à ses disciples de propager la doctrine du salut et de continuer son enseignement à travers le monde.

Je possède deux belles statuettes du Bouddha en porcelaine dorée : accroupi sur une terrasse formée de deux rangs de pétales de lotus superposés, peints au naturel, le Bouddha est dans l'attitude de la méditation, la plante des pieds retournée, retenant son vêtement sur la poitrine de la main gauche, un livre dans la droite; sa robe, fond orangé, est à revers carmin; la tête, les bras, les pieds et la poitrine sont dorés (Kien-long). Pl. IX, 26.

Le type du visage est celui des statues rapportées de l'Inde. Les artistes chinois ont réussi à saisir la ressemblance de traits si différents de ceux de la race jaune et à exprimer la sérénité souveraine, la majesté recueillie, inaugurant ainsi un style si nouveau pour eux, si ignoré de leurs devanciers.

Le Bouddha mérite nos hommages en raison de ses vertus et du parfum de bonne renommée qu'il a laissé en ce monde. Ce grand saint a su vaincre ses passions et médite sur les misères humaines; il nous invite, par son attitude calme et réfléchie, au recueillement et à la prière; sa charité fut inépuisable, légendaire; sa vie pieuse, modeste, est un poème sur la vertu, poésie suave et céleste; son silence même est un conseil. Son visage noble et placide est le miroir fidèle d'une âme sans tache et d'un cœur immaculé; quelle sérénité parfaite! On sent que cet être supérieur, indifférent aux stériles agitations de l'humanité, vit dans les sphères éthérées. L'exemple d'une vie irréprochable détermine plus de convictions que les discours les plus sonores; l'attitude du Bouddha est un enseignement, sa vie est la plus éloquente des prédications.

Tout autel, dressé devant le Bouddha, est garni d'un ting, de deux flambeaux et de deux vases à fleurs.

Remarquons que les offrandes bouddhiques, contrairement à ce qui se pratique dans la secte Taoïque, ne comprennent jamais les offrandes de chair, le Bouddhiste ne mangeant pas de viande; il y a là une divergence importante entre les deux cultes.

Dans le voisinage immédiat de Çakya-mouni, je placerai une divinité tenant parfois un chapelet et connue, en Europe, grâce à cette particularité, sous le nom de *Vierge chinoise*. Toutes les collections possèdent, au moins, une *Kouan-inn*; ses statuettes, en blanc de Chine, sorties, pour la plupart, des ateliers du Fo-kien, nous attirent par la beauté de la forme et la dignité de l'expression. Les statuettes décorées en émaux polychromes sont plus rares. Pl. IX, 27.

Kouan-inn est une Bodhisattva, être parfait n'ayant plus qu'une seule naissance à subir pour atteindre le Nirvâna. On appelle *Nirvâna* le paradis où le Bouddha parfait, exempt de toute transmigration, jouit du repos éternel et, conservant son individualité, veille au salut des hommes.

La *Vierge chinoise* est une abstraction déifiée, qui personnifie la grâce miséricordieuse; elle a été identifiée avec le personnage légendaire chinois *Miao-chen*, princesse vertueuse, dont la vie dramatique est racontée en détail dans l'ouvrage si curieux de de Groot.

Kouan-inn est, sans contredit, une des figures les plus gracieuses et les plus sympathiques de tout le panthéon chinois. Déesse de la miséricorde, elle compatit aux douleurs de l'humanité souffrante, et, afin d'assurer le salut des mortels, elle s'est soumise volontairement à trente-trois incarnations; quelques auteurs en comptent soixante-douze et plus. Parfois elle a revêtu la forme masculine, bien que généralement elle se montre sous les traits de la femme. Tantôt elle est debout sur les nuages, tantôt elle est assise sur une terrasse de nélumbos ; à ses côtés se dressent la grue, l'axis ou le fong-hoang ; d'autres fois, un enfant repose sur ses genoux ou dans ses bras ou se tient auprès d'elle. Cet enfant, c'est *Zen-zaï* ou *Hoan-chen-tsaï,* admis après de terribles épreuves à seconder la déesse dans son œuvre de salut ; il se montre parfois près de Kouan-inn les mains jointes pour la prière, en compagnie de *Long-nu,* la petite-fille du Roi-dragon des mers. Un fils de ce monarque parcourait l'océan sous la forme d'un poisson quand il fut capturé par un pêcheur et mis en vente. Voyant le danger que courait le jeune prince, Kouan-inn chargea Zen-zaï d'acheter le poisson et de lui rendre la liberté ; cette mission s'accomplit avec succès. En reconnaissance de ce service signalé, le Roi-dragon fit don à notre déesse d'une perle lumineuse qui lui fut portée par Long-nu, la propre fille du prince délivré. Cette dernière pria Kouan-inn de lui permettre de vivre avec elle pour acquérir la sainteté bouddhique, ce qui lui fut accordé ; ainsi elle devint la sœur de Zen-zaï et sa compagne habituelle.

Les vêtements de cette divinité, drapés à l'antique, se composent d'une longue robe, d'un manteau et d'un capuchon ramené au-dessus de la tête ; ses cheveux tressés, relevés en nattes épaisses, sont couronnés d'un diadème portant, au centre, un vase ou une petite image de Bouddha ; son visage respire la sérénité, la noblesse ; ses yeux sont modestement baissés ; ses mains sont posées l'une sur l'autre ou tiennent un rouleau, une perle, un vase, une tige de nélumbo ou un rameau vert. Les mains placées l'une sur l'autre signifient méditation. Le rouleau de papier est le symbole des prières qu'elle récite pour le salut du monde. La perle est une perle lumineuse qu'elle a reçue en cadeau du Roi-dragon pour lire les livres saints dans l'obscurité. Le vase contient la douce rosée l' « *amrita* » des Indiens. Le rameau vert sert à Kouan-inn comme aux prêtres à faire des aspersions avec le nectar divin, l'*amrita,* afin de désaltérer les âmes en enfer. Maintes fois, on observe près de Kouan-inn un oiseau ou un perroquet qui lui apporte dans son bec le collier de perles, insigne de sa dignité.

Je possède une statuette de cette déesse, en blanc de Chine, qui ne serait reniée par aucun des grands artistes de la Renaissance. Simplement drapée dans une robe aux plis harmonieux, elle est assise, les jambes croisées, dans l'attitude de la méditation ; son visage, remarquable par la candeur et la chasteté de l'expression, se rapproche par la majesté sereine de celui de Bouddha lui-même. Pl. X, 28.

Une Kouan-inn de la collection, en terre émaillée, a été fabriquée sous les Youen ou sous les premiers Ming. Assise, les mains jointes et les jambes croisées, elle porte un collier sur sa poitrine découverte ; le visage et la poitrine sont en brun rougeâtre avec traces de dorure ; le capuchon et la jupe sont jaunes ; le manteau violet d'aubergine est bordé de bleu. Recueillement et dignité, telle est l'impression que l'on ressent en présence de cette déesse.

Une Kouan-inn, vêtue d'une robe couleur chocolat, est debout tenant Zen-zaï par la main et porte une feuille de lotus ; la tête, les mains et les pieds sont émaillés en blanc.

Je citerai encore deux autres Kouan-inn ; l'une debout porte un capuchon vert orné de pivoines multicolores à feuillage noir et une robe blanche avec bordure verte ou jaune chargée de nélumbos polychromes (Khang-hi).

L'autre, accroupie sur une terrasse de nélumbos peints au naturel, a les chairs colorées ; ses vêtements sont décorés d'arabesques en couleur sur fond vert ou bleu (Yung-tching).

La première tient une perle dans la main droite ; la seconde, le vase *patra* doré. La dernière est identique à celle représentée n° 27, Pl. IX.

Enfin je possède, en blanc de Chine, une Kouan-inn Poosa à dix bras portant des attributs différents ; elle a parfois seize bras.

Les Bouddhistes vénèrent un grand nombre de saints ou d'ascètes ; ces derniers sont moins fréquents sur la porcelaine que les Lohans isolés ou réunis en groupe de dix-huit personnages.

Les *Arhats* sont dans l'Inde les patriarches de la religion bouddhique ; on les nomme *Lohans* en Chine et *Rakans* au Japon. Les *Cheu-pa Lohans* sont les dix-huit principaux patriarches du bouddhisme ; ils figurent, en relief, sur un vase cylindrique et sur plusieurs flacons tabatières de la collection. Pl. XII, 32, 33.

Les dix-huit Lohans, honorés en Chine, varient avec les temples et les localités. Dans l'Inde, on compte seize Arhats, parfois vingt-huit, quelquefois même cinq cents. En Chine, on a ajouté aux seize Arhats de l'Inde deux Lohans originaires du pays, et on a souvent remplacé plusieurs patriarches hindous par des patriarches chinois qui sont différents selon la dévotion des diverses provinces et même de chaque cité.

Nous donnerons d'abord une liste des *Cheu-pa Lohans* à peu près conforme à celle de l'Inde ; nous indiquerons ensuite le nom de certains personnages substitués aux Arhats par les bouddhistes chinois.

1° *Mahâkasyapa*, brahmane de Magadha, est représenté s'appuyant sur un bambou, un livre à la main ; successeur immédiat de Çakya-mouni, il présida le premier synode. Compilateur du canon bouddhique, il est regardé comme le principal organe du dogme orthodoxe ; il mourut 499 ans avant J.-C.

2° *Ananda*, renommé pour sa mémoire prodigieuse, est vêtu d'un habit religieux ; son nom signifie qu'il naquit au moment précis où Çakya-mouni atteignait le degré de sainteté requis pour être Bouddha. La compilation des Sutras a été préparée par ses soins. Sa mort date de 463 ans avant J.-C.

3° *Sanakavâsa* ou *Sanavasika* est identifié, au Thibet, avec Yasas, le chef du second synode ; son signe distinctif est une pagode. Né à Mathura, frère d'Ananda, il resta six ans dans le sein maternel. Çakya-mouni avait prédit que Sanakavâsa viendrait au monde cent ans après qu'il entrerait lui-même dans le Nirvâna. Au moment de sa naissance, la plante *sanaka* dont les fibres servent à tisser la robe des prêtres bouddhistes, poussa tout à coup hors du sol ; son nom rappelle ce fait extraordinaire.

4° *Upagupta*, de la caste des Soudras (artisans), entra à dix-sept ans dans la vie monastique, devint Lohan trois ans plus tard et triompha de Mâra, l'esprit du mal, dans un combat singulier. Il exerça son apostolat à Mathura et mourut 335 ans avant J.-C. Il lit un rouleau déployé.

5° *Vasumitra*, né dans l'Inde septentrionale, fut converti par Mikaka, le sixième patriarche hindou qui avait introduit la religion bouddhique à Kamaruppa. Il révisa le canon, présida le troisième synode et expira 150 ans avant J.-C. — Debout, il lève ses mains jointes vers le ciel.

6° *Buddhanandi*, né à Kamaruppa, mort 129 ans avant J.-C., était issu de la famille Gautama, nom patronymique de Çakya-mouni.

7° *Buddhamitra*, né dans le nord de l'Inde, de la caste des Vaïsyas (marchands), mourut 81 ans avant J.-C.

8° *Pârs'va*, brahmane de Gandhara, embrassa, à vingt-quatre ans, la vie religieuse et fit le serment de ne prendre aucun repos avant de posséder les six *Abhidjnâs* et les huit *Paramitas*.

Les *Abhidjnâs* sont les talents surnaturels que Çakya-mouni crut avoir acquis dans la nuit qui précéda son passage à l'état de Bouddha.

Les *Paramitas* sont les vertus cardinales : charité, moralité, patience, énergie, tranquillité d'esprit, sagesse.

Il est mort 36 ans avant J.-C.

9° *Asvagocha*, né à Bénarès, mort 79 ans après le Christ, fut le disciple de Punya-Yas'as, le onzième patriarche de l'Inde. Antagoniste déclaré du brahmanisme il convertit Kapimala.

10° *Kapimala*, né à Patna, n'est pas mort sur un bûcher, mais en proie à des transports extatiques 137 ans après J.-C. Il réussit par ses exhortations à convertir Nâgârdjuna. Il tient une perle avec laquelle il attire les dragons.

11° *Nâgârdjuna (naga* dragon de l'arbre *ardjuna)* porte le nom de l'arbre sous lequel il vécut en ermite. Il prêcha la religion de Çakya-mouni dans le sud de l'Inde et se distingua dans ses controverses avec les hérétiques par une dialectique aussi serrée que subtile. Chef de l'école du Mahâyâna, qui est la dernière forme du dogme bouddhique, il est considéré comme le plus grand philosophe de la secte de Bouddha et comme *un des quatre soleils qui éclairent le monde.* Il passa les dernières années de son existence dans le monastère de Kosala, et, après avoir prolongé ses jours par l'emploi de lotions, il fit le sacrifice de sa vie en se tranchant la tête l'an 194 A. D.

12° *Rahulata*, natif de Kapila, s'étant transporté miraculeusement dans le royaume de S'ravasti au Népaul, vit sur le fleuve Hiranyavati l'image des cinq Bouddhas. Il expliqua ce miracle en disant que le sage Sanghanandi vivait près de la source de ce fleuve. Ayant rencontré Sanghanandi, il le nomma son successeur et entra dans le Nirvâna l'an 293 A. D. Vêtu d'un manteau à capuchon, il tient un bambou ; un axis est couché à ses pieds.

13° *Sanghanandi*, prince de S'ravasti, parla dès sa naissance ; à sept ans, il se soumit à la vie ascétique dans le palais de son père, et, à douze ans, il se retira dans une caverne. Découvert par Rahulata, il figure comme dix-septième patriarche sur la liste indienne ; métamorphosé sous un arbre, son corps fut brûlé après être devenu insensible.

14° *Gayâsata* enseigna le bouddhisme aux Tartares Tochari et succomba *consumé par le feu de la méditation extatique* l'an 393 A. D.

15° *Kumarata*, devâ indépendant, revint sur la terre chez les Tartares Tochari comme fils d'un brahmane. Le centre de l'Inde fut le théâtre principal de sa prédication.

16° *Gayata*, né dans le nord de l'Inde, convertit Vasubandhu le vingt et unième patriarche hindou. On le représente accroupi sur une natte, se grattant le dos avec une tige pointue ; un lotus est placé devant lui.

17° *Aryasimha*, brahmane de l'Asie centrale, exerça son ministère dans le Cachemire et subit le martyre ; il est monté sur un chien de Fô.

18° *Boddhidarma, Ta-mo,* fils d'un monarque hindou, apporta en Chine le fameux palmier *patra*, borassus flabelliformis, en 520, et, après un court séjour à Canton, il s'établit à Loyang. Il passa neuf ans dans une méditation silencieuse et expira en 529. Il fut enterré dans le monastère de Ting-hing-tsé ; peu de temps après, l'ambassadeur Song-yan le rencontra courant, enveloppé d'un linceul, un soulier à la main. Il apprit à l'ambassadeur surpris qu'il regagnait l'Inde, sa patrie, et qu'il avait oublié l'autre soulier dans son tombeau. Le fait fut vérifié à l'ouverture du sépulcre ; le cadavre avait disparu, un soulier seul restait abandonné.

Cette nomenclature est souvent modifiée en Chine. On supprime plusieurs des Arhats indiens et on les remplace, selon les provinces, par l'un ou l'autre des patriarches chinois dont nous allons indiquer les noms.

L'empereur *Wou-ti* est représenté un rouleau de papier à la main ; le prêtre *Tchou-tan-yu,* monté sur un tigre, lève un anneau en l'air ; *Khi-tsée* porte un sac de toile ; le *parfait Lohan,* qui recèle Bouddha dans son cœur, écarte ses vêtements pour montrer l'image de Çakya-mouni visible sur sa poitrine ouverte ; *Fou-hoa* agite une sonnette ; *Liang-wou,* en robe sacerdotale, est muni d'un chapelet ; *Fat-mo* tient le vase à aumônes, le *patra* ou le *cistre; Lo-fo* se gratte le dos avec une longue tige de fer.

Tel est le résumé d'une longue étude et de sérieuses recherches ; j'ai consulté les livres chinois et les ouvrages publiés à Londres par des Anglais ayant longtemps résidé en Chine.

La Trinité Bouddhique se compose de *Bouddha, Dharma* et *Sangha.* Dharma personnifie la Loi, le Bouddha passé ; Sangha représente l'Église, le Sacerdoce, le Bouddha futur. Ces trois personnages sacrés sont les *trois Trésors, San-pao,* et occupent le fond du temple ; les Lohans sont disposés en avant face à face, sur deux rangs parallèles, neuf de chaque côté.

Le céramiste reproduit souvent des sujets qui se rapportent à des légendes bouddhiques. Ainsi, je vois sur un pitong le Lohan Ta-mo reprochant à un de ses disciples de fréquenter une jeune dame qui, dissimulée derrière un rocher et avertie de ce qui se passe par une servante, cache son visage avec un éventail.

Pou-taï, vulgairement *Poosa*, le *poussa* des collections du dernier siècle, est le dieu du contentement et de la sensualité; prêtre Bouddhiste sous la dynastie Liang, il s'illustra par sa science et ses vertus; il est regardé comme une incarnation du Mi-lo-poosa (Maïtreya), le Bouddha futur. On le représente accroupi, assis ou appuyé sur une outre contenant les jouissances terrestres; c'est un vieillard à la face réjouie, à la bouche largement ouverte par un rire perpétuel qui exhale le bonheur. Les rares vêtements, qui l'enveloppent, laissent à nu les épaules, la poitrine et un ventre d'une rotondité excessive. Les spécimens les plus fréquents de ce personnage obèse sont en blanc de Chine (Pl. XI, 29); on le voit cependant quelquefois avec des draperies de couleur. Longtemps on a pensé, mais à tort, que Pou-taï était un martyr de la céramique, élevé après sa mort au rang des immortels. Il est compté par certains auteurs parmi les Lohans; il s'appelle *Hotcï* au Japon.

Une des figurations les plus usitées dans l'Empire chinois est le *chien* ou le *lion de Fô*, l'ancienne chimère des catalogues du dix-huitième siècle (Pl. IV, 13, 14). Le rôle de cet animal fantastique est considérable en Chine; aussi voyons-nous son effigie surgir, de tous côtés et partout, dans les temples comme dans les demeures privées; nulle part, il ne reste sans emploi. Tantôt debout ou couché, tantôt assis sur le train de derrière et dressé sur les pattes de devant, il se montre en peinture ou modelé et sculpté sous les formes les plus diverses et dans toutes les dimensions. Gardiens incorruptibles des pagodes, protecteurs fidèles du foyer domestique, ils sont généralement accouplés et remplissent leur mission sans défaillance; ils sont indispensables sur tous les autels privés ou publics consacrés à Bouddha, et c'est dans les vases ou les tubes accolés à l'animal sur un même socle que sont brûlées les baguettes odorantes en l'honneur de Çakya-mouni ou à la mémoire des ancêtres.

Il est à peine besoin de vous dépeindre ces monstres si doux, si inoffensifs malgré une tête grimaçante à l'air féroce. Une crinière épaisse enveloppe la mâchoire, court tout le long de l'épine dorsale et s'épanouit en queue touffue; leur gueule largement ouverte est armée de dents longues et pointues; leurs yeux énormes semblent terribles : telle est la *chimère*, modèle de paix, emblème de tranquillité, animal bienveillant en dépit de son extérieur farouche et menaçant.

L'entrée de mes galeries est défendue par deux chiens de Fô, sortant du

Palais d'Été, qui sont uniques en raison de leur taille, de leur beauté et de leur provenance. Exilés de leur patrie, prisonniers sur un sol étranger, ces deux géants se dressent impassibles; doux et affables malgré leur illustre origine, ils supportent dignement une disgrâce imméritée.

Paire de chiens de Fô en porcelaine brune, maculée de taches bleues, imitant le bronze vert de grisé; assis sur le train de derrière et dressés sur les pattes de devant, ils ont la gueule béante, les narines dilatées, une corne droite sur la tête, de grandes oreilles rejetées en arrière, une crinière dorée couvrant le sommet du dos, une queue touffue dorée comme les poils enveloppant la mâchoire inférieure; autour du cou, collier d'or avec grelot (Kienlong). La hauteur est de 0,54 sur une longueur de 0,56.

Neuf chiens de Fô, réunis sur la même pièce, présagent des honneurs jusqu'à la neuvième génération.

L'éléphant est l'attribut des Bodhisattvas; il est peint sur la porcelaine ou modelé en pâte soit blanche, soit colorée, soit à décor polychrome. Les éléphants avec un vase sur le dos sont placés devant les statuettes du Bouddha; le vase est orné de fleurs.

Le Bouddhisme compte neuf emblèmes souvent rassemblés sur une même pièce, parfois isolés. Voici la liste complète : le lotus ou nélumbo, *lien-hoa;* la roue de la loi, *fa-louen,* remplacée souvent par la cloche, *tchong;* la coquille univalve, *lo;* l'ombrelle, *san;* le baldaquin, *kaï;* le vase couvert, *kouan;* les deux poissons, *yu;* le nœud, *tchang.* Pl. XI, 30.

Le nélumbo, la fleur sacrée gravée sous le pied de Bouddha, est un des motifs le plus en honneur parmi les peintres décorateurs de l'Orient. Il mérite, d'ailleurs, cette faveur à tous égards, nulle plante ne se prête mieux à l'ornementation; sa fleur gracieuse, son port majestueux, sa couleur d'une tonalité si chaude, la nuance des pétales si diverse dans ses nombreuses variétés, la forme de la feuille et la pâleur de sa verdure ont inspiré à l'artiste le décor le plus harmonieux et lui ont fourni le plus heureux concours.

La récolte des nélumbos est le prétexte de réunions privées et de fêtes domestiques fidèlement reproduites sur la céramique. En automne, le fruit du lotus figure dans les sacrifices offerts par l'empereur.

Les autels consacrés à Çakya-mouni sont souvent ornés des huit attributs bouddhiques; chacun occupe le centre d'un cercle et est entouré de lemnisques; il est placé sur un support de bronze ou de porcelaine qui rappelle l'ostensoir des catholiques. Le disque, contenant l'attribut, se dresse sur une fleur de nélumbo épanouie peinte au naturel; cette fleur est portée par une tige droite, flanquée de rinceaux, reposant sur un piédouche en saillie. Le décor de ces porcelaines est aussi riche que varié.

La croix gammée *ouan*, le *svastika* de l'Inde, est gravée sur la poitrine de 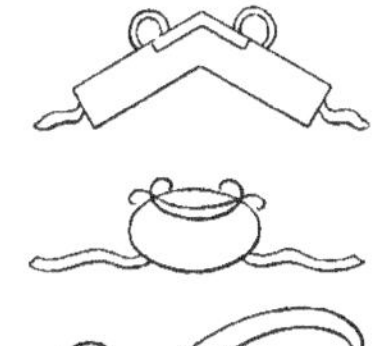 Bouddha comme l'emblème de son cœur. Ce signe sacré, peint sur la porcelaine, lui communique un caractère bouddhique.

Les douze mois de l'année sont représentés par les douze animaux du zodiaque; rares sur la céramique, ils sont néanmoins parfois rassemblés sur une même pièce; deux de mes flacons à tabac portent cette décoration en bleu de cobalt sur fond blanc.

L'année chinoise commence par la lune de mars : mars est figuré par le dragon, avril par le serpent, mai par le cheval, juin par le bélier, juillet par le singe, août par la poule, septembre par le chien, octobre par le sanglier, novembre par le loir, décembre par le bœuf, janvier par le tigre, février par le lapin.

J'énumérerai, en terminant, certains signes symboliques : la *pierre sonore*, *kouei*, est l'attribut de la justice; la *perle*, celui de la littérature; un groupe d'instruments, celui de la musique; le *sceptre*, *jouy*, celui de la puissance et du commandement; le *pinceau*, la *pierre à broyer* et le *rouleau de papier*, réunis en faisceau, symbolisent la peinture et l'écriture; enfin le *crabe kaï* est l'emblème du doctorat de première classe.

Pour résumer nos impressions, nous constaterons que si les types taoïques sont animés du souffle puissant de la vie, ils sont presque toujours vulgaires, ils confinent même quelquefois à la difformité. Ce reproche ne peut pas être adressé aux modèles exécutés sous l'influence de la doctrine du Bouddha qui s'affirment par la grâce et la noblesse. Il est indéniable que l'art bouddhique parle un langage élevé et qu'il a été fécondé par l'inspiration poétique; ces qualités font complètement défaut dans l'iconographie des Taoïstes.

PIÈCES DE CADEAU

Les pièces céramiques, que les Chinois envoient à leurs parents ou à leurs amis pour les complimenter et célébrer une date mémorable de leur existence, n'ont pas toujours une forme spéciale ni un décor particulier, mais elles portent, sur leur surface, les emblèmes variés du bonheur et de la longévité, manière indirecte et ingénieuse de souhaiter au destinataire les jouissances terrestres ainsi qu'une existence longue et prospère.

Il y a cependant certains sujets usités en Chine pour orner les pièces de cadeau offertes comme souhaits de bonheur, tel est le décor connu du public sous le nom de la *maison dans les nuages*, décor que je trouve peint en émaux polychromes sur un de mes compotiers blancs. Au centre, s'élève la pagode bouddhique du roi des dragons, *Long-wang-ko*, située dans une île du lac Po-yang, province du Kiang-si; on voit passer, autour du temple, groupés sur une nuée, les trois personnages de la Trinité inférieure Taoïque, puis sur un autre nuage Si-wang-mou et sa suivante, enfin deux grues au vol, ce qui est un présage heureux. Nous citerons un second exemple. J'ai acquis dernièrement une gargoulette blanche ornée, en rouge de fer, de deux poissons émergeant des flots et dévorant des fleurs tombées d'un pêcher qui sort du goulot. Ce décor, nommé *Fou-koueï-hio-yu*, est un vœu formulé à l'adresse du destinataire. Donner à un fonctionnaire subalterne une pièce ainsi décorée, c'est lui souhaiter d'arriver à la fortune, aux plus hautes dignités et d'être revêtu promptement des grades les plus élevés.

Le jour de l'an est, en Chine, une grande fête qui tombe entre le 21 janvier et le 19 février; à cette occasion, les habitants du Céleste Empire font de nombreuses emplettes de présents qui sont plus ou moins luxueux selon la position sociale de l'acheteur. Le repos du dimanche n'existant pas en Chine, on consacre, au renouvellement de l'année, les premières journées au délassement et au plaisir. Il est également de mode que tout Chinois, dont la qualité dominante n'est pas la propreté, se lave tout le corps, prenne des vêtements neufs et procède au nettoyage complet de sa maison et de son mobilier. L'homme ainsi imite la nature qui va sortir de sa torpeur et reprendre joyeusement sa riche parure du printemps.

On se prépare une ou deux semaines à l'avance à célébrer dignement l'année qui commencera bientôt en acquittant ses dettes et en dépensant de grosses sommes pour les cadeaux ; aussi les marchands exposent-ils dans leurs boutiques leurs objets les plus précieux dans le but de se procurer l'argent nécessaire à payer leurs créanciers et de fournir aux passants l'occasion d'exercer leur générosité ; on achète parfois à des négociants besogneux de splendides présents cédés à prix réduits.

On remplace, à cette époque, les bandes de papier rouge, munies d'inscriptions, qui ornent la façade des maisons et des magasins. Les familles en deuil n'emploient pas le papier rouge, symbole de joie et de félicité, mais se servent de bandes d'autres couleurs.

Pendant la nuit qui précède la nouvelle année, on ne se couche pas et on veille. L'usage veut qu'avant le lever du soleil, on fasse une offrande au dieu du ciel, une autre aux Esprits du Ciel, de la Terre et de l'Eau, connus comme *seigneurs des trois mondes,* une troisième aux dieux domestiques et une quatrième aux ancêtres. Le chef de famille allume un ou plusieurs bâtons d'encens et les plante dans le cendrier, puis s'agenouillant il frappe à trois reprises le sol avec sa tête. L'offrande, placée sur une table-autel, comprend des tasses de thé, des boîtes remplies de sucreries, des fruits, des pâtisseries et un plat d'oranges. Les préparatifs achevés, on met le feu aux pétards afin de prévenir les dieux et de chasser les démons malfaisants.

Les enfants viennent ensuite présenter leurs souhaits de longue vie aux parents assis près de la châsse qui renferme les tablettes ancestrales ; ils s'avancent par rang d'âge et s'agenouillent avec dessein de s'incliner jusqu'à terre, mais on ne les laisse pas se prosterner entièrement pour se conformer aux règles de l'étiquette. Les filles ne sont admises qu'après les garçons. Les frères se saluent également avec le même cérémonial et en procédant par ordre de naissance. Les époux étant égaux ne formulent aucun vœu à l'égard l'un de l'autre ; les concubines et les esclaves, au contraire, rendent hommage à chacun d'eux.

Dans l'après-midi, on visite ses parents et ses intimes et on adresse des cartes à ceux de ses amis et à ses connaissances qu'on n'a pas le temps d'aller voir. Les visités accueillent les visiteurs en leur souhaitant *bénédiction* et *bonheur* et leur offrent du thé et des sucreries, emblème de la douceur de la vie. Enfin on doit remettre une orange à tout enfant qui apporte ses vœux de bonne année.

Ces détails m'ont paru dignes de trouver place ici et je crois que le lecteur me saura gré de lui révéler ces mœurs qui ne se rapportent qu'indirectement à notre plan, mais qui cependant se rattachent à notre sujet puisque les pièces de cadeau offertes au nouvel an sont souvent des objets de céramique.

SUJETS DE DÉCOR

SCÈNES DE ROMAN, DE THÉATRE, D'HISTOIRE, ETC.

Il est impossible de signaler en détail tous les sujets qui décorent les porcelaines destinées aux présents et à l'ornement des intérieurs modestes ou des palais somptueux; ils sont variés à l'infini; l'imagination orientale ne connaît aucune limite.

Ici, c'est une scène de roman qui se déroule sous le pinceau de l'artiste; là, c'est le théâtre qui, mis à contribution, fournit au céramiste un motif palpitant tiré d'un drame populaire ou d'une comédie à la mode; ailleurs, c'est un personnage éminent ou un héros de l'antiquité qui est représenté, sur la panse d'une potiche, dans un combat célèbre ou dans un épisode glorieux de son existence. Ce dernier genre de figuration est presque toujours religieux, parce que la plupart des grands hommes et des guerriers illustres ont été divinisés par les Taoïstes. Il n'est pas hors de propos d'ajouter que l'on rencontre quelquefois, côte à côte, sur la même pièce, des divinités Taoïques et Bouddhiques, ce qui implique une large tolérance ou une conviction religieuse bien superficielle. Ainsi je vois sur un de mes vases cylindriques Tchong-kouë, le dieu destructeur des démons, et deux Lohans qui semblent vivre en paix et en bon accord. Cela bouleverse un peu nos idées et nos sentiments d'Europe, puisque Tchong-kouë appartient à la secte des Tao-sse et que les Lohans sont Bouddhistes, mais, en Chine, il ne faut s'étonner de rien.

Parmi les sujets tirés des romans en renom, je mentionnerai le décor de *l'assiette dite aux bottes* sur laquelle un jeune homme escalade la clôture d'un jardin après avoir jeté par dessus le mur ses bottes qui tombent aux pieds d'une charmante Chinoise, surprise de tant d'audace. Le céramiste a illustré ici une scène du *Si-siang-ki*, histoire du pavillon d'occident, ouvrage de Wang-chi-fou, regardé comme le chef-d'œuvre de la poésie lyrique des Chinois.

Voici sur un de mes plats et sur le couvercle d'une boîte, un philosophe naviguant sur un tronc d'arbre qui prend la forme d'un dragon et assistant ainsi à la réalisation de son rêve; j'ai encore le même sujet en porte-pinceau (Palais d'Été).

Ailleurs, sur un plateau, deux chasseurs demeurent ébahis en s'apercevant que le monstre, percé de leurs flèches, n'est qu'un bloc de rocher en forme d'animal colossal.

On voit sur des assiettes et des vases le même sujet souvent reproduit : un jeune homme courtise une jeune femme tandis que, dissimulé à l'écart, le jaloux, mari ou amant, épie et surveille le rendez-vous. L'amour a traversé les siècles en conservant son air de jeunesse; de tout temps et partout il a été chanté par les poètes; malgré les amères déceptions qu'il réserve souvent aux pauvres mortels, il sera éternel en raison des moments d'ivresse qu'il procure et qui font oublier les misères de l'existence; fleur suave que l'on ne cueille jamais sans émotion et qui s'épanouit sous tous les climats.

Deux rouleaux nous montrent de gentes dames, richement parées, se pressant sur des terrasses et des balcons pour voir passer l'homme, réputé le plus beau, traîné sur un char à mains et lui envoyant à profusion des cadeaux recueillis par des serviteurs.

Plusieurs de mes bols nous initient à des représentations théâtrales; chacun sait que dans les drames chinois les rôles de femmes sont remplis par des hommes.

Les scènes historiques se confondent souvent avec des sujets civils ordinaires et un lettré chinois seul, connaissant à fond la vie des hommes illustres, les exploits des héros et les mœurs de son pays, serait capable de débrouiller cet écheveau et de porter la lumière dans ces ténèbres.

Un grand plat de la collection nous offre le spectacle d'une fête donnée par l'empereur Ming-hoang-ti des Thang (713); des femmes élégantes, habitant la cour du souverain, se montrent en foule sur des balcons et aux fenêtres des pavillons pour jouir des divertissements ordonnés en leur honneur.

Trois compotiers sont ornés, chacun, de trois guerriers différents qui ont leur nom inscrit en or sur une plaque rectangulaire. Ces neuf guerriers font partie des trente-six chefs de bandes armées qui, sous la dynastie des Souï, ont aidé le premier empereur des Thang (618) à s'emparer du trône; en récompense de ce service, ils avaient été autorisés à prélever un droit de passage sur les voyageurs. Leurs noms sont exacts, mais la ressemblance n'est pas garantie. Il serait presque impossible aujourd'hui de réunir les douze compotiers qui forment la série complète.

Je ne multiplierai pas trop ces exemples, cependant je dois vous dire quelles sont ces Chinoises, au somptueux costume, qui décorent deux vases cylindroovoïdes de notre musée. Le céramiste a peint ici les *dix femmes savantes*, il les a rassemblées à dessein et groupées avec art; elles sont occupées au jeu du gô, espèce de jeu de dames, font de la musique ou regardent un kakemono déployé. Pl. XXV, 69.

Une des plus célèbres fut la lettrée Pan-hoeï-pan, sœur de l'historien Pan-kou, qui vivait sous l'empereur Ho-ti des Han (89-126). Ses sentiments élevés, sa modestie, et surtout sa doctrine sur la conduite soumise et réservée de l'épouse dans la famille étonneront plus d'un lecteur s'il réfléchit à la haute intelligence et à la vaste instruction de cette femme remarquable. Le rôle effacé qu'elle assigne à ses semblables dans le ménage et les préceptes rigoureux qu'elle dicte dans ses écrits à l'épouse pour ses rapports avec le mari, elle s'y est conformée strictement malgré son esprit éminent (Voir le Père Amyot et Pauthier).

A côté des dix femmes savantes, nous placerons les *dix beautés;* on les voit également figurer sur la céramique, bien qu'elles aient joué sur cette terre un rôle bien différent. L'influence de la science, en général, est bienfaisante, et la plupart des savants ont tracé un sillon lumineux dans le champ des expériences humaines, ils ont ouvert largement la voie du progrès. Que ne peut-on adresser les mêmes éloges aux femmes célèbres par leur beauté! L'histoire a flétri le plus grand nombre d'entre elles après avoir enregistré leurs intrigues et leur puissance néfaste; en Chine, elles n'ont pas fait un meilleur usage de leurs charmes et de leur pouvoir; chacune de celles, dont le nom est inscrit ci-après, a causé la perte du royaume pour l'empereur qui l'aimait. Tchen-yuen-yuen, Lou-tchou, Tiao-tchan, Nan-tjé-ouée, Ou-tchao, Sia-ki, Si-che, Méi-shi, Ta-ki, Pao-sse, telles sont les dix femmes les plus connues en Chine pour leur beauté et qui ont conservé une notoriété à travers les siècles. Elles sont représentées sur des plats deux par deux ou sont toutes réunies sur un même vase. Je dirai, à titre de renseignement utile, que sur les pièces où sont peintes les *Beautés,* on ne voit jamais ni homme, ni enfant.

J'ai une gourde aplatie qui nous montre quatre de ces femmes, un couple de deux sur chaque face (Pl. XXXII, 89); sur l'un de mes plats, on peut admirer deux autres de ces beautés en costume d'une grande richesse.

Les huit chevaux qui ornent des boîtes, des flacons à tabac et un écran de la collection sont les chevaux sacrés; nous en avons parlé au sujet des Pa-koua. Je rappellerai ici que l'empereur Mu-wang des Tcheou, qui vivait mille ans avant J.-C., avait une passion effrénée pour les chevaux, rares en Chine à cette époque reculée. Ce souverain magnifique voyageait sur un char attelé de huit de ces quadrupèdes dont les noms nous ont été transmis par la tradition. Ces noms extravagants sont indiqués à la page 99 de *La Chine* par Pauthier dans l'*Univers pittoresque,* publié par Firmin Didot frères.

Un grand plat de mon musée est occupé par une douzaine de monstres fabuleux qui se désaltèrent dans un fleuve ou sont capricieusement enlacés autour des branches d'un pin séculaire. Il me semble que ce tableau découvre le monde dans son aspect primitif avant le déluge et nous fait assister à une scène préhistorique.

La récolte des nélumbos est un thème favori pour le peintre céramiste; sur un vase, une jeune fille, agenouillée devant les souverains de l'empire chinois, leur fait hommage de la première fleur cueillie par des compagnes qui récoltent sur des embarcations la moisson parfumée.

Un autre vase ovoïde nous offre un spectacle identique. Des femmes, placées dans quatre barques, cueillent les nélumbos, tandis que, montés sur une nef en forme de dragon et abrités sous une tente aux brillantes draperies, l'empereur et l'impératrice président à la récolte au son de nombreux instruments.

Un de mes bols représente plusieurs groupes de personnages réunis sur une terrasse dans la campagne. C'est un lieu de plaisance où dix-huit lettrés se sont donné rendez-vous pour se délasser en jouant au jeu du gô, en faisant de la musique ou en cultivant la poésie; au fond du bol sont peints Cheoulao et son accolyte : c'est donc un bol taoïque.

J'aperçois sur un flacon tabatière deux tigres dans un paysage; le tigre est regardé par les Chinois comme le roi des animaux et passe pour inspirer la terreur aux Esprits malfaisants, aussi des tigres en carton ou peints sur papier figurent-ils à l'entrée des temples et en tête des processions.

Plusieurs vases nous montrent des enfants s'amusant à allumer des pétards.
Cette pièce d'artifice est le complément obligé de toutes les fêtes chinoises;
elle paraît indispensable pour avertir les dieux ou les ancêtres des cérémonies
et des offrandes faites en leur honneur, ainsi que pour éloigner les démons
avides qui voudraient s'emparer des mets préparés par de pieux donateurs.

Nous apprendrons au lecteur qui l'ignorerait que la fête des lanternes, sujet fréquent sur la céramique, est la fête du printemps qui a lieu, à la pleine
lune, le 15 du premier mois chinois; elle est destinée à célébrer le retour de
la chaleur, du soleil vivifiant. De Groot raconte que, le soir de la fête des lanternes, on promène dans la ville un long dragon en bambou recouvert de toile;
il est soutenu sur des perches et éclairé par des bougies; les porteurs lui im-
priment par leur marche les mouvements du serpent, inclinant sa tête à droite
ou à gauche comme pour saisir une boule de feu, image du soleil, qui, sous
forme de lanterne ronde, est portée, en avant, à l'extrémité d'un long bâton.
Cette scène, reproduite sur un vase en notre possession, représente, sans
doute, un épisode des temps préhistoriques, le dragon azuré de la sphère céleste chinoise poursuivant le soleil printanier et finissant par l'engloutir.

Je n'aurais jamais terminé cette nomenclature si je décrivais tous les sujets
empruntés à la vie publique ou privée qui se multiplient et se déroulent à l'infini sous le pinceau de l'artiste.

Rien n'a été omis, et nous voyons successivement défiler sous nos yeux la
fête des cerfs-volants, des scènes de chasse ou de pêche, des paysages accidentés, des promenades sur terre et sur l'eau, des guerriers se poursuivant
un arc à la main ou s'exerçant aux manœuvres militaires, des tournois, des
luttes d'athlètes, des spectacles de saltimbanques, des jeux d'enfants, des au-
diences particulières ou des réceptions officielles, des festins de cérémonie ou
des repas sans étiquette, des femmes placées sur la rive et traînant au moyen
de cordages des barques en forme de dragon, des personnages des deux sexes
jouant au jeu du gô ou charmant leurs loisirs par la musique, des parties de plaisir et des rendez-vous champêtres, des scènes variées concernant les travaux
de la campagne ou se rapportant aux diverses phases de la culture du riz ou
de la soie et mille autres tableaux que j'omets à regret malgré leur intérêt indiscutable. Quelquefois le décor ne comprend que du mobilier, désigné comme
modèles par les catalogues du siècle dernier. Ces sujets sont tous traités sur
les pièces de la collection.

La nature n'a pas été négligée par les potiers, elle est venue, à son tour, apporter son concours harmonieux et pittoresque à la décoration de la porcelaine ; c'est en exploitant cette mine féconde que les artistes de l'Extrême-Orient ont obtenu leurs triomphes les plus sincères et les plus complets. Les animaux, les oiseaux, les papillons, les insectes, les plantes, plus ou moins transformés par la fantaisie, animent les bordures et la surface des porcelaines et leur assurent le succès. Les motifs géométriques et les gracieuses arabesques n'ont pas moins contribué, dans une largemesure, à fonder la réputation de l'art oriental et à captiver nos suffrages en charmant nos yeux européens ; en ce genre, l'Orient défie toute concurrence et ne redoute aucun rival sérieux.

Je n'ignore pas que je rencontrerai des contradicteurs, mais leur nombre n'ébranle pas ma confiance dans le triomphe final de mon opinion qui sera partagée par tous ceux qui auront étudié l'art décoratif avec la maturité nécessaire. Certains amateurs, plaçant inconsidérément le patriotisme en dehors de sa sphère normale, pensent agir en bons citoyens en accordant leur admiration aux seules productions de leur patrie, je me permettrai de leur faire observer que l'amour du pays doit être relégué à l'écart dans l'espèce et qu'il faut applaudir une œuvre d'art ou la blâmer sans se préoccuper de son origine. Il y a une certaine grandeur à reconnaître loyalement la supériorité réelle des nations voisines ; c'est même là une condition indispensable de progrès pour un peuple. L'impartialité doit diriger invariablement tous nos jugements ; cette loi n'admet aucune exception si l'on veut arriver à connaître la vérité.

USAGE, EN CHINE, DES VASES ET AUTRES PIÈCES

CÉRAMIQUES SELON LEUR FORME

Nous avons étudié les figurations religieuses et les sujets sacrés ou civils qui décorent la porcelaine, il n'est pas moins important d'apprendre quel est l'usage, en Chine, des pièces que nous manions chaque jour sans connaître leur utilité pratique. Ces renseignements auront l'avantage de nous initier, en partie, à la vie d'un peuple dont les mœurs sont si différentes de nos coutumes européennes ; ils éclaireront, d'un jour nouveau, une civilisation étrangère très antérieure à la nôtre.

Que de gens s'imaginent, de bonne foi, que leur patrie a le monopole des arts et le privilège des mœurs policées ! Pour eux, en dehors de l'Europe, il n'y a que barbarie et peuplades sauvages ; cette présomptueuse ignorance est ridicule aujourd'hui, il est temps de la combattre par des arguments irréfutables et de dissiper des erreurs aussi grossières que surannées. Je voudrais être doué de l'éloquence suffisante pour persuader au lecteur que l'Orient a été le berceau de la civilisation et qu'il n'a pas usurpé son antique renommée.

J'ai groupé, le mieux possible, les renseignements recueillis sur l'usage des vases chinois après de scrupuleuses informations.

Les potiches à couvercle, mesurant 75 centimètres et plus, sont des pièces d'ameublement ; elles sont placées sur des tabourets ou des socles de chaque côté de la porte d'entrée dans les salles d'audience ou de réception.

Celles dont la taille n'excède pas 30 à 45 centimètres sont destinées à être remplies de sucreries et de gâteaux ; des vases de ce genre décorent la chambre nuptiale et sont offerts par le mari à sa nouvelle épouse en cadeau de noce.

D'autres plus petites, hautes de 10 à 15 centimètres seulement, de forme ovoïde, turbinée ou sphéroïdale sont des boîtes à thé ainsi que les pots ovoïdes plus grands fermés par un couvercle en dôme ou en capsule. Pl. XXIV, 64.

Des récipients de cette dernière espèce sont exportés pour recevoir du gingembre, condiment très en faveur dans l'Inde; ils sont, en général, de qualité inférieure.

Le Chinois ne voyage jamais dans son pays par plaisir à cause de la difficulté des communications; il ne se déplace que pour ses affaires ou pour les besoins de ses fonctions, aussi cherche-t-il à entourer sa vie sédentaire de tous les luxes qu'il entrevoit dans les songes les plus extravagants de ses nuits ou en fumant sa chère pipe d'opium. Il se livre avec passion à la culture des fleurs et ne recule devant aucun sacrifice pour se procurer des végétaux rares ou nouveaux. Certaines plantes surtout provoquent ses désirs et captivent ses regards; le nélumbo, le chrysanthème et la pivoine sont ses fleurs de prédilection. Il est donc naturel que les habitations chinoises soient meublées de vases de toutes formes, de toutes dimensions et de toutes nuances, qui, à certains jours, se couronnent de gracieux bouquets multicolores et odorants.

Les vases cylindriques et ovoïdes, ceux cylindro-ovoïdes appelés *rouleaux,* ceux turbinés à base élargie ou subconiques, les vases carrés à parois droites ou inclinées, ceux à pans coupés égaux ou inégaux, les bouteilles à panse sphéroïdale ou piriforme surmontée d'un long col; les cornets droits ou renflés vers le centre, qu'ils soient cylindriques ou quadrangulaires; les vases dits *lancelle,* formés d'une potiche et d'un cornet superposés; la gourde à corps sphérique et col renflé et la gourde orbiculaire aplatie à large col évasé; les vases formulés en grenade ou en tonnelet, tous sont des pièces d'ameublement, tous occupent une place favorite dans le palais du mandarin, dans la demeure du riche ou dans le logis du pauvre; ils diffèrent seulement de qualité selon la fortune du propriétaire; ils reçoivent la récolte des fleurs préférées. La composition des bouquets varie selon les circonstances, selon les jours; elle change même avec les divers visiteurs qui sont invités. Le cérémonial et les lois de la courtoisie exigent que le décor d'un vase se rapporte à la position sociale de l'hôte que l'on veut honorer.

Les vases ovoïdes avec piédouche saillant et large col évasé, dont la panse est ornée de scènes intimes, sont des vases à fleurs pour chambres à coucher.

Les corbeilles réticulées, garnies de nélumbos épanouis, sont suspendues devant la statue de Bouddha. Pl. XXXVII, 112.

Les grands tonneaux en porcelaine, à parois pleines ou ajourées, sont des sièges pour s'asseoir ou des piédestaux pour poser des potiches. Les tables basses, simulant des tabourets, supportent des vases de petite dimension ou d'autres menus objets; elles sont rondes, demi-circulaires, octogones, hexagones, ovales, rectangulaires, en forme de feuilles. Les vasques sont des caisses pour les arbustes ou sont remplies d'eau et de plantes aquatiques au milieu desquelles nagent, en se jouant, de jolis cyprins rouges à queue trilobée. Les petites vasques ovales, lobées, à pans ou sphéroïdales sont des jardinières; quelques-unes sont accouplées et engagées.

Chacun sait que le Chinois trace avec un pinceau les caractères qui expriment sa pensée; nos écritoires et nos plumes sont remplacées en Chine par un attirail différent qui demande une explication détaillée.

Les larges cylindres droits ou évasés, qui sont utilisés comme cache-pots dans nos salons d'Europe, sont des *pitongs* fabriqués pour mettre les pinceaux; d'autres plus petits ont la même destination ainsi que ceux qui sont parallélipipédiques, ovales, à pans, lobés. Beaucoup de ces pitongs imitent un tronc d'arbre, un segment de tige de bambou, un rouleau de papier. Pl. XXXIV, 101, 102.

Près des pitongs nous rangerons les réservoirs à eau indispensables à l'écrivain pour délayer l'encre de Chine et les petits récipients faisant office de compte-gouttes. Ces réservoirs affectent la forme d'une bouteille à col de cygne (Pl. XXXVII, 111), d'une pêche de longévité (Pl. XXVIII, 79), d'un lapin tenant un *ling-tchi* entre ses dents (Pl. XIV, 40), d'un enfant agenouillé portant un vase en forme d'auge de maçon, de graines ou de fruits, etc. (Pl. XXIII, 61). Les belles coupes flambées de Kiun, les vaisseaux à bords relevés en biseaux comme l'auge du maçon, les vases bursaires surbaissés à large ouverture circulaire sont également des récipients pour l'eau (Pl. XXXIV, 100). Je classerai dans la même catégorie les souliers, les chauves-souris accouplées, les coquillages (Pl. XXXVI, 107), les fruits coupés évidés, les feuilles à bords relevés, les coupes basses lenticulaires, sphériques, ovoïdes ou à pans.

Ces réservoirs sont toujours à portée de la main pour verser l'eau, pour tremper le pinceau, l'humecter ou le nettoyer.

Cette série comprend encore des vasques ovales, lobées, fond blanc, décorées sur biscuit en jaune, vert et violet. A l'arrière-plan de ces nefs s'élèvent, sur une plate-forme, des rochers auxquels sont adossés des pagodes, des tours, des pavillons ombragés d'arbres et entourés par une muraille ; au premier plan s'étend un bassin traversé par un pont et rempli de liquide pour satisfaire les besoins du lettré.

A quoi sert cette petite baignoire, frottée d'or, si exiguë qu'une poupée lilliputienne y entrerait à peine ? Elle simule un *saïci*, lingot de métal, qui est creusé à l'intérieur pour contenir du liquide ; c'est un vase à eau d'une forme particulière.

Les compte-gouttes se formulent en personnages accroupis, en animaux, en fruits, etc. ; ainsi que les godets ou bassins pour délayer l'encre de Chine, ils ont emprunté toutes les formes naturelles, toutes les combinaisons géométriques, toute la gamme des couleurs.

Parmi les écritoires chinoises, il en est une que je dois signaler à cause de son originalité ; elle représente un personnage étendu, appuyé contre une urne, la jambe droite ramenée sur la gauche. Nous sommes sans doute en présence d'un lettré plongé dans une rêverie studieuse (Pl. XXIII, 62). Les vêtements sont verts, jaunes ou bruns, ainsi que le prouvent mes deux spécimens. J'ai un autre échantillon plus rare ; le savant ici est remplacé par une gente femme, vêtue d'une robe violette à fleurettes, dormant adossée à un tronc d'arbre. Pl. XXIII, 63.

La plupart de ces encriers sont en biscuit émaillé et ont été fabriqués sous Khang-hi.

Il n'y a pas de limite à la variété des porte-pinceaux : tantôt c'est une montagne avec habitation et personnages microscopiques, tantôt c'est une vague qui se gonfle sur la plage, c'est une salamandre mouchetée se reposant sur une feuille verte, c'est une branche de corail.

A cette même série appartiennent une chauve-souris couleur thé, un cryptogame en céladon craquelé, un poisson jaune émergeant des flots, un philosophe étendu sur un tronc d'arbre qui se transforme en dragon ; enfin un kin, instrument de musique imité en porcelaine, avec enveloppe de soie factice.

Tous ces spécimens existent dans mes vitrines, il en est d'autres encore, mais je ne puis les mentionner tous.

Ces petits cubes en blanc de Chine, en bleu turquoise, ou en couleur, surmontés d'un lion de Fô, sont des cachets portant des caractères chinois en creux ou en relief à la partie inférieure. Veut-on marquer sur un feuillet l'empreinte de ces sceaux, on les plonge préalablement dans une boîte remplie de couleur rouge spécialement préparée à cet effet.

Ces boîtes, qui figurent dans mon musée au nombre de cinquante et plus, diffèrent toutes de forme ou de décor. Les unes imitent le jade, le marbre, le poudingue ou portent des paysages soit en couleur, soit au trait noir, soit en relief; les autres quadrillées en rouge ou en vert sont ornées d'attributs polychromes; quelques-unes sont blanches avec motifs ou paysages en bleu de cobalt; celle-ci simule une fine étoffe de soie, celle-là reproduit une piastre espagnole, cette autre est un segment de tige de bambou ou représente un fruit; j'en ai deux surmontées d'un petit canard sur l'eau. Pl. XVIII, 50.

Sur une boîte octogone, fond blanc, se détachent en rouge de cuivre purpurin les huit symboles bouddhiques. Pl. XI, 30.

Les grandes jarres turbinées à base élargie sont des vases à vin dont la petite ouverture circulaire est fermée par un couvercle muni d'un long tube plongeant à l'intérieur et formant une clôture hermétique. Elles sont parfois ornées de personnages ou de motifs en relief qui ressortent en bleu turquoise ou en jaune chamois sur un fond violet de peau d'aubergine et réciproquement. Les plus anciennes datent des Youen ou des premiers empereurs Ming. Souvent les bouchons manquent, ayant été perdus ou brisés, alors ces vénérables survivants de temps antiques sont pieusement conservés dans les familles et reçoivent des fleurs ou des objets précieux. J'ai un magnifique spécimen du genre. Pl. XIV, 39.

Ces vases à vin ont été reproduits postérieurement sous la dynastie tartare; ainsi j'ai une jarre fond jaune clair avec ornements bleus de l'époque Khang-hi qui porte, à tort, le nien-hao de Kia-tsing, et une autre fond blanc avec bordures et groupes de fruits en bleu de cobalt, exécutée sous Kien-long

Les gourdes orbiculaires aplaties à col court et droit, les buires ou les aiguières, les théières ayant la forme des caractères chinois *cheou* (longévité) ou *foü* (bonheur), les cafetières à panse ovoïde ou piriforme avec long col et goulot en S (Pl. XVI, 45), sont des vaisseaux pour le vin et servent dans les repas de noces ou les festins de cérémonie. Les précieux vases à vin de la collection, dont la forme est celle des lettres *cheou* et *foü*, figuraient, le jour de la célébration de l'hymen, sur la table des époux, dans le lieu du festin préparé pour eux seuls (Pl. XVII, 47, et XVIII, 48). Un vase de ce genre est placé devant chacun des nouveaux mariés qui remplissent deux tasses spéciales avec la liqueur qui y est contenue. L'époux se lève après avoir mangé en silence, il invite son épouse à boire, puis il se remet à table ; la femme répète aussitôt le même cérémonial. Alors ils avalent en même temps quelques gorgées de vin, versent le restant dans une coupe commune, se partagent ce mélange et achèvent de boire.

Les coupes de mariage imitent une tête de buffle dans le goût des rhytons grecs (Pl. III, 11), ou bien rappellent une cloche ou un casque renversés accostés d'une salamandre dont le corps effilé s'enroule autour du récipient et permet à la main de le saisir plus aisément. Pl. III, 10.

Les gobelets campanulés, cylindro-ovoïdes, à pans ; les fleurs de pivoines épanouies avec pédoncules creux pour aspirer le liquide (Pl. XXVI, 75) ; les coupes formées de pétales accolés et soudés, et celles, plus ou moins profondes élevées sur piédouche cylindro-conique, sphéroïdales, hémisphériques ou ovoïdes ; les tasses lobées, ovales, cubiques et autres avec anse plate, anse en papillon ou en vannerie, que l'intérieur soit frotté d'argent ou à couverte jaune (Pl. XXIV, 67 et 68) ; les feuilles de vigne ou de nélumbo arrondies en coupe ; les fruits évidés, tous ces récipients, dont le modèle a été copié sur nature, ont été façonnés pour boire du vin ou toute autre liqueur aimée des Chinois. Quant aux tasses minuscules, posées sur soucoupes, qui semblent appartenir à un ménage de poupée, elles se placent pleines de vin, sur un tabouret, à proximité du corps d'un défunt.

Les petits bols couverts servent pour les boissons chaudes ; ils ont l'avantage de conserver la chaleur. Quand on veut boire, on soulève imperceptiblement le couvercle, puis on aspire le liquide par l'étroite ouverture ainsi ménagée.

Les grands bols, munis de couvercles, sont employés pour les fruits cuits et les sucreries.

En Chine, la théière est réservée pour les besoins journaliers de la vie, pour une personne qui est seule ou pour les réunions intimes ordinaires ; mais, dès qu'on invite un parent, un ami ou un étranger, les lois de la politesse et de l'étiquette exigent que le thé soit présenté dans des bols couverts ou préparé dans des coupes spéciales. La quantité de thé nécessaire est mise dans chaque coupe, puis l'eau bouillante est versée sur la feuille parfumée ; cette infusion se prend sans sucre. La feuille de thé est arrêtée dans les récipients par un obstacle quelconque, crabe ou plante, à l'embouchure du tube par lequel on aspire le breuvage si goûté en Orient. D'autres fois, le thé, placé dans un bol couvert, est arrosé d'eau bouillante ; au moment de boire, on lève légèrement le couvercle qui retient les feuilles à l'intérieur et ne laisse filtrer que la boisson odorante.

A l'exception de celles commandées pour l'Europe, les théières chinoises sont rarement destinées à contenir du thé ; ce sont des réservoirs à eau ou des vases pour le vin et pour le jus de prunelles. Pl. XXI, 55 et 56.

On désigne, en France, sous le nom de théières, ces longs cylindres couronnés en diadème et fermés par une plaque mobile portant un chien de Fô en manière de bouton. On ignore certainement leur véritable usage, et on n'apprendra pas, sans surprise, que ces récipients ne reçoivent jamais de thé, mais du jus de prunelles sur un lit de glace pilée ; cette boisson rafraîchissante est fort appréciée en Chine à l'époque des fortes chaleurs (Pl. XX), 54 ; elle remplace notre vulgaire coco.

Les drageoirs, appelés ici casse-tête, se composent de compartiments mobiles qui, juxtaposés, figurent une fleur de nélumbo épanouie ou un dessin géométrique ; il en est de fort beaux avec décor d'une grande richesse ; la plupart sont émaillés sur biscuit à fond blanc, jaune ou vert. Pl. XXII, 58.

Une petite coupe, formée d'une corolle de nélumbo jaune émergeant d'un calice vert, est un drageoir dont la place était marquée sur un bureau à écrire. M. de Semallé m'a cédé une pièce de ce genre timbrée du nien-hao de Tching-hoa ; ce petit bijou, malgré sa date, doit être classé parmi les merveilles des premières années de Khang-hi.

La série des bols présente un ensemble digne en tout point d'éveiller notre curiosité ; le bol est un objet chinois par excellence. Il serait trop long de décrire tous les sujets traités sur leurs parois, mais qu'il me soit au moins permis de signaler certains détails pleins d'intérêt. Les 450 bols de la collection offrent tous les décors et toutes les formes en spécimens de choix. Le décor est tantôt civil, tantôt religieux ; les scènes d'histoire, de roman, de théâtre sont nombreuses ; la faune, la flore, la géométrie ont également ici une large part dans l'ornementation. L'artiste a donné un libre cours à son imagination et n'a négligé aucune source d'inspiration.

Le riz, cet aliment quotidien que le Céleste préfère à tout autre, est servi dans un bol posé devant chaque convive qui, à l'aide de deux petites baguettes, prend sur une soucoupe une portion du mets favori ; la soucoupe remplace notre assiette. Les bols de grande dimension sont destinés aux viandes.

Les bols blancs, ornés d'arabesques gaufrées en pâte blanche, sont employés, pendant leur deuil, dans les familles qui ont perdu un de leurs membres. Les deuils chinois sont très sévères depuis que Confucius a fait rétablir les anciens rites tombés en désuétude. Confucius s'enferma trois ans dans sa maison pour pleurer la mort de sa mère, se conformant ainsi au cérémonial des temps antiques. Il ne reprit ses fonctions publiques qu'à l'expiration de cette période, et ces vieilles coutumes sont encore en honneur de nos jours.

La fête des tombeaux est célébrée le 5 avril dans tout l'Empire. Le premier soin du chef de famille est de disposer sur une table devant les tablettes des aïeux une offrande composée des viandes et autres mets déjà énumérés plus haut. Ce devoir accompli, les membres mâles de la famille et, dans certains cas, les plus proches parentes se hâtent de gagner la campagne ; ils vont se prosterner et prier sur les tombes de leurs chers défunts. Des bandes nombreuses encombrent les rues et se dirigent vers les hauteurs dans le but de procéder aux cérémonies rituelles en l'honneur des morts. Les femmes profitent de ce jour férié pour jouir de leur liberté ; prisonnières le reste de l'année, elles ont rarement l'occasion de quitter le foyer domestique, de respirer librement l'air pur des champs et de s'enivrer sans contrainte des senteurs du printemps qui vient de naître ; aussi font-elles à l'envi retentir les échos d'alentour de leurs cris joyeux et de leurs chansons les plus gaies. Dès qu'on arrive près du tumulus funéraire, on commence à le nettoyer, on arrache les mauvaises herbes, on enlève les pierres, on rejette les ordures et, au besoin, on entreprend les réparations urgentes. Après avoir couvert le sol de petits papiers blancs ou jaunes, indice de l'accomplissement d'un devoir sacré, des cierges sont allumés et on s'occupe de ranger sur une table de pierre les aliments offerts aux parents trépassés. La part de ces mets, réservée au dieu tutélaire de la contrée, est placée sur l'autel qui lui est consacré. On s'agenouille aussitôt devant le tertre mortuaire, on brûle du papier d'or ou d'argent, puis on tire des pétards afin d'empêcher les diables de dévorer les comestibles destinés aux défunts. Les provisions sont alors replacées dans les paniers et servent au repas du soir qui a lieu en rentrant au logis, dans un temple voisin ou même dans un bosquet de verdure au milieu de la campagne. Lorsque le soleil va disparaître à l'horizon, chacun s'empresse de regagner sa demeure ; les femmes et les enfants cueillent des bouquets et piquent des épis verts dans leur chevelure ; ils pensent rapporter ainsi chez eux la vie, la jeunesse, le printemps. Ces détails, empruntés à un auteur hollandais, nous découvrent une partie des mœurs chinoises qui sont peu connues ; je les transcris avec plaisir, certain d'obtenir l'approbation des esprits curieux. Cette fête mérite d'être signalée à cause du caractère étrange qu'elle présente ; on aura remarqué ce mélange de deuil et d'allégresse, on aura constaté avec quelle facilité le Chinois se livre successivement aux sentiments les plus contraires, passant sans transition de la tristesse à la joie.

Le septième mois de l'année chinoise coïncide avec le commencement de l'automne et précède la saison d'hiver pendant laquelle la mort envahit la nature ; il est donc naturel que la pensée humaine se reporte alors vers l'âme des Trépassés et songe par des sacrifices à alléger leurs misères. En effet, le peuple chinois croit que les âmes retenues en enfer errent en liberté durant le septième mois et ont besoin d'être réconfortées. En conséquence, on dresse devant chaque maison des tables chargées d'aliments et les habitants des divers quartiers se concertent à l'avance sur la date des offrandes afin que les solennités se succèdent sans interruption jusqu'à la fin du mois. Ces offrandes ont lieu le soir, parce que les Esprits préfèrent les ténèbres ; des cierges et des lanternes sont allumés pour faciliter aux Ombres la vue des raffraîchissements préparés à leur intention. On brûle des parfums pour attirer les âmes, des papiers d'or ou d'argent pour subvenir à leurs besoins, et de nombreux habillements en papier pour les vêtir. Les plus riches retiennent des prêtres bouddhiques et font dire une messe ; ils ne se refusent même pas le luxe d'une représentation théâtrale afin d'amuser les morts et les vivants. Les mets de l'offrande sont consommés par la famille et les invités avant la fin de la soirée. En dehors des cérémonies privées, un grand festival, dont les frais sont couverts par des souscriptions, se célèbre vers le 15 dans le temple du quartier ou de la ville pour soulager la généralité des défunts délaissés. Ce récit succinct ne donne qu'une idée approximative des rites usités ; ils sont exposés avec tout leur développement dans le livre si intéressant de

M. de Groot. Je recommande de lire cet ouvrage en entier avec attention.

Je rappellerai que le riz offert aux Esprits et aux aïeux est placé dans des bols, qui sont aussi utilisés comme vases à eau pour tremper le pinceau.

Les petites bouteilles à long col effilé, percé d'un trou étroit, sont des aspersoirs pour répandre dans les habitations des liquides parfumés. On cherche à purifier ainsi l'air des mauvaises odeurs et à chasser les miasmes par des aromes agréables. Ces flacons se nomment goulab-pash en Perse. Pl. XXXVII, 110.

On voit un simple porte-calotte dans cette sphère soutenue par un tube élevé, flanqué de rinceaux comme contreforts, qui repose sur une plaque lobée avec pieds en trèfles. La calotte est le chapeau des Célestes. Constatons le raffinement de ce peuple ingénieux qui recherche le bien-être sous toutes ses formes; la boule du porte-calotte est creuse de manière à recevoir du feu ou de la glace selon la saison, et on entretient ainsi la chaleur ou la fraîcheur dans le couvre-chef.

Les oreillers chinois ne sont guère confortables; ce sont des parallélipipèdes en bois ou en céramique sur lesquels on ajoute un mince coussin garni de crin et recouvert d'étoffe. La tête du dormeur reste très basse et la position serait fort incommode pour un Européen. Il en est autrement en Chine, tout est affaire d'habitude, je doute toutefois que cette mode obtienne chez nous une vogue sérieuse et s'y acclimate jamais.

Les petits flacons qui surgissent à profusion de tous côtés dans mes vitrines sont des tabatières. Le Chinois aime le tabac en poudre et il extrait sa prise des cavités de l'un de ces flacons au moyen d'une petite cuiller en os, en ivoire ou en métal fichée dans le bouchon de liège. Toutes les formes du vase ont été reproduites en dimensions réduites et figurent parmi les tabatières; mille échantillons ne complèteraient pas l'assortiment. Pl. VII, 22 et Pl. XXXIII, 95 et 96.

Ceux de ces flacons composés de deux feuilles de bégonia superposées et soudées ou bien ceux en forme d'amande (Pl. XXVI, 74), étaient fabriqués pour contenir des parfums liquides. D'autres, dont l'ouverture est plus large, étaient employés comme étuis à médicaments.

Un volume entier serait nécessaire pour décrire tous les sujets de décor. Parmi ces tabatières, l'une est ornée des douze animaux qui représentent les douze signes du zodiaque en Chine, et un autre montre deux tigres dans un paysage. Le tigre est considéré par les Chinois comme un épouvantail des démons et il conjure les puissances des ténèbres. En Chine, les médecins ordonnent à leurs clients l'emploi de la chair, du poil, des dents et des griffes du tigre pour soustraire ces malades aux influences des êtres invisibles et malfaisants ; nos empiriques n'ont rien à envier à ceux d'Orient.

On aura remarqué sans doute ces vases accouplés et engagés, dits bijugués ou géminés, simulant souvent deux poissons juxtaposés dressés sur la queue (Pl. XIII, 34) ; ils sont offerts aux nouvelles accouchées en cadeau de relevailles.

Un visiteur semble intrigué par une pomme de pin en porcelaine ayant la grosseur du poing, j'engage à l'ouvrir et à regarder l'intérieur. La partie inférieure est divisée, par des arêtes saillantes, en compartiments contenant, chacun, un caractère chinois qui correspond à un autre caractère semblable peint sur un carton ; on a en main une petite roulette qui fonctionne avec une fève ou un pois. Le gagnant doit avoir sur son carton la lettre du compartiment sur lequel la fève s'est arrêtée.

Le jeu de dés se pratique, en Chine, depuis plusieurs siècles ; deux de mes vases en forme de dôme sont des cornets fabriqués dans ce but. Mon cornet blanc, craquelé, est orné, en bleu de cobalt, de paysages tracés avec une délicatesse exquise.

Le 15 du huitième mois, on joue aux dés les gâteaux, offerts à la lune, marqués du nom d'un des grades littéraires. L'étudiant, qui gagne le plus gros gâteau, considère ce gain comme un signe lui présageant le plus haut succès parmi les lettrés. Les frais sont payés par les perdants.   .

Les petits vases cubiques, coiffés d'un couvercle de même forme, ayant l'aspect de tings minuscules, sont faits pour mettre de la colle ou de la gomme délayée ; le couvercle est souvent ajouré sur toutes ses faces.

J'oubliais les cages à grillons, prisons étroites, ovoïdes ou sphériques à parois réticulées (Pl. XXIII, 60). Les combattants sont enfermés dans ces logis exigus, véritables cellules, en attendant le jour de la lutte. La Chine affectionne les combats de grillons, le Japon et Cuba ont des combats de coqs, l'Espagne affiche une prédilection marquée pour les corridas de taureaux, la France et l'Angleterre préfèrent les nobles courses hippiques ; partout l'homme aime le jeu et les paris, partout il s'y adonne avec passion et même sans mesure.

Ces mêmes cages servent également à emprisonner des mouches ou à recevoir des fleurs d'oranger qui embaument l'atmosphère des maisons.

Le vase suivant de forme bizarre est un petit crachoir de voyage commode en palanquin ; c'est un récipient hémisphérique en dôme, fond vert à radicelles blanches, sur lequel s'élève une espèce de coquetier décoré de pétales roses de nélumbo. Les crachoirs ordinaires sont hémisphériques avec une simple ouverture circulaire au sommet.

La lanterne, en Chine, est suspendue soit à la devanture des maisons soit dans les intérieurs, principalement devant les tabernacles des dieux domestiques ; elle figure encore promenée à l'extrémité d'une perche dans les fêtes publiques. Elle est façonnée de mille manières : en papier, en baudruche ou en poterie translucide. De magnifiques lanternes en porcelaine mince sont ornées de sujets polychromes qui se dessinent et frappent la vue dès qu'elles sont allumées. On rencontre également des animaux et particulièrement des chats couchés, monochromes ou décorés, qui sont employés comme tings ou comme veilleuses.

Faut-il mentionner les briques de cloison à double face pour l'intérieur des habitations, les plaques de revêtement, les écrans si coquets dans leurs cadres en bois de fer ? L'amateur les connaît, les recherche et les recueille pour enrichir son ameublement.

On remarque dans la collection une des plaques de revêtement du mur extérieur de l'oratoire de Kouan-inn construit au Palais d'Été sous Kien-long : brique rectangulaire, fond bleu turquoise, portant, en relief, un Bouddha accroupi, la plante des pieds retournée et les mains jointes tenant une boule ; chairs jaune chamois, robe violet de manganèse et coiffure bleue.

On m'a rapporté de Chine une grande brique de revêtement provenant de la tour de Nankin : entre deux bordures jaunes, bande verte portant trois rosaces accolées avec cœur rouge et rayons jaunes.

Je citerai aussi un écran représentant les flots en bleu et blanc sur lesquels se détachent, en relief, les huit chevaux sacrés multicolores (Khang-hi).

Parmi les vases rituels j'ai signalé les tings ou brûle-parfums copiés sur les modèles antiques ; ces renseignements seraient incomplets si je ne m'occupais pas des tings plus modernes. Je mentionnerai, en premier lieu, ceux en forme de cages à parois réticulées dont la partie supérieure avec pans coupés, s'inclinant en biseaux, offre une plate-forme surmontée d'un petit chien de Fô ; leur exécution est ordinairement fort soignée ; celle que je possède est d'un travail merveilleux. Pl. I, 1.

Je connais des animaux, des fruits servant à brûler des parfums ; en ce genre, la collection peut produire un buffle en céladon vert d'eau (*Siouen-te*) et une pêche de longévité dont la couverte est vert foncé.

Un autre ting en porcelaine flambée à panse sphéroïdale porte un dragon en relief.

Personne n'ignore le goût prononcé du peuple chinois pour l'opium. Cette boîte parallélipipédique, à parois ajourées, ressemblant à un étui pour crayons, est encore un ting d'une espèce particulière. Après y avoir allumé des matières odorantes, on le place près de l'oreiller du fumeur d'opium. En Chine, on accumule toutes les jouissances à profusion sans en négliger aucune ; on cherche ainsi à adoucir les misères de l'existence, à entr'ouvrir les portes du paradis, à évoquer des rêves peuplés d'illusions trop vite envolées.

Ces indications suffiront à démontrer que la variété des tings est sans bornes, et je crois inutile d'insister davantage.

Avec votre consentement je vous présenterai deux petits chiens, le mâle et la femelle, gros comme le poing d'un adulte ou le pied d'un nouveau-né. Ces animaux mignons, paresseusement étendus sur des coussins en soie mandarine, regardent les visiteurs le plus gentiment du monde en tirant une coquette langue rose. Ils sont une reproduction fidèle, en grandeur naturelle, de chiens véritables existant, en chair et en os, au palais impérial de Pékin. Cette race lilliputienne est particulière à la Chine, et aucun Européen n'est encore parvenu, ni pour or ni pour argent, à en acquérir un seul pour le rapporter dans son pays ; les millionnaires les plus généreux ont échoué dans leur désir de possession. Pl. XXXIII, 94.

Le Chinois se déplace rarement, toujours par nécessité, jamais par plaisir ; les excursions pittoresques sont trop pénibles pour être en faveur dans un empire qui n'offre aucun moyen de transport facile et agréable ; en Chine, le voyage d'agrément n'est pas connu. En conséquence, le mandarin riche, quittant sa résidence le moins possible et toujours à contre-cœur, s'ingénie à la rendre la plus confortable à son gré, à l'approprier de son mieux à ses goûts et à ses caprices. De tout temps et avec succès, il a tenté de rapetisser la nature et de la restreindre dans le cadre le plus étroit. Sur la surface du Céleste Empire, les habitations sont entourées de jardins où l'art suprême a consisté à ramener tout à l'état de miniature. Les mouvements de terrain, les rochers, les arbres, les plantes, les cours d'eau, les lacs sont réduits à la dimension de jouets d'enfants; des parcs *immenses* sont taillés et dessinés dans des enclos *vastes comme la main*. Aucun obstacle n'a opposé un frein sérieux à la fantaisie orientale, et, dans cette contrée fabuleuse, patrie des légendes et des monstres prodigieux, on a réussi à procréer des animaux plus petits que nature ou du moins des animaux dont la taille n'excède pas leur grosseur au moment de la naissance. Les dogs de ma collection démontrent péremptoirement, par un exemple palpable, la faculté innée du Chinois de ne se décourager devant aucune difficulté, de l'aborder de front et de savoir triompher; ils ornaient la chambre de l'impératrice mère au palais de Pékin et, après le décès de cette princesse, ils sont devenus, selon l'usage, la propriété du premier eunuque de la cour. Vendus à un marchand, ils ont été apportés en France et sont alors entrés dans mon cabinet de curiosités exotiques; ils sortent, par conséquent, d'une bonne maison.

Chien de manche, couché et ramassé sur lui-même, à poil ras, de nuance jaunâtre; oreilles coupées rosées à l'intérieur; gueule entr'ouverte avec dents blanches et langue rose; museau noir froncé (Kien-long). Pl. XXXIII, 94.

La chienne de même race a le pelage grisâtre et la queue touffue.

Il est hors de doute que ces jolis animaux sont des copies ou des surmoulages de petits favoris affectionnés et particulièrement chéris par une des augustes souveraines de l'empire chinois.

Je n'ai pas encore parlé de pièces d'aspect monumental qui sont une reproduction réduite du *Stupa*, édifice religieux bouddhique (Pl. XXXV, 105). On les voit figurer, au nombre de trois, sur les autels du Bouddha; reposant sur un piédestal carré à ressauts avec face supérieure parfois entourée d'une balustrade, ils ont une panse turbinée à base élargie tronquée, qui est surmontée d'un long tube conique dont le couronnement en saillie se termine par deux sphères superposées ou bien par une étroite plate-forme au-dessus de laquelle s'élève une tige à deux renflements. Le décor se compose d'arabesques polychromes sur fond bleu, jaune, vert et carmin. Une ouverture, pratiquée sur la panse, permet d'y loger une petite statuette de Bouddha (1).

Les vases-applique, coupés par moitié dans le sens de la hauteur, se suspendent aux parois des appartements comme ornements; la plupart n'ont pas d'autre destination, quelques-uns évidés reçoivent des bouquets. La série très nombreuse offre des types, très variés de forme, décorés avec une grande ri-

(1) Cette ouverture est indiquée sur le Stupa de l'héliogravure par une légère dépression qui se remarque à droite.

chesse et une délicatesse de touche remarquable; j'en possède plusieurs fort rares.

J'ai indiqué que les statuettes sont presque toutes religieuses, les grands citoyens ayant été, pour la plupart, divinisés après leur mort; il en existe pourtant de civiles. A titre d'exemple, je ferai comparaître devant vous deux enfants au riche costume, dont le plus jeune est grimpé sur le dos d'un camarade plus âgé; ils rient si franchement que l'on partage bientôt leur hilarité en se demandant quelle bonne farce corsée les drôles ont bien pu jouer à un naïf passant pour se livrer à cet excès de gaieté folâtre qui est presque communicative. Pl. XVI, 46.

Certains personnages personnifient des croyances ou des légendes populaires; ainsi, ce philosophe accroupi, tenant une gourde dont il regarde l'orifice le sourire aux lèvres, attend, avec une impatience non dissimulée, la sortie de la chauve-souris, présage de bonheur. Pl. XXIV, 66.

Les *Ho-ho* étaient jadis de petits vagabonds qui jouaient toujours ensemble. Ayant, un jour, rencontré le *Crapaud à trois pattes,* ils suivirent ses leçons, et, ayant, en disciples dociles, conformé leur conduite à ses préceptes, ils devinrent des Sages et furent élevés au rang des *Saints.* Ce sont de gais compagnons riant sans cesse, aussi sont-ils regardés en Chine comme portant bonheur et figurent-ils fréquemment sur les cadeaux offerts à l'occasion des naissances ou des mariages. Ils sont représentés accouplés, debout, tenant une boîte entr'ouverte qui contient un papillon, une chauve-souris ou des sapèques d'or. Par exception, un des ho-ho se rencontre isolé : j'ai un flacon tabatière montrant l'un d'eux le crapaud sur l'épaule et une ligature de sapèques à la main (blanc de Chine). Pl. VII, 21.

Il est enfin une quantité de menus objets en porcelaine dignes de notre attention, ce sont : des pendeloques, des coulants, des boucles de ceintures, des épingles pour la chevelure des femmes, des anneaux pour retenir les draperies, des porte-cigarettes, des bagues pour protéger le doigt en tirant de l'arc, des pommes de canne, des godets à eau pour cages d'oiseaux, que sais-je encore? mille petits riens, mille bagatelles sans importance qui se distinguent par la finesse, la grâce du décor et qui, à ce titre, excitent notre convoitise.

Je renvoie les détails concernant les porcelaines, fabriquées pour l'Europe sur commande, à un chapitre spécial de l'époque Kien-long.

PROJET DE CLASSIFICATION

La classification des porcelaines est un travail délicat et compliqué qui réclame une longue expérience; une classification facile sans guide sérieux et sans études préalables, c'est un rêve qu'il faut reléguer dans le domaine des utopies avec tant d'autres puérilités.

Certaines pièces sont difficiles à classer quand la glaçure dissimule la pâte sur toutes les faces; à moins de briser ou d'ébrécher certains spécimens, il est impossible de se rendre un compte exact de leur constitution intime, un résultat réel ne serait obtenu que par une analyse chimique. Nous n'avons pas, du reste, besoin d'une précision scientifique infaillible; peu nous importe que le kaolin soit complètement pur de tout alliage de grès ou réciproquement.

En frappant une pièce de leurs ongles effilés, les Chinois reconnaissent s'ils ont en mains une terre ou une porcelaine. Cette dernière donne une note claire, un son métallique, cristallin, alors que la terre émaillée ne rend qu'un bruit sourd comme la porcelaine fêlée. La partie inférieure des pièces n'a-t-elle reçu aucune couverte, il est aisé de distinguer le grès, la terre et la porcelaine. La terre est facilement rayable par l'acier et le grès est brun ou rougeâtre; il faut toutefois se rappeler que le fer, contenu dans un kaolin impur, communique une coloration jaunâtre à la porcelaine privée de couverte.

Je ne me déciderai jamais à accepter la classification de Jacquemart qui a obéi à une inspiration malheureuse en classant les porcelaines par *familles*, la *famille verte* et la *famille rose*. Je sais bien qu'il y a un fond de vérité dans la distinction établie entre ces deux *familles*, puisque les deux fabrications ne datent pas de la même période, la famille rose ayant succédé à la famille verte vers le commencement du dix-huitième siècle; néanmoins l'expression *famille*, appliquée à une chose qui ne se reproduit pas par elle-même, choque mon bon sens et frappe désagréablement mon oreille. Les plantes se perpétuent par leurs graines, le mot *famille* est donc naturel et logique en botanique; il n'en est plus de même pour la porcelaine. Aussi je demande avec instance que l'on bannisse soigneusement ce terme vicieux du vocabulaire céramique. Malheureusement j'ai des raisons sérieuses de craindre que mes vœux ne soient sans écho et mes efforts infructueux, on remonte difficilement avec chance de succès un courant impétueux. Comment procéder pour arracher et détruire une locution erronée qui repousse impitoyablement comme la mauvaise herbe? Comment extirper une façon de langage passée dans les habitudes et usitée partout? Malgré les obstacles, je lutterai pour l'honneur des principes.

Le nom de Jacquemart restera rivé, à perpétuité, à la *famille verte* et à la *famille rose*, et cette conception lui assure l'immortalité. La *famille verte* n'admet qu'un certain vert déterminé et se distingue parfois par l'absence totale du vert! La *famille rose* accueille bénévolement, avec sympathie, le vert banni de la *famille* rivale et, dans certains cas, porte un costume carmin ou tout autre sans la moindre trace de rose! J'ignore votre sentiment; mais, en toute sincérité, je ne puis accorder à cette découverte un brevet de 1re classe. Quant à la *famille chrysanthémo-pœonnienne*, son titre seul est un arrêt de condamnation, une cause d'ostracisme éternel.

Laissons dormir en paix la mémoire de Jacquemart et soyons indulgents ayant nous-même besoin de tant de bienveillance. Si Jacquemart a prêté le flanc à la critique, la justice nous commande de proclamer hautement qu'il a rendu un service signalé à la science en plantant le premier des jalons dans un désert, en osant ouvrir la voie dans un pays nouveau et en s'engageant résolument dans un domaine obscur au milieu de pièges de toute sorte; il faut tenir compte à Jacquemart de cette courageuse initiative, à un moment où il n'avait encore dans les mains aucun des éléments qui nous permettent aujourd'hui de travailler sur un terrain moins glissant et d'avancer dans une atmosphère plus limpide.

Dans tout problème, une solution s'impose et la meilleure n'est pas toujours entièrement satisfaisante. Sans être à l'abri de toute critique, les conventions suivantes ont l'avantage d'être claires et logiques; ce n'est d'ailleurs qu'un projet que nous élaborons. Les mots *époque, période,* seront réservés pour désigner le règne, la date de fabrication; ainsi on dira la période Tching-hoa, celle Khang-hi, celle Kien-long.

Les décors polychromes des diverses époques présentent des différences notables judicieusement précisées par Jacquemart, je les distinguerai avec le plus grand soin, car chaque période a une physionomie et une tenue spéciales au point de vue céramique. En dehors des Song et des Youen qui n'ont, sous ce rapport, qu'une importance secondaire, je classerai les décors polychromes en trois catégories : *le décor Ming, le décor Khang-hi, le décor Yung-tching.* Ces trois décors ont seuls un intérêt considérable.

Je substitue le mot *décor* à celui de *famille* préconisé par Jacquemart et j'écarte la locution *décor vert* ou *rose* qui aurait l'inconvénient de tromper le public et de lui inculquer une idée fausse, puisque, si le vert et le rose sont, dans l'espèce, les teintes principales, dominantes, elles ne sont pas exclusives; parfois même elles sont absentes.

Les décors polychromes sur biscuit et sur couverte ont été inventés sous les Ming; ils ont un cachet tout particulier. Le décor Ming se recommande par la nature des émaux qui plaisent en raison même d'une certaine allure sauvage, d'une facture dont la rudesse est corrigée, compensée par l'ampleur de l'exécution. Cette époque, on le sent, recèle un germe fécond; la promesse, il est vrai, ne se réalisera entièrement que sous Khang-hi; mais si la fleur n'est pas encore épanouie, elle répand déjà les plus suaves parfums.

Les céramistes de ces temps anciens correspondent, en peinture, à la phase des primitifs : période de sincérité, d'essais plus ou moins heureux, de tâtonnements pleins de délicatesse, d'études d'une ingénuité délicieuse, pendant laquelle les artistes cherchent encore leur voie; période jalonnée et tracée par des tentatives qui étonnent, captivent et laissent le plus souvent une impression indéfinissable de charme et de plaisir. Plus tard quand le pinceau s'est assagi, lorsque l'art, dépouillant les langes de l'enfance, prouve par une correction irréprochable qu'il a atteint la virilité et qu'il a, de haute lutte, conquis les plus hauts grades et gravi les cîmes les plus élevées, on se prend à regretter la naïveté inappréciable de ces commencements laborieux.

La fabrication de la porcelaine décorée sur biscuit s'est continuée avec succès sous Khang-hi, aussi pour les pièces, exécutées durant ce dernier règne, je conserverai la dénomination de *décor Ming* en ajoutant *de la période Khang-hi.*

Le décor *Khang-hi* se révèle et s'affirme par un vert profond, lumineux, translucide, vert de plusieurs nuances, vert prépondérant, inimitable. Toutes les autres couleurs sont secondaires sur les pièces de cette date, elles s'effacent modestement et disparaissent devant ce sultan jaloux qui ne souffre aucune atteinte à ses droits de suzeraineté. C'est donc avec raison que j'appelle *décor Khang-hi* celui où ce vert domine et caractérise toute cette époque, reléguant à l'écart et accablant de son prestige tous ses voisins.

Le *décor Yung-tching* ne peut pas être confondu avec le précédent, l'œil le moins exercé saura séparer les deux périodes. Le vert brillant, intense devient triste et pâle après la mort de Khang-hi et semble porter le deuil du grand monarque; jamais, malgré les efforts les plus persévérants, il n'a reconquis sa limpidité et sa beauté magique comme si Khang-hi avait emporté avec lui dans la tombe le secret des artistes éminents de son règne.

Le vert nouveau n'a plus la sève puissante de la jeunesse. La plante, qui se pare, au printemps, d'un feuillage étincelant et vigoureux, languit, se décolore et s'étiole à l'approche de la saison d'hiver.

Une innovation importante vient heureusement faire diversion à ce désastreux événement et offrir aux céramistes le moyen de combler ce vide fâcheux dans une certaine mesure.

La découverte des émaux tirés du chlorure d'or ouvre aux fabricants de porcelaine des voies nouvelles. La céramique aborde sur des côtes inexplorées et pénètre dans une contrée fertile qui se couvrira bientôt d'abondantes moissons.

Il semble vraisemblable que la découverte des émaux roses n'est pas étrangère à la décadence du vert Khang-hi. Le culte de la nouvelle idole a été fatal aux anciennes traditions, et, lorsque plus tard l'abus du rose amena une réaction et réveilla le goût pour le vert Khang-hi, si malheureusement délaissé, les céramistes furent impuissants à reproduire la transparence de ce vert lumineux que le carmin et le rose ne condamnèrent qu'à un abandon passager. Hélas! la trace était perdue, les efforts tentés pour la retrouver sont demeurés infructueux.

Le carmin, le rose et autres couleurs dérivées sont la note dominante de cette époque, et il s'en dégage un accent inconnu jusqu'alors. Les émaux de cette catégorie permettent d'assigner une date précise aux porcelaines qui en sont revêtues, il est certain que les premières ont été exécutées à la fin de la période Khang-hi ou même plutôt à partir de l'avènement de Yung-tching. En conséquence, j'appellerai ce *décor Yung-tching* pour rendre hommage au fils de Khang-hi dont le règne si court (1723-1736) a été si fécond en progrès pour la céramique. Cette période est peut-être celle où la porcelaine a atteint le plus haut degré de perfection; c'est assurément celle où elle est la plus raffinée et la plus précieuse.

Il eut été peut-être préférable d'appeler ce décor *Kien-long,* du nom du grand empereur qui remplit tout le dix-huitième siècle de sa réputation et de sa gloire; j'ai abandonné ce projet en réfléchissant à ses conséquences illogiques. Un décor, qui porterait par anticipation le nien-hao de Kien-long, serait une anomalie; le décor Kien-long de la période Yung-tching serait ridicule. Les spécimens, ornés d'émaux roses, s'ils existent sous Khang-hi, sont très rares et ne dateraient que de la fin du règne; les quelques pièces, qui pourraient être attribuées à cette dernière époque, accusent l'inexpérience de l'ouvrier et les tâtonnements d'un procédé nouveau; l'irrégularité de ma dénomination, s'il y en a une, a donc une importance minime restreinte à ces modestes proportions; néanmoins je n'appliquerais aux produits Khang-hi, s'il y avait lieu, le nom de décor Yung-tching qu'avec regret et timidité. En élargissant la mesure sans motifs plausibles, j'aurais encouru justement le blâme général.

Ma décision, du moins, a l'avantage d'être conforme à la vérité des faits, puisque le décor en question a reçu sous Yung-tching des perfectionnements considérables qui équivalent presque à une innovation complète, et que c'est pendant cette période qu'il a pris véritablement son développement réel. Nous honorerons ainsi la mémoire d'un souverain qui a bien mérité de l'art qui nous occupe.

J'ai pensé, en outre, que j'aurais eu tort de consacrer une nouvelle injustice en glorifiant le fils aux dépens du père, en qualifiant *décor Kien-long* un décor auquel *Yung-tching* avait véritablement le droit de transmettre son nom. Assez d'iniquités ont été commises en d'autres temps et en d'autres lieux; Améric Vespuce appose, indûment, sa signature sur le continent découvert par Colomb; le rose Dubarry et le style Louis XVI sont des créations inspirées par Mme de Pompadour et préparées sous son influence; la puissante marquise n'a pas bénéficié de son plus beau titre de gloire.

Yung-tching occupera un poste d'honneur dans l'histoire de la porcelaine et figurera aux premiers rangs parmi les protecteurs éclairés de l'art céramique; nous nous conformerons ainsi à la justice.

Le décor Yung-tching se perpétue sous ses successeurs; aussi, pour discerner chaque période, nous dirons le décor Yung-tching de la période Yungtching, celui de la période Kien-long, et ainsi des périodes subséquentes.

La distinction entre le décor Khang-hi et le décor Yung-tching a été établie en prenant pour base la nuance principale qui les caractérise. L'ornementation de la porcelaine polychrome chinoise comporte tant de variétés qu'elle ne pouvait pas servir à déterminer, d'une manière brève et claire, la note dominante de chaque période ni à tracer les grandes lignes d'une classification générale; s'engager dans cette voie, c'était pénétrer dans un dédale inextricable. On me fera une objection : Dans votre méthode, par exemple, comment classer les pièces dont les ornements ne sont pas antérieurs au règne de Kien-long? D'abord, la plupart des éléments de décoration employés sous Kien-long étaient en usage sous son père, et personne n'est capable de distinguer les porcelaines de la fin de Yung-tching de celles fabriquées pendant les premières années Kien-long; les marques chronologiques font défaut ou ne sont pas toujours sincères. Il y a, je le sais, des fonds en toute nuance, soit unis, soit avec rinceaux gravés, chargés d'arabesques en couleur, coupés ou non de réserves polychromes; la plupart de ces pièces ont été exécutées sous Kien-long et copiées sous ses successeurs. Ce genre est regardé, à tort, comme une innovation de la période Kien-long; je possède des spécimens de cette espèce timbrés du nien-hao authentique de Yung-tching. Mais supposons un instant que la marque soit apocryphe et que les premiers exemplaires aient été façonnés sous Kien-long ou bien qu'il s'agisse d'ornements inconnus avant ce dernier souverain, la classification est aussi simple que facile : décor Yung-tching, genre ou période Kien-long. Le décor est Yung-tching puisque la couleur dominante est tirée du chlorure d'or, et, l'ornementation étant nouvelle sous Kien-long, c'est un genre Kien-long fabriqué pendant la période Kien-long.

Je propose une double classification : les porcelaines seront, en premier lieu, rangées par ordre de date et distribuées en cinq époques de fabrication.

1° L'époque primitive comprendra la dynastie Song (960-1260) et la dynastie Youen (1260-1368) (1).

(1) Nous accouplons ces dynasties parce que les décors sont peu variés à cette époque.

2° La seconde époque embrassera environ deux siècles et demi, soit toute la dynastie Ming (1368-1620).

3° La troisième époque commencera à la chute des Ming vers 1620, et se terminera à la mort de Khang-hi en 1722.

4° La quatrième époque court de 1722 à 1796; ce sont les règnes de Yung-tching et de Kien-long.

5° La cinquième époque, la période moderne, est la moins intéressante; elle servira de point de comparaison et démontrera la supériorité des temps anciens.

Ce premier classement terminé, je procéderai à une seconde opération qui consistera à séparer en deux séries les représentants de chaque époque.

1° *Monochromes;* 2° *polychromes.*

Les monochromes seront groupés de la manière suivante : *Blancs, céladons, couleurs diverses.*

Je n'ouvrirai pas une catégorie à part pour les craquelés ni pour les ors; ils ne constituent, à mon avis, qu'une ornementation accessoire devant être absorbée et disparaître dans les divisions existantes. Il n'y a pas lieu de créer ici un groupe particulier sous peine de complication superflue. Les pièces craquelées ou décorées en or viendront à la suite des pièces unies; cette décision n'a rien d'arbitraire.

Beaucoup de monochromes subissent, sans altération notable, l'épreuve d'une combustion élevée; il y a cependant des exceptions : ainsi, les verts sauf le céladon vert d'eau, le rouge de fer, le rouge d'or et les nuances dérivées ne demandent pour leur cuisson qu'un feu tempéré.

Les polychromes seront placés dans l'ordre suivant, en ne tenant qu'un compte relatif du degré de température exigé pour les cuire, parce que ce degré dans les fours chinois est bien difficile à établir d'une manière positive. Les céramistes les plus compétents déclarent que les efforts tentés pour classer les porcelaines orientales en catégories de grand feu et de petit feu seraient une tâche aussi ingrate qu'aléatoire. Voulant éviter des méprises certaines, je préfère me renfermer dans une discrétion prudente conseillée par la sagesse, c'est le moyen le plus sûr de me mettre à l'abri de tout soupçon d'irrégularité.

Si le classement suivant n'est pas entièrement satisfaisant et si parfois il est sujet à critique ou à discussion, c'est la conséquence forcée de la grande variété des espèces et de la difficulté de les ranger méthodiquement, certaines pièces pouvant se rattacher à plusieurs séries par la diversité du décor.

1° *Fonds blancs :*

A. Décor en bleu de cobalt.

B. Décor en rouge de cuivre.

C. Décor en bleu de cobalt et en rouge de cuivre.

Le bleu de cobalt sous couverte et le rouge de cuivre sont cuits au grand feu.

D. Décor en rouge de fer (petit feu).

E. Décor en émaux tendres de deux ou de plusieurs nuances, dit *aux trois ou aux cinq couleurs.* Ce chiffre en Chine n'est pas limitatif et correspond à notre terme *polychrome.* Certaines pièces de cette catégorie sont soumises à plusieurs cuissons successives appropriées à la fragilité plus ou moins grande de chacun des émaux employés.

Les émaux polychromes sont appliqués tantôt sur biscuit, c'est-à-dire sur la pâte déjà cuite au grand feu, tantôt sur la couverte elle-même. Les porcelaines décorées sur biscuit seront rangées en tête de celles décorées sur la glaçure, les premières ayant été découvertes avant les secondes.

2° *Céladons* décorés en émaux de couleur : A, céladon vert d'eau ; B, céladon bleu d'empois ; C, céladon poussière de thé (il est décoré de reliefs colorés).

3° *Fonds divers* unis ou gravés avec décor polychrome : A, rouge ; B, jaune ; C, bleu ; D, orangé ; E, vert ; F, violet ; G, brun ; H, gris ; I, noir.

4° *Fabrications spéciales :* A, flambés ; B, soufflés ; C, peau d'orange ; D, réticulés ; E, grains de riz ; F, imitations de bronze ou autres, etc.

5° *Terres émaillées, grès et boccaros.*

Les flambés ont pris rang parmi les porcelaines polychromes, ils étaient exclus de la série des monochromes par les veines multicolores et même souvent par les nuances variées de leur couverte. Ils puisent leur coloration à deux sources différentes : le cuivre et le fer. Les seuls flambés, dont le décor est rouge de cuivre, se rattachent aux *sang de bœuf* par une base minérale commune ; il est impossible de rallier à cette dernière série les flambés colorés par le fer. Les complications sont même plus sérieuses qu'elles n'apparaissent au premier abord, car il existe un grand nombre de porcelaines flambées *haricot* dont les taches jaunes ou grises dénotent la collaboration intime du cuivre et du fer dans la même décoration. Ces raisons péremptoires m'ont décidé à ouvrir aux flambés une classe à part et à les faire figurer au premier rang parmi les fabrications spéciales ; ils occuperont ainsi une place normale.

Cette étude n'étant pas un catalogue, je ne suivrai pas rigoureusement le classement soumis à l'appréciation des lecteurs. L'ordre strict m'obligerait à trop de redites et empêcherait de grouper ensemble des nuances qui logiquement devraient être placées dans des paragraphes distincts mais qui présentent des affinités importantes à constater. Cette méthode facilitera ma marche et me conduira au but plus vite et plus clairement. Réservons pour les catalogues le rangement méthodique ; là les écarts sont inutiles.

Je ne conseillerai même pas de tenter un ordre normal de classification dans les vitrines d'une collection ; le but principal de l'amateur éclairé est de contenter l'œil dans la disposition des spécimens et d'obéir à la loi des convenances esthétiques. L'artiste en porcelaine est un peintre décorateur ; son œuvre demande à être placée dans les meilleures conditions pour être jugée équitablement, de manière à composer un tout aimable et harmonieux sans préoccupation scientifique. La beauté de l'ensemble résultant de l'heureux agencement des décors et du gracieux groupement des formes, tel est l'idéal pour un homme de goût ; cette théorie est rationnelle, je l'approuve sans restriction.

ÉPOQUES DE FABRICATION

DESCRIPTION DE SPÉCIMENS DES DIVERSES PÉRIODES
SELON L'ORDRE CHRONOLOGIQUE

ÉPOQUE PRIMITIVE. — SONG (960-1260) ET YOUEN (1260-1368) (1).

Les représentants de ces époques lointaines méritent assurément de nous arrêter au commencement de notre voyage au pays de la céramique. Ces survivants d'un âge qui n'est plus et dont l'antiquité seule inspire déjà le respect se recommandent encore par l'intérêt qu'ils offrent comme premiers spécimens d'un art naissant qui est une des merveilles de la civilisation et qui a rendu tant de services en créant une branche nouvelle pour notre industrie nationale.

Parmi ces échantillons anciens, je reconnais bien des rejetons plus jeunes, copies fidèles exécutées sous Khang-hi ou sous Kien-long, mais ces imitations sont si exactes qu'on les distingue à peine de leurs modèles, de leurs aînés, dirais-je volontiers, si ce n'est par une finesse de travail supérieure; dès lors, ces rejetons sont, à mes yeux, aussi précieux que s'ils remontaient réellement aux périodes antiques dont je conçois une idée véritable grâce à ces reproductions sincères.

Sous les Song et les Youen, la céramique est encore dans l'enfance; le décor est sobre, sévère, relativement peu varié; partout l'enfant a bégayé avant de parler clairement sa langue naturelle. Cette époque a produit : des

(1) Toutes les pièces décrites dans l'ouvrage existent dans la collection de l'auteur qui se compose de 3,500 numéros. La plupart sont intactes et en bon état.

blancs laiteux à glaçure abondante; des blancs mats, jaunâtres ou chamois, truités, avec ornements soit gaufrés, soit gravés ton sur ton ou avec ornements en pâte brune; des céladons de fer verdâtres avec gravures ou gaufrures; des fonds clair de lune ou violet de peau d'aubergine, isolés ou associés; des couvertes jaune mastic ou gris cendré; des monochromes sombres et tristes et les brillants flambés du four de Kiun (Kiun-yao).

Déjà, du temps des Song, la province du Fo-kien fabriquait des blancs de Chine réputés pour leur belle qualité; les fours étaient situés à Kien-tcheou (Kien-yao).

C'est de ce lieu qu'est originaire le ting de la collection provenant de la vente du baron Davillier; ce dernier l'avait reçu, en cadeau, de l'archiprêtre préposé à la garde du Trésor de Saint-Marc de Venise (Pl. II, 6). Le baron racontait que ce brûle-parfums fut rapporté par Marco Polo, l'illustre Vénitien, qui avait fréquenté la cour de Kubilaï-khan (Hou-pi-lie), fondateur de la dynastie mongole, à la fin du treizième siècle.

Ce ting octogone, en porcelaine ayant l'apparence de la pâte tendre, offre trois bandes d'ornements superposées avec quatre anses en S et huit pieds en console; le couvercle ajouré porte à chacun des huit angles une boule fleuronnée. Le plateau octogone, à rebord droit, a huit pieds en trèfles et est surmonté de huit boules semblables à celles du couvercle. Pl. II, 6.

Les porcelaines blanches de *Ting* (*Ting-yao*) ont une couverte plus mate, moins vitreuse que celles de *Kien*; mes spécimens, décorés de plantes gravées ou de dragons en relief, sont des merveilles de délicatesse qui séduisent et étonnent malgré leur ancienneté bien authentique. Pl. XIII, 36.

J'ai acquis récemment un vase ovoïde dont la couverte blanche tourne au bistre; il est gravé sous la glaçure. Ce trésor inestimable est la copie d'un *Ting-yao* fabriquée sous Yung-tching avec la finesse qui caractérise cette belle époque.

Les vases appelés *Fen-ting*, vases de *Ting blancs comme la farine*, étaient autrefois seuls appréciés.

Les terres émaillées du four de Ting, *thou-ting*, étaient jadis moins estimées que les porcelaines de la même manufacture; aujourd'hui leur grand âge leur assure le respect; celles qui ont échappé à la destruction du temps ne sont pas nombreuses. Deux vases *thou-ting* de la collection sont très curieux à raison de leur taille de géant, de la correction de leur forme presque classique et de leur vieillesse; ils mesurent 72 centimètres de haut et ressemblent par leur panse aux amphores antiques. Je possède plusieurs autres pièces de ce genre en formes élégantes et variées, mais d'une taille plus modeste.

La *porcelaine de Long-tsiouen* figurera ici avec mention honorable. Après avoir joui d'une grande vogue sous les Song, elle a été imitée sous tous les règnes, ce qui démontre péremptoirement le goût marqué des Chinois pour cette espèce particulière et sa valeur véritable.

J'ai plusieurs vases et d'énormes plats de cette qualité. La tonalité de cette couverte est invariablement le vert d'eau plus ou moins foncé; la coloration est due au fer. Le poids des pièces antiques est relativement très élevé. La fabrication des Ming diffère peu de celle des Song et l'aspect extérieur rendrait la distinction assez difficile à établir sans une particularité qui permet, à première vue, de ne pas les confondre. Le dessous des pièces des deux époques est émaillé, mais, sur la couverte de la partie inférieure des pièces Song, on remarque un cercle ou anneau sans glaçure coloré en jaune, pendant la cuisson, par le fer contenu dans un kaolin impur. Les pièces Ming sont émaillées sur leur surface entière.

Les porcelaines, fabriquées sous les Song et les Youen, ont souvent gardé l'empreinte des doigts du potier. Ces traces du travail manuel de l'ouvrier sont une preuve palpable que ces pièces ont été moulées.

Le *clair de lune* peut être classé parmi les céladons; c'est une nuance indécise ou plutôt mal déterminée soit d'un bleu céleste plus au moins accentué, plus ou moins azuré, soit d'un gris douteux ayant quelque parenté avec le gris de perle. Parfois sur le fond bleu s'enlèvent des taches en violet de peau d'aubergine. Accueillies avec faveur, ces taches doublent la valeur de l'objet et procurent à l'amateur de doux moments d'extase. Plus d'un lecteur rira de ces prétendues faiblesses et haussera les épaules avec mépris; ce lecteur oublie ou ignore qu'il se livre à des joies plus ridicules et que toute jouissance honnête a droit au respect; l'indulgence n'est jamais perdue.

Je rangerai au nombre des *clairs de lune* un vase piriforme à col évasé; un vase ovoïde; un vase turbiné à petit col; une gourde aplatie avec chrysanthèmes en relief; un ting à six pieds orné, sur la panse, de têtes de béliers; deux pêches de longévité superposées, attachées à la tige servant de pied (Pl. XIII, 35); deux poissons accolés dressés sur la queue. Les premières pièces sont en porcelaine, les autres en grès plus ou moins kaolinique, la dernière est en terre émaillée; toutes sont parées de la fameuse tache violette, si convoitée des amateurs et sortent, en partie, des fours de Kiun, ainsi qu'un magnifique bol, fond gris bleuté, portant de larges taches en violet d'aubergine et se rattachant aux nuances du clair de lune.

Cette série comprend encore : une coupe, d'un gris bleuté, formée d'une large feuille de nélumbo repliée avec boutons et fleurs en relief; un grand bol, de tonalité analogue, sillonné de veines violettes; un éléphant debout, le dos couvert d'une housse sur laquelle est placé un vase, fond gris jaunâtre, et plusieurs bols en terre émaillée. Mes autres spécimens sont des copies postérieures; une jolie bouteille trilobée, fond bleu céleste, date des Ming.

J'inscrirai à la période Yung-tching un vase en forme de champignon (ling-tchi) portant, sur les flancs, des excroissances et de petits chryptogames en relief; la couverte intérieure jette des feux chatoyants à l'instar d'une pierre précieuse. Pl. XIII, 37.

Un ting tripode, des récipients sphériques composés de pétales de nélumbo imbriqués à fond gris saupoudré de rouge de cuivre, etc., sont des imitations faites sous Kien-long et nous montrent des reproductions variées d'une fabrication antique.

Le *violet de la peau d'aubergine*, *Kia-pi-pé* 茄 皮 紫, est d'un ton très chaud et très intense. Cette couleur accompagne souvent le bleu turquoise et le clair de lune, nuances assez voisines dans certains cas quand le clair de lune se rapproche du bleu céleste. Le violet et le bleu font bon ménage et s'accouplent volontiers avec avantage réciproque; cette association donne les meilleurs résultats et le divorce serait fâcheux.

Si je n'ai pas d'exemplaire assez vénérable pour avoir existé à cette époque, je possède du moins de charmantes copies exécutées sous les Ming et sous Kien-long. Le cachet carré de ce dernier souverain figure à la partie inférieure d'un cornet droit, lobé, violet de peau d'aubergine, qui est moucheté de vert, note imprévue et réjouissante.

Les taches violettes sont remplacées par des taches bleues sur deux poissons accolés dressés sur la queue, fond gris verdâtre dans le ton de la cendre. Pl. XIII, 34.

Deux vases, en forme de balustre carré, sont assez singuliers : l'un, fond vert grisâtre, craquelé, est maculé de taches jaune d'ocre rappelant le *portor*, marbre extrait des carrières de Porto-Venere, en Italie.

L'autre est d'aspect sombre et sévère ; sa glaçure craquelée a la tonalité de la cendre. Cet émail, appelé *youan-yao, four des ténèbres* 元, date de l'année 1086 *youan-yeou* du règne de Tchi-tsoung des Song.

Ces échantillons n'exciteront pas l'enthousiasme du public ; leur tenue modeste n'est pas faite pour éblouir, néanmoins ils sont précieux, ainsi que deux petits vases bursaires, à anses tubulaires, dont l'un est blanchâtre ou mastic et le second gris cendré.

Le vase suivant est une copie, faite sous Kien-long, d'une pièce Song ou Youen, reproduction céramique d'un vase rituel de bronze de l'antique dynastie des Tcheou : vase en forme de balustre aplati, fond gris ardoise quadrillé portant des ornements hiératiques et la tête du Tao-tié en pâte blanche de relief ; au centre de chaque face, près de l'orifice, mufles avec anneaux imitant le bois. Une inscription nous apprend qu'il a été *fabriqué par Wou-Tchen dans le four Sien*. Pl. XIII, 38.

La manufacture de *Kiun* dans le Honan (*Kiun-yao*) était fondée sous les Song ; ses porcelaines étaient renommées et ses flambés surtout étaient remarquables. Les coupes de Kiun ont une forme sphérique surbaissée ; tantôt lobées avec rebords rabattus et festonnés, tantôt avec bords arrondis portant, sur la paroi extérieure, des têtes de clous ronds en relief, elles reposent sur trois pieds en trèfles. Les plus belles se reconnaissent aux numéros 1 一 ou 2 二 gravés dans la pâte en dessous de la pièce. Les unes sont d'un rouge vif comme le fard, les autres d'un bleu d'oignon (pâle) *tsong-tsouï*, d'autres d'un bleu de prunes *meï-tseu-tsing*.

Peu de coupes antiques sont parvenues jusqu'à nous, cependant je possède deux de ces coupes du temps des Song, l'une bleu de prunes, l'autre bleu d'oignon légèrement grisâtre ou verdâtre.

J'ai, en plus, deux coupes rouge de fard, fabriquées à King-te-tchin sous Kien-long, ce sont des copies de Kiun-yao attribuées à Thang, l'habile directeur de la manufacture impériale.

Les décors polychromes sur fond blanc ou coloré ont existé, paraît-il, sous les Song et les Youen, ils étaient sans doute assez imparfaits et en nombre restreint ; je n'ai jamais vu aucun exemplaire de ce genre, l'avenir nous réserve sans doute bien des surprises ; chaque jour apporte sa découverte et nos connaissances, si bornées sur l'Orient, prouvent combien l'esprit humain, si avide de science, est encore éloigné du but.

ÉPOQUE DES MING (1368-1620).

Le fondateur de cette dynastie, la dynastie *brillante* (*ming*, brillant), Hong-wou, s'empare du pouvoir en 1368 et ouvre une ère de grandeur pour les travaux céramiques ; c'est lui qui établit à King-te-tchin la manufacture impériale pour les porcelaines destinées à l'usage du palais.

J'ai vu sur un seul vase le nien-hao de cet empereur et la marque était apocryphe. M. Franks signale deux pièces avec cette date peinte en bleu ; la compétence de M. Franks nous est un sûr garant de leur authenticité. Sans doute, nous avons rencontré et manié des porcelaines datant de ce règne et des règnes suivants, mais nous ne pouvons pas leur assigner une époque certaine comme pour d'autres pièces fabriquées sous Siouen-te.

Parmi les monarques de cette dynastie, nous retiendrons les noms de Siouen-te, Tching-hoa, Kia-tsing et Ouan-li ; ils sont particulièrement dignes de figurer avec honneur sur le livre d'or de la céramique ; leur protection efficace a déterminé une marche ascendante et rapide dans la voie du progrès, et, sous leur tutelle, grâce à leurs encouragements, la porcelaine a atteint un haut degré de prospérité.

Siouen-te (1426-1435) inaugure une époque florissante et glorieuse entre toutes que les écrivains chinois ont prônée à l'envi comme l'époque classique par excellence. Cette prééminence résulte d'une variété de décors plus considérable, d'innovations importantes et d'une supériorité incontestable dans l'exécution. C'est sous les premiers empereurs des Ming ou du moins sous Siouen-te qu'ont été fabriqués les vases à fond bleu turquoise avec décor en violet de peau d'aubergine ou réciproquement sur lesquels se détachent, en relief, des personnages, des arbres, des fleurs ou des ornements polychromes ;

ils sont de forme turbinée à base élargie et servaient primitivement de jarres pour le vin ; leur ouverture étroite était bouchée par un couvercle ou chapeau muni, à l'intérieur, d'un long tube plongeant dans le liquide.

Jarre à vin, de forme turbinée à base élargie et tronquée, fond violet d'aubergine, décor bleu turquoise et chamois ; bordure de perles et rêts à pendeloques entre lesquelles sont rangés symétriquement quatre personnages dansants et deux arbres en relief. Pl. XIV, 39.

Des potiches, de forme analogue surbaissée, ayant une panse plus trapue, ont une large ouverture circulaire fermée ou non par un couvercle bombé avec bouton au sommet. Quelques-unes, à parois réticulées, sont pourvues intérieurement d'une cloison pleine et peuvent contenir du liquide.

Voici trois échantillons de cette espèce : vase balustre arrondi, fond bleu turquoise truité, décoré, en relief, de pivoines ornementales violettes ; anses formées des mêmes fleurs.

Vase sphéroïdal, même fond, portant, en relief, trois pivoines ornementales blanches à feuillage violet.

Vase, fond violet d'aubergine, avec trois pivoines chamois à feuillage bleu turquoise.

Des pièces similaires, moins parfaites sans doute, existaient sous les Youen ; mais, à ma connaissance, aucun spécimen antérieur aux Ming n'est parvenu en Europe.

Vase turbiné, fond violet d'aubergine ; intérieur bleu turquoise ; belle copie d'un vase Youen.

Petit chien, même fond, décoré en bleu turquoise.

Coupe campanulée sur piédouche élevé, même fond ; intérieur bleu turquoise.

Vase ovoïde, fond bleu turquoise, décor noir ; à l'épaulement et à la base, rinceaux arabesques ; sur la panse, trois médaillons avec personnage, grue ou lapin au milieu d'ornements symétriques ; imitation attribuée à l'époque Ouan-li.

Stanislas Julien signale comme innovation importante de cette période (1426-1435), les vases *Tien-pe* 填白, et il écrit : « L'expression *Tien-pe* (*remplir le blanc*) indique que ce sont des vases blancs que l'on doit orner de peintures ». Cette assertion est combattue, avec preuves à l'appui, par les Chinois compétents qui affirment sans réserve que les *Tien-pe* sont des

vases *blancs fabriqués pour rester blancs;* leur décor se réduit à des gravures sous couverte ou à des gaufrures qui ne leur enlèvent rien de leur
blancheur immaculée. Stanislas Julien n'a pas assez médité sur l'observation
par laquelle il termine son chapitre 80 : « anciennement on écrivait *Tien-pe*
甜 白, épithètes qui exprimaient la pureté (*blancheur pure*) de ces vases ».
Les erreurs de ce genre commises par Stanislas Julien sont malheureusement
fréquentes et très préjudiciables sous le rapport de la vérité.

Les *Tien-pe* sont des vases blancs couverts d'un émail blanc et non de
peintures polychromes; ils demeurent blancs même lorsqu'ils sont achevés et
livrés au public.

Ils ont été imités sous Khang-hi et sous Kien-long, les preuves sont entre
mes mains; mes deux bouteilles Khang-hi sont d'un blanc plus franc, celle
Kien-long est couleur crème, toutes trois sont ornées de plantes gaufrées;
j'en connais d'autres identiques.

N'avais-je pas raison de dire qu'une erreur entraîne à sa suite des conséquences fâcheuses et que l'ignorance souvent est préférable? C'est en se
basant sur une décoration polychrome des *Tien-pe*, décoration imaginaire
résultant de la mauvaise traduction de Stanislas Julien, que M. du Sartel
a procréé la *vieille famille verte* qui est menacée d'être une famille sans
représentant. En effet, les raisonnements de M. du Sartel s'écroulent comme
un château de cartes. Un édifice, bâti sur le sable mobile, n'a pas d'assises
solides; promptement ébranlé, il couvre bientôt le sol de ses débris; dans
l'espèce, la fausseté de l'information tarit la source à sa naissance. Cette *vieille
famille verte* que j'appellerai « *décor polychrome sur biscuit* » existe cependant, seulement elle n'a aucun lien de parenté ni aucune alliance avec les
vases *Tien-pe*. Ce fait établi, faut-il placer le berceau de cette *vieille famille
verte* sous Siouen-te ou bien sous Tching-hoa à la même date que les décors
sur couverte? Mes recherches n'ont pas abouti à une solution sans réplique,
je suis forcé de raisonner ici par induction, genre de preuve que j'aime médiocrement parce que les conclusions n'ont pas la certitude absolue qui seule me
satisfait.

Je tiens d'abord à constater que je n'ai jamais vu, à l'exception des jarres
à vin en relief décrites plus haut et des autres potiches assimilées, un seul
spécimen de porcelaine à décor polychrome sur biscuit qui puisse être attribuée, sans conteste, à la période Siouen-te, c'est pourquoi je serais tenté

de reporter l'honneur de cette découverte au règne de Tching-hoa. En tout cas, si Tching-hoa ne doit pas bénéficier du mérite de cette invention, il n'est pas douteux que c'est sous son règne que ce genre de décoration a acquis un lustre incomparable et que les procédés ont reçu un perfectionnement considérable, assez considérable même pour lui concéder presque le droit d'en revendiquer la découverte.

La vérité m'oblige à avouer que j'ai trois pièces décorées sur biscuit de motifs polychromes timbrées du cachet de Siouen-te, mais je répéterai une fois de plus qu'un nien-hao n'est qu'un commencement de preuve et qu'il serait imprudent d'y ajouter une foi absolue; je n'accepte les marques que sous bénéfice d'inventaire. Le Chinois a usé et abusé de la contrefaçon. Les manufacturiers du Céleste Empire ont, de tout temps, copié et recopié avec adresse et fidélité les porcelaines des règnes antérieurs, et, en imitant une pièce, ils ont aussi reproduit sa date dynastique sans le moindre souci des erreurs qui en résulteraient fatalement pour les générations futures. J'en fournirai un exemple frappant : un de mes amis m'a cédé une petite théière célèbre dans les annales de la curiosité. Elle fut adjugée à M. Gentien en 1879 dans la vente Barbet de Jouy après une lutte mémorable moyennant 1,300 francs; ce prix était tellement excessif pour l'époque, que les assistants étonnés montaient sur leurs sièges afin de voir les champions qui se disputaient avec tant d'acharnement cette pièce si frêle et si coquette. Aujourd'hui ce chiffre serait assurément dépassé et les habitués de l'hôtel Drouot resteraient impassibles sur leurs bancs, étant blasés sur de tels spectacles. Eh bien ! cette théière porte le cachet de Siouen-te ainsi qu'une bouteille et un vase à vin de la collection (Pl. XXI, 56), mais un examen judicieux démontre, sans aucun doute, que le décor, trop raffiné pour la date inscrite, n'est qu'une reproduction exécutée pendant les premières années de Khang-hi. Malgré cette rectification d'état-civil, ma théière n'a rien perdu de sa valeur, et on demeure surpris de la merveilleuse conservation de ce joli bijou qui, vieux de deux siècles, garde encore un air de fraîcheur et de jeunesse bien fait pour exciter l'envie. Disons, en passant, que cette théière servait en Chine de récipient pour le vin.

Théière rectangulaire à panse renflée; anse supérieure imitant la vannerie et couvercle plat avec poignée; à l'orifice, bordure verte à rinceaux noirs; fonds mosaïques variés portant des médaillons blancs circulaires ornés de tiges fleuries en couleur; à la base, bordure verte à dents de loup noires; décor sur biscuit (Khang-hi). Pl. XXI, 55.

Le nien-hao de Siouen-te n'est donc pas une preuve irréfutable de l'exécution d'une pièce à l'époque inscrite, mais il nous suggère la pensée que cette pièce est, au moins, une copie fidèle d'une porcelaine dont le modèle a existé à la période indiquée. En conséquence, je ne veux pas nier, ayant sous les yeux mes trois pièces à décor polychrome sur biscuit timbrées du cachet de Siouen-te, que ce décor ne soit une innovation réelle afférente à ce règne, mais s'il faut reporter à cette date les premiers bégaiements et les premières ébauches, c'est seulement plus tard, sous Tching-hoa (1465-1487), que l'enfant s'est développé et, devenu adulte, a atteint sa croissance, sa force et la plénitude de sa beauté.

Un de mes bols, fond jaune, marqué Siouen-te, porte, au milieu de feuillage vert, des pivoines violettes. L'inspection minutieuse de ce bol me laisse convaincu qu'il a été exécuté sous Kia-tsing ou sous Ouan-li; nouvelle preuve que nous ne devons attacher aux noms d'années qu'une valeur relative.

Les personnages de la période Siouen-te sont toujours dessinés assez grossièrement; les têtes sont figurées sommairement par un trait épais; les animaux, plantes, motifs géométriques ne sont guère traités avec moins de négligence au plutôt avec plus de délicatesse; ce qui est important à enregistrer c'est que, si la qualité du bleu est sans rivale, le dessin manque encore de précision.

Le bleu sur blanc était le décor prédominant de 1426 à 1435; ce genre fut à son apogée pendant ce règne grâce à la qualité exceptionnelle du *Sou-ni-po,* bleu tiré d'un minerai cobaltifère. Jamais on n'a surpassé ni égalé l'élégance et la beauté des bleus de cette époque, pas même durant la célèbre période Khang-hi. Aussi les Chinois ont-ils toujours recherché avec passion les pièces bleues de Siouen-te, et nous ratifions sans restriction les suffrages des Orientaux.

Vase blanc, décor bleu; bordure fleuronnée et lambrequins chargés de fleurs arabesques et de pendeloques; sur la panse, personnages; à la base, compartiments ornemanisés.

Petite bouteille blanche, décor bleu; panse lenticulaire avec rinceaux fleuris; long col à triple bordure de dents de loup, de feuilles dressées et de grecques.

Théière sphéroïdale, fond céladon vert d'eau pâle imitant la peau d'orange, décor bleu en relief ; sur les deux faces principales, réserve lobée en creux ornée : l'une, d'un bouquet ; l'autre, d'un poisson émergeant des flots. Cette couverte peau d'orange est le *Tsong-yen* des Chinois.

Les *porcelaines Fen-ting* de l'époque Ming sont des imitations des porcelaines blanches de *Ting-yao* avec décor en bleu de cobalt. Le fond blanc craquelé est dans la tonalité de la crème ou de la farine (*Fen*) ; le bleu est de qualité supérieure et le travail est remarquable par sa finesse et sa perfection. Elles sont très appréciées en Chine aussi bien qu'en Europe et en Amérique, il n'est donc pas étonnant que leur valeur vénale soit élevée partout où on les rencontre. Boîtes avec fong-hoangs ou avec paysages, etc. Il y a aussi des vases de ce genre ; j'ai également un flacon à tabac avec paysage d'une délicatesse excessive.

A ce règne appartient un cornet en forme de losange, fond bleu gris ardoise, portant une ornementation archaïque en pâte brune.

Les livres chinois mentionnent des porcelaines du genre appelé *Tsi-hong* : les unes d'un rouge vif, *Sien-hong*, dont la couverte est en rouge de cuivre uni ; les autres d'un rouge de pierre précieuse, *Pao-chi-hong*. Salvétat pense à tort que ces dernières empruntent leur coloration au fer. Le Pao-chi-hong est un sang de bœuf de la qualité *rouge rubis*, et les Orientaux avouent qu'il entre une certaine dose de cornaline ou de rubis en poudre dans la composition de l'émail.

La belle matière d'azur qui assura le succès des produits céramiques de la période Siouen-te étant épuisée, les pièces en bleu et blanc du règne de Tching-hoa sont incapables de rivaliser avec celles de l'époque Siouen-te ; mais cette légère infériorité est largement rachetée par la supériorité des décors polychromes qui l'emportent par le ton et par le dessin.

Nous inscrirons, à cette date, la découverte de l'application des émaux de couleur sur la couverte et les perfectionnements considérables apportés dans la fabrication des porcelaines à décor polychrome sur biscuit. Ces innovations importantes eurent pour conséquence d'ouvrir des horizons nouveaux, de tracer un sillon plus profond dans le champ de la céramique et de récolter une moisson plus abondante ; aussi la période Tching-hoa (1465-1487) est-elle comptée avec raison parmi celles qui ont brillé du plus vif éclat.

Les auteurs chinois louent avec enthousiasme les céramistes d'alors ; ils déploient avec emphase toute leur éloquence pour célébrer dignement, à leur gré, la correction du dessin et l'excellence des matières colorantes ; les vases ornés de « *pivoines mou-tan ou de poules et de poussins pleins de vie et de mouvement* » surpassaient tous les produits antérieurs.

L'époque Tching-hoa nous a légué une série de grands vases qui trouveront toujours des admirateurs frénétiques et qui sont dignes de cette réputation séculaire par l'ampleur du décor et l'intensité du coloris. Les uns dits *lancelle* se composent d'une potiche et d'un cornet superposés ; les autres sont quadrangulaires ou ovoïdes ; quelques-uns ont la forme d'un cornet droit, d'un balustre carré ou d'un balustre arrondi ; ce groupe englobe, en outre, des statuettes de divinités. Les fonds accusent trois nuances principales : jaune, gros vert noirâtre, vert clair limpide (vert d'huile). Les décors comprennent des rochers verts de plusieurs tons, des troncs et des rameaux en violet de manganèse, des plantes, fleurs ou animaux en blanc, bleu, jaune, vert ou violet. Les personnages sont plus rares à cette époque et occupent dans l'ensemble un poste accessoire. Cette fabrication n'a pas cessé avec la chute des Ming, et beaucoup de pièces attribuées à la période Ming sont sorties des ateliers chinois pendant les premières années Khang-hi.

La collection Salting à Londres contient des vases, hauts de 70 centimètres, à fond vert noirâtre, vert d'huile ou jaune, qui sont ornés de rochers verts, de branches de pêcher chargées de fleurs blanches, de tiges fleuries de pivoines, de magnolias, de nélumbos, de boules de neige, etc. ; ils sont marqués Tching-hoa.

Le magnifique vase quadrangulaire, fond jaune, de la collection Poiret à Paris, porte la date de Tching-hoa en bleu sous couverte.

Les types analogues de mon musée sont : un grand vase lancelle ayant 70 centimètres de haut, un grand vase balustre carré (Pl. XV, 42), un vase quadrangulaire (Pl. XIX, 54) et un cornet cylindroïde, fond gros vert tirant sur le noir, avec rochers verts desquels émergent des tiges violacées à fleurs polychromes. Je citerai, en plus, un vase balustre rond et un vase ovoïde (Pl. XVI, 44), fond jaune, sur lesquels se détachent, en couleur, des rochers, des personnages de petite taille, des oiseaux et des plantes. Une Kouan-inn debout porte une robe jaune décorée en émaux polychromes.

J'oublie un vase à panse ovoïde, long col évasé, et piédouche saillant, fond jaune, décor gravé et émaux polychromes ; au col et au piédouche, palmettes dressées ; sur la panse, rochers, tiges fleuries et oiseau perché (Pl. XV, 43).

J'ajouterai un vase à vin ayant la forme du caractère chinois *cheou* (longévité), Pl. XVII, 47, un second vase ayant la forme du caractère chinois *foü* (bonheur), Pl. XVIII, 48, et une buire, fond jaune, avec feuillages, animaux et personnages en couleur, Pl. XVI, 45.

Quelques-unes de ces pièces ont été fabriquées sous Tching-hoa, la plupart ne sont que de superbes reproductions exécutées pendant les premières années Khang-hi. Leurs marques, même apocryphes, sont encore un enseignement précieux puisqu'elles nous donnent la date du type primitif.

Un bol et un compotier, timbrés du nien-hao de Tching-hoa, sont incontestablement de l'époque indiquée.

Bol évasé jaune avec mobilier en couleur. Compotier jaune orné, en vert et en violet de manganèse, d'une rosace centrale, et, au pourtour, de chiens de Fô évoluant au milieu de fleurs arabesques.

Un vase balustre aplati, fond vert, portant des tiges blanches et des fleurs en violet, est une copie faite sous Khang-hi malgré la date de Tching-hoa peinte à la partie inférieure.

Je termine par trois pièces de grand feu : jarre à vin turbinée, fond gros bleu, présentant, enroulé autour de la panse, un dragon gaufré réservé en blanc.

Bol évasé, fond bleu intense, avec dragons gravés.

Vase ovoïde, fond chamois foncé, craquelé, avec anses, arabesques et bordures archaïques en pâte brune ferrugineuse (marqué Tching-hoa).

Les porcelaines bleues sur fond blanc ne sont pas, à cette époque, de première qualité à cause de l'infériorité du cobalt ; beaucoup, du reste, ont été fabriquées sous Khang-hi bien qu'elles portent un nien-hao ming, celles-là sont plus soignées et plus belles.

Les produits céramiques du règne de Houng-tchi (1488-1506) sont représentés dans mes vitrines par un compotier et un bol à fond jaune avec décor bleu. Le compotier est orné de tiges fleuries ; le bol, de dragons ; le bleu de cobalt frappe par une intensité extraordinaire. Ces pièces sont sorties des fours chinois au commencement de Khang-hi ; leur marque chronologique est apocryphe, le doute n'est pas possible.

Le bleu de cobalt de qualité supérieure, dit *bleu des Musulmans*, fut importé en Chine par des Arabes d'Occident pendant la période Tching-te (1506-1522) ; alors, les potiers purent refaire des porcelaines dont le bleu rappelait celui des pièces de Siouen-te (1426) sans toutefois les égaler complètement.

Je lis le nien-hao de Tching-te entre les deux renflements d'une gourde à fond bleu de plusieurs tons sur lequel se détachent des fleurs arabesques blanches ; cette gourde cependant n'est pas antérieure à Kien-long.

Les deux vases suivants, marqués du cachet de Tching-te, doivent être attribués au règne de Khang-hi : Vase balustre aplati, quadrangulaire ; fond violet de manganèse, avec tiges vertes et fleurs blanches. Autre vase, même forme, orné de tiges blanches et de fleurs en violet de manganèse sur fond vert ; seconde édition, avec date différente, du vase décrit sous Tching-hoa.

La période Kia-tsing (1522-1567) est célèbre par le bleu franc et intense de ses pièces non moins que par un rouge brunâtre, *fan hong* dit *rouge d'alun*. Ce rouge, tiré de l'oxyde de fer, fut substitué alors au rouge de cuivre qui avait fait défaut tout à coup.

Les périodes Kia-tsing (1522-1567) et Ouan-li (1573-1620) seront étudiées avec soin grâce aux nombreux échantillons timbrés de nien-hao authentiques qui abondent entre mes mains.

Les monochromes unis ou gravés jouissent déjà d'une grande vogue.

Les fonds blancs de cette époque sont décorés en bleu de cobalt, en rouge de cuivre ou en couleur. Le rouge de fer, le jaune, le bleu, le vert, le violet de manganèse sont les autres nuances ordinaires des fonds ; toutes ces couleurs s'accouplent ou s'unissent pour varier le décor sans jeter aucune note discordante et sans troubler l'harmonie de l'ensemble. On est étonné, maintes fois, de réunions inattendues qui semblent d'abord audacieuses, mais la surprise se dissipe après un examen judicieux en laissant une impression agréable.

Les gris et les bruns craquelés sont chargés d'arabesques bleues ou de motifs en pâte brune.

Vase, fond vert feuille de camellia, avec tige de bambou et branche de pêcher fleuri gravées sous couverte.

Vase fond gris jaunâtre, décoré en bleu de cobalt : bordure fleuronnée, rinceaux arabesques, faux godrons (Kia-tsing).

Bouteille sphéroïdale à large col, fond céladon gris, craquelé : mufles et ornements en pâte brune.

Bouteille piriforme à col court terminé en entonnoir, fond feuille morte, craquelé ; émaux en bleu de cobalt avec pâtes blanches rapportées : rochers et pêcher fleuri en relief.

Boîte carrée à angles rentrants, fond blanc, décor bleu : sur les faces latérales, deux groupes de trois pêches séparés par des rinceaux superposés ; sur le couvercle, branche de pêcher formant le caractère chinois *cheou* (longévité) avec rameaux chargés de fruits (Kia-tsing).

Vase blanc, décor bleu : jeux d'enfants et arbustes alternant ; à l'orifice et à la base, bordure festonnée (Ouan-li).

Grand cornet balustre arrondi avec renflement central sphérique, fond blanc, décor bleu ; à l'orifice, bordure de rinceaux ; au col, palmettes dressées et guirlande de feuillage ; au renflement, quatre corbeilles de fleurs ; à la base, rochers fleuris et bordure ornementale (Ouan-li).

Bol hémisphéroïdal blanc portant un paysage en bleu de cobalt sur lequel se détachent, en biscuit de haut relief non émaillé, quatre groupes de deux *Sien* ou Génies accouplés ; couvercle bombé décoré de personnages en bleu et surmonté d'un chien de Fô en biscuit.

Bol blanc décoré en rouge d'alun : quatre dragons disposés en médaillons circulaires alternant avec des nuages (Kia-tsing).

Vase quadrangulaire avec renflement médian et arêtes saillantes, fond rouge de fer, orné de tiges fleuries en bleu et vert ; grecques en bordure de chaque côté du renflement.

Vase turbiné à base élargie avec couvercle bombé à bouton ; décor jaune sur fond rouge d'alun : dragons dans les nuages au milieu de fleurs arabesques (Kia-tsing).

Bol jaune portant deux dragons en rouge d'alun (Kia-tsing).

Jarre à vin turbinée à base élargie avec petit col fermé par un couvercle à long tube intérieur ; fond jaune, décor bleu : fong-hoangs au milieu de pivoines arabesques (marquée Kia-tsing) ; copie Khang-hi.

Plat jaune, décor bleu : au pourtour, quatre branches chargées de fruits ; au centre, bouquet ; au revers, rosaces et rinceaux (Kia-tsing).

Bol, fond loutre, avec dragons jaunes gravés au milieu de nuages ; à l'intérieur, bordure de dents de loup et arabesques bleues sur fond loutre foncé dans le style persan (Kia-tsing).

Cornet à renflement médian, col évasé et piédouche saillant ; arêtes en relief sur les flancs ; fond jaune, décor violet : fleurs au col et à la base, personnages sur le renflement (Ouan-li). Un second cornet analogue est orné de rinceaux symétriques.

Bol jaune, décor vert : au pourtour, dragons au-dessus des flots ; à l'intérieur, pêcher ayant la forme du caractère *cheou* (Kia-tsing). Un autre bol, mêmes fond, décor et date, est orné de groupes de personnages.

Boîte lenticulaire, fond vert, avec arabesques noires (Kia-tsing).

Gourde verte avec arabesques en rouge de fer (Kia-tsing).

Vase turbiné à base élargie, fond vert : au col, bordure violette gravée ; sur la panse, rochers et tiges fleuries polychromes ; à la base, compartiments à pendeloques (Ouan-li).

Coupe, fond violet de manganèse, décor vert gravé : dragon au milieu de nuages symétriques (Ouan-li).

Un bol de l'époque Tao-kouang (1820-1850), offre la même disposition de couleurs et le même travail. Le soin apporté à la fabrication de ce bol, fait pour le palais du souverain, est visible, cependant il est facile de vérifier combien, dans la coupe, la gravure est plus ferme, la touche plus vigoureuse, la coloration plus soutenue. Pour juger deux époques judicieusement, le plus sûr moyen est de procéder par comparaison.

Les ateliers chinois ont produit sous les Ming une série de bols évasés ou campanulés décorés sur biscuit de trois tiges fleuries. Les principales nuances associées ici sont : le blanc, le jaune, le vert olive ou le vert pré, le brun violacé de manganèse ; l'une forme-t-elle le fond, les autres sont employées dans le décor.

La porcelaine fond blanc de la période Ouan-li se distingue par un aspect tout spécial. La couverte d'un ton légèrement bleuâtre repose agréablement la vue, mais la pâte n'a pas encore revêtu cette tunique d'une blancheur immaculée si séduisante sous Khang-hi et ses deux successeurs.

Les pièces de cette catégorie sont principalement des potiches trapues avec couvercles débordant, des bouteilles piriformes, des cornets droits ou à renflement central, des bols et des plats ; elles portent des personnages, des animaux et des plantes.

Le décor en bleu de cobalt très intense est complété par des couleurs posées après coup et cuites à un feu mitigé. Parmi ces couleurs le rouge et le vert ont une nuance très particulière ; tons un peu heurtés, ils surprennent sans déplaire ; si l'accent est sauvage, l'allure est fière et l'ensemble digne de nos suffrages.

Vase à panse sphérique et long col large et évasé, fond blanc, décor poly-

chrome; sur le col, les Pa-Sien offrant leurs hommages au Chang-Ti représenté
par Cheou-lao sur une grue dans les nuages; sur la panse, l'empereur, assis
derrière une table, donnant audience à un général.

Potiche couverte; sur le col, bouquets; fond mosaïque orné de huit réserves
blanches fleuries, quatre en haut, quatre en bas, alternant avec quatre médaillons
circulaires à paysages et animaux; à la base, faux godrons; émaux polychromes.

Bouteille piriforme à long col, fond blanc, décor polychrome : rochers, tiges
en fleurs et oiseaux.

Je mentionnerai encore les cornets cylindriques avec ou sans renflement
central ainsi que les bouteilles à long col, fond blanc, revêtus d'imbrications
rouges comme d'une armure sur lesquelles s'enlèvent, en couleur, des plantes,
des fruits et des animaux.

Vase cylindrique blanc à imbrications en rouge de fer portant des oiseaux
et des tiges fleuries; sur le col, fond à œil de perdrix rouge avec bouquets;
décor polychrome (Ouan-li).

Porte-bouquet, formé de cinq vases ovoïdes engagés, au centre desquels
s'élève un long col évasé; au sommet de chacun de ces vases ouverture circulaire; fond blanc, décoré d'imbrications en rouge de fer, sur lequel se détachent,
en couleur, des branches chargées de pêches, de grenades et de cédrats; au
col, bordures variées et bambous (Ouan-li).

Porcelaine polychrome imitée au Japon. Ce genre est le type le plus répandu
et le plus populaire de la porcelaine du Japon à décor polychrome; il se distingue par une physionomie spéciale. Les amateurs connaissent bien ces potiches turbinées à base élargie soit à panse ovoïde soit à six ou à huit pans,
dont les couvercles débordant et bombés sont surmontés d'un bouton ou d'une
chimère; Jacquemart les a cataloguées dans la *famille chrysanthémo-pæo-
nienne.* Ces potiches sont accompagnées de cornets droits élancés ou renflés
au centre. Le bleu de cobalt, le rouge de fer et l'or sont les couleurs principales
employées par le potier pour orner un fond bis ou blanc légèrement azuré.
Ajoutons à la palette le vert, le noir et quelques nuances accessoires d'un usage
moins fréquent.

De riches bordures, de somptueux lambrequins, des corbeilles de fleurs, des
tiges fleuries, parfois des personnages ou des poissons, surtout des branches
de pivoines ou de chrysanthèmes se détachent sur les parois du vase et sont

les éléments habituels du décor. Des plats, des compotiers, des assiettes et des bols complètent la série.

Ces pièces céramiques, destinées à l'ameublement, sont très recherchées en Belgique et en Hollande et on y rencontre sur les dressoirs des garnitures de trois potiches et de deux cornets. La plupart de ces porcelaines, décorées parfois avec un luxe inouï, sont originaires du Japon et échapperaient à notre examen, s'il n'existait pas des spécimens chinois de cette espèce. Les pièces chinoises, il est vrai, sont relativement peu nombreuses; elles ne sont pas antérieures à Ouan-li et ont été presque toutes fabriquées dans le Kiang-si; elles l'emportent par la finesse du décor et la qualité de la glaçure sur celles d'Arita, province de Fizen, au Japon. Ici, comme dans bien d'autres cas, le Japon a puisé ses inspirations en Chine, et c'est le potier chinois qui a fourni les premiers modèles. Si le Japon a produit de belles porcelaines de ce genre aux nobles allures, il a fabriqué un grand nombre de pièces sans valeur d'art pour l'exportation et pour les besoins journaliers de ses habitants.

Les imitations japonaises datent du milieu du dix-septième siècle, elles ont pris un tel développement que les pièces chinoises disparaissent et se distinguent à peine au milieu de cette invasion formidable de copies rapportées en Europe par la Compagnie des Indes néerlandaise.

Porcelaine de Long-tsiouen. — Les céladons vert d'eau, sous cette dynastie, n'ont rien perdu de leur qualité. Je citerai une coupe à sacrifice en forme de cloche renversée se terminant par un culot pointu; elle est craquelée et porte, en relief, les Pa-Sien par groupes de deux personnages (Siouen-te). J'ai, de plus, un buffle debout servant de brûle-parfums, et un bol qui est une copie japonaise d'un bol chinois intéressant par son décor : au pourtour extérieur, bordure de grecques et guirlande d'arabesques; à l'intérieur, quatre hauts dignitaires du temps des Thang gravés en creux. J'ai les noms de ces ministres inscrits sur mes tablettes, ce sont d'illustres inconnus au moins pour les Européens, je crains que nos grands hommes modernes ne soient encore plus obscurs pour la postérité.

Lang-yao. — Les rouges *sang de bœuf* les plus renommés sont sortis des fours de Lang qui vivait sous Ouan-li.

Vase turbiné; couverte craquelée et pointillée rouge sang de bœuf avec taches rouges plus foncées

Grand bol, même fond, imitant une fleur de nélumbo formée de quatre rangs superposés de pétales imbriqués et aiguière à large col.

Vase balustre rond, fond gris bleuté craquelé, portant de larges coulées rouge sang de bœuf; anses en têtes d'éléphant.

Vase balustre lobé dont la couverte rouge cerise se rattache à la série des *sang de bœuf*; le fond est un céladon vert d'eau sur lequel le potier a promené son pinceau légèrement chargé de rouge de cuivre. Ce vase a subi postérieurement une seconde cuisson.

Vase ovoïde, fond rouge tirant sur le grenat, craquelé mais non pointillé; couverte *sang de poulet, Ki-hong*.

Bouteille, fond céladon vert d'eau, craquelé, poudré de rouge de cuivre tournant au rose; couverte *fraise écrasée*.

Bouteille, à panse sphéroïdale et long col, fond rouge moucheté de macules verdâtres; couverte *peau de pêche*.

La valeur des pièces de cette espèce est très élevée aujourd'hui quand elles sont sans défaut et en bon état. Grâce à la vapeur et à l'électricité, les déplacements sont fréquents et les nouvelles sont importées dans les diverses parties du globe, même les plus éloignées, avec une rapidité incroyable; le voyage autour du monde en quatre-vingts jours serait taxé de lenteur. Aussi dès qu'un objet est vendu à Paris, Londres ou New-York pour une somme supérieure au taux ordinaire, aussitôt le même prix est coté sur le marché chinois.

Je n'insisterai pas davantage sur la fabrication des Ming, cette description a permis de saisir le caractère propre des porcelaines fabriquées de 1368 à 1620. C'est principalement sous Ouan-li que les céramistes chinois exécutèrent sur la porcelaine, en peinture et en pâte de relief, des sujets licencieux appelés en Chine des *jeux secrets*. Ces figurations obscènes se dissimulent ordinairement à l'intérieur de boîtes parallélipipédiques ou lenticulaires; elles semblent comprendre qu'elles ne doivent pas affronter ouvertement le grand jour. Elles sont rares maintenant parce que la plupart ont été mutilées, oblitérées ou brisées par respect pour les bonnes mœurs. Nous ne nous attarderons pas plus longtemps sur un genre qui a sa place marquée dans l'histoire de l'art, mais qui est blâmable et doit être relégué à l'écart, alors même que les œuvres émanent de mains habiles et attirent par leur mérite.

La porcelaine des Ming a un cachet tout particulier et porte une livrée spéciale; si elle accuse une certaine rudesse d'exécution, ce faible défaut est compensé par la vigueur de la facture et la largeur de la conception. Aussi de nombreux amateurs placent cette époque au premier rang et concentrent sur ses produits leurs plus chères affections.

Le décor se distingue et s'affirme par une exubérance de force et une solidité de ton remarquables; il dénote une sève puissante et une imagination impétueuse; il décèle une ampleur et une virilité poussées parfois jusqu'à la hardiesse et à la témérité; il se formule en nuances d'une telle intensité qu'elles confinent presque à la violence. Le pinceau cependant est assez habile pour côtoyer l'écueil sans sombrer, et cette légère brutalité disparaît tempérée par une virtuosité incroyable qui réussit à effacer toute apparence d'excès. Ces accents mâles et puisssants saisissent, transportent et persuadent. Cinq couleurs principales, en dehors du blanc, caractérisent cette période : le rouge, le jaune, le bleu, le vert et le violet; ajoutons par exception le brun et le noir. Ces couleurs ont une tonalité intense qui frappe, pénètre et ne s'oublie plus; aucune confusion ne se produit avec les nuances analogues employées plus tard. Cette palette restreinte suffit au potier chinois pour traduire ses impressions, exprimer sa pensée et élever l'art du décor à des hauteurs inaccessibles.

Après l'avènement de Khang-hi, la vigueur des tons baisse déjà et fléchit; le vert seul conserve sa merveilleuse limpidité et brille avec plus d'éclat encore; la supériorité et la correction du dessin compensent à peine une énergie moins puissante et un élan affaibli, toutefois la distance qui sépare les deux époques est peu sensible; au moment surtout où l'une finit et où l'autre commence, les analogies sont fréquentes et les confusions sont possibles. Aussi, croyons-nous utile de placer ici une observation importante : sous les Ming tout dessin sur la porcelaine est indiqué par un trait bleu, et cette méthode s'applique même aux personnages. Sous Khang-hi, au contraire, les linéaments du visage, le modelé et les contours du corps humain sont tracés par un trait rouge, les vêtements et autres figurations quelconques par un trait noir. Ces procédés avaient besoin d'être précisés pour notre instruction.

Dès les règnes de Yung-tching et de Kien-long le tableau change, les modifications sont bientôt profondes, la nuance des émaux n'est plus la même. La grâce remplace la force et dégénère promptement en produits un peu précieux, presque efféminés; le charme nous subjugue encore, c'est certain, mais on sent que les allures sont moins mâles, que le pinceau s'affadit; l'harmonie subsiste, survit, domine toujours, mais le danger est imminent, tout annonce la décadence prochaine ; le déclin commence, l'astre pâlit et va disparaître à l'horizon.

Certains amateurs préfèrent les délicatesses de l'époque Kien-long, je ne saurais les blâmer ; d'autres restent froids, mornes, indifférents en présence de ces merveilles capiteuses et n'éprouvent un entraînement irrésistible que pour la porcelaine des Ming si majestueuse dans son allure sauvage, ces derniers n'ont pas tort et je les approuve. Quelques-uns enfin mettent au premier rang la production du temps de Khang-hi et ils ont raison. Je n'exclus aucune de ces périodes, chacune a des qualités spéciales d'un ordre différent, et je les admire sincèrement sans même admettre la supériorité de l'une sur l'autre. La beauté a le don de me captiver toujours et sous toutes ses formes ; reine du monde, elle règne dans le royaume de l'art en souveraine absolue.

N'allez pas croire, au moins, qu'une ligne de démarcation géométrique, inflexible, inexorable sépare brutalement la dynastie chinoise des Ming de la dynastie Tartare qui lui a succédé ou la période Khang-hi de celles Yung-tching et Kien-long ; deux fleuves, après leur jonction, continuent à couler, de concert, sans se confondre et ne perdent la couleur respective de leurs eaux qu'après un assez long parcours.

A la suite d'un changement de dynastie ou de règne, il n'est pas douteux que souvent des modifications surviennent, des progrès s'accomplissent et qu'un style nouveau se substitue à l'ancien ; mais le résultat des efforts communs et des tentatives individuelles n'est pas immédiat, ces remaniements, ces transfigurations, ces mutations s'opèrent graduellement, sans secousse, comme par des infiltrations invisibles. Ainsi la livrée des Ming a survécu incontestablement à la chute de la dynastie chinoise et elle a maintenu son cachet d'originalité durant les premières années du règne de Khang-hi ; toute innovation sérieuse demande en ce monde un enfantement laborieux.

Le même fait s'est produit aux divers avènements de nos rois sur le trône de France pendant les deux derniers siècles, et, dans notre vocabulaire quotidien, les styles Louis XIV-Louis XV ou Louis XV-Louis XVI qualifient un style de transition qui n'est pas encore pur de tout alliage, qui n'a pas encore conquis un titre personnel par des inventions radicales bien définies et par des qualités essentielles nettement tranchées. L'art, comme la nature, procède lentement ; il n'avance pas par bonds, mais par étapes ; *natura non facit saltus.*

Les céramistes, qui ont travaillé sous Ouan-li, n'ont pas tous, en mourant, emporté leurs secrets, leurs méthodes avec eux dans la tombe ; la plupart ont transmis à leurs collaborateurs des procédés, des modèles qui n'ont été abandonnés que successivement et plusieurs années après l'avènement de Khang-hi. C'est pourquoi entre les œuvres émanées des ateliers de ce dernier règne et celles des manufactures des Ming, l'air de famille est si frappant, la parenté est si notable que beaucoup de personnes attribuent aux Ming un grand nombre de pièces sorties des fours chinois de 1662 à 1700. Une longue expérience n'est pas superflue pour établir la distinction entre les deux périodes ; l'époque Khang-hi se reconnaît à une facture moins virile compensée par une exécution plus correcte et plus soignée.

Les renseignements sont muets sur la porcelaine fabriquée de 1620 à 1662, entre la fin de Ouan-li et l'avènement de Khang-hi. Pendant quarante ans environ la Chine fut le théâtre de luttes sanglantes et de discordes intestines qui ne cessèrent qu'avec le triomphe définitif des Tartares Mandchoux ; ce fut une période de marasme et de décadence qui, arrêtant l'art dans son essor, nuisit considérablement au développement de la production céramique. En aucun pays et en aucun temps, les époques troublées n'ont été profitables aux manifestations de l'art ; la Chine apporte ici un nouveau témoignage de cette vérité et vient confirmer pleinement les enseignements de l'histoire.

ÉPOQUE KHANG-HI (1662-1723).

L'empereur Khang-hi gouverna la Chine avec sagesse pendant soixante ans ;
il fut le premier souverain de la dynastie des Thsing (très pure) qui ait été maître incontesté de tout l'empire ; son règne fut, sans contredit, un des plus illustres de la monarchie et un des plus glorieux pour son pays. Les progrès
accomplis dans l'art céramique durant cette période sont importants, et, à ce
titre, cette époque nous intéresse tout particulièrement.

Nous pouvons, désormais, voguer à pleines voiles, nous avons une boussole pour nous diriger. En tenant ce langage, je n'entends pas dire que nous
soyons à l'abri de tous les écueils et que nous puissions naviguer en toute sécurité ; il n'est pas de mer sans tempête ; il n'est pas d'océan qui ne recèle des
rochers dangereux sous la transparence fallacieuse de ses flots. Ne bannissons
donc pas toute prudence, afin de ne pas nous exposer à un naufrage et d'entrer
plus sûrement dans le port ; mais nous n'avançons plus à l'aventure, nous
voyons s'allumer des phares capables de nous guider et de nous empêcher de
sombrer sans secours.

Toute incertitude a disparu, du moins pour l'œil exercé, surtout quand il
s'agit de porcelaines à décor polychrome ; le blanc et la qualité de la pâte, la nature des émaux, leur couleur, la correction d'un dessin plus châtié sont des
pierres de touche presque infaillibles. Le monochrome nous inspire moins de
confiance sous sa robe uniforme, quand aucune glaçure blanche sous la pièce
ne vient dissiper nos hésitations en apportant sa note spéciale, alors une méprise est possible et on peut attribuer aux premières années Yung-tching une
pièce fabriquée fin Khang-hi ou réciproquement ; l'erreur, d'ailleurs, n'a pas
grande conséquence.

La porcelaine décorée, au contraire, trahit difficilement son origine aux yeux du connaisseur, elle porte sur elle sa marque de fabrique et proclame elle-même sa date avec assurance. Sous les Ming déjà l'époque de production peut, en général, être fixée très approximativement; cependant on se trompe et, dans les cas embarrassants, à peu d'exceptions près, il faut reporter aux premières années Khang-hi la plupart des pièces, marquées ou non d'un cachet dynastique, assignées aux manufactures des Ming. Le costume Ming des porcelaines polychromes est souvent un travestissement fidèle opéré par des potiers du temps de Khang-hi.

Il est utile de dire que le blanc de la période Khang-hi est plus franc que celui des autres règnes; le blanc Ming est plus bleuté et le blanc Kien-long est couleur crème.

L'époque Khang-hi est remarquable par l'emploi d'un vert lumineux et profond, tiré du cuivre, dont la transparence et l'éclat sont inimitables; sous aucun autre règne, on n'a réussi à reproduire la translucidité de cet émail vert irisé qui est la caractéristique la plus saillante des porcelaines de cette date.

Sous les successeurs de cet empereur, le vert *Khang-hi* disparaît de la décoration pour céder la place à un vert d'une nature différente, vert plus superficiel, plus terne, ayant perdu cette limpidité si particulière qui enveloppait les compositions d'alors d'une auréole magique.

Nous sommes parvenus à une époque de transition; les traditions de la vieille dynastie chinoise sont encore en honneur. Un peuple ne déchire pas brusquement les pages glorieuses de son histoire quand la fortune adverse favorise un conquérant étranger, et, avant que le vainqueur n'ait assis sa domination et consolidé son trône, plusieurs années s'écoulent pendant lesquelles le vaincu conserve pieusement les traces et le souvenir des jours meilleurs. Les antiques principes et les vieilles méthodes, préservés à grand'peine pendant les quarante années de troubles civils, se sont perpétués en céramique et ont fourni une dernière floraison durant les dix ou quinze premières années du gouvernement réparateur de Khang-hi. Aussi, les pièces suivantes, fabriquées à cette époque transitoire, n'ont pas encore quitté la livrée des Ming, livrée *brillante* de cette *brillante* dynastie, et proclament fièrement par leur beauté les progrès accomplis sous les règnes antérieurs; elles portent le décor ming, qu'elles soient de simples copies ou qu'elles soient des originaux véritables, inspirés par des œuvres anciennes.

Vase quadrangulaire avec col court évasé, fond gros vert tirant sur le noir, décoré de rochers et de branches fleuries polychromes variées. Pl. XIX, 51.

Vase ovoïde à col droit, fond jaune pâle, émaux polychromes; sur le col, plantes et insectes; sur la panse, rocher, pivoines blanches ou violacées et deux fong-hoangs, l'un perché, l'autre volant. Pl. XVI, 44.

Vase en forme de balustre arrondi; col, accosté de deux anses en têtes d'éléphant, fond vert pré avec inscriptions noires; panse vert bleuté ornée d'arabesques en blanc et violet de manganèse; fleurons verts entrelacés sur fond blanc à la base; décor dans le goût persan.

Vase à vin, ayant la forme du caractère chinois *cheou* (longévité) avec anse et goulot imitant la vannerie; fond vert chargé de pivoines multicolores à feuillage noir; au centre des deux faces principales, paysage avec personnages et animaux dans une réserve jaune cernée d'un filet vert. Pl. XVII, 47.

Vase à vin, ayant la forme du caractère chinois *foü* (*bonheur*); anse et goulot simulant la vannerie; fond vert décoré de flots noirs ourlés d'écume blanche; sur les deux faces principales, cartouche central blanc orné de personnages polychromes. Pl. XVIII, 48.

Buire hexagone pour le vin avec panse piriforme et long col évasé, fond jaune, émaux polychromes : sur le col, bordure fleurie et fong-hoangs; sur la panse, médaillons blancs à personnages au milieu d'arabesques; sur le piédouche, rinceaux fleuris; anse imitant la vannerie et goulot orné de fleurs émergeant de têtes de monstres; couvercle surmonté d'un chien de Fô vert. Pl. XVI, 45.

Drageoir composé de treize compartiments mobiles qui, juxtaposés, figurent une fleur de nélumbo épanouie, fond vert, décoré de tiges fleuries et d'oiseaux en couleur. Pl. XXII, 58.

Oreiller parallélipipédique blanc, émaux polychromes : sur quatre faces rectangulaires fong-hoangs au milieu d'arabesques; sur les deux faces carrées, rinceaux en bordure et parois jaunes à bâtons rompus verts offrant un médaillon central ajouré.

Jardinière, formée de deux vasques engagées, ornée de tiges fleuries polychromes sur fond mosaïque jaune et vert.

Petite table rectangulaire sur quatre pieds en têtes de monstres; au centre, carré violet chargé d'arabesques portant un médaillon circulaire vert piqué de noir sur lequel une salamandre jaune évolue autour d'un chrysanthème violet; à chaque extrémité rectangle vert orné de rinceaux noirs présentant une réserve demi-circulaire occupée par la moitié d'un chrysanthème blanc et des feuillages verts qui s'enlèvent sur un fond gros vert. Pl. XXI, 57.

Paire de chiens de Fô couchés, l'un jaune et vert, l'autre jaune, vert et violet de manganèse, portant sur le dos un vase quadrangulaire décoré de fleurs de pêcher blanches sur fond vert caillouté. Pl. IV, 13 et 14.

Coupe de mariage campanulée; anse formée d'une salamandre jaune; fond vert piqué de noir chargé de fleurs ornementales en couleur. A l'intérieur, bordure mosaïque en vert et violet à quatre réserves d'attributs. Pl. III, 10.

Petite tasse à vin à huit lobes, fond jaune, avec bordures verte à l'orifice et jaune à la base, portant huit compartiments ornés de tiges fleuries en couleur; anse formée d'un papillon à ailes jaunes et noires (Pl. XXIV, 67 et 68). La seconde tasse diffère de la première par le décor, ainsi qu'on peut en juger par l'héliogravure.

Vase à vin cylindroïde à côtes formées de tiges de bambou assemblées; décor de branches de pêcher fleuries et d'oiseaux polychromes sur fond vert; anse et goulot en S imitant des rameaux verts; couvercle plat dont la poignée figure un segment de tige de bambou. Pl. XXI, 56.

Grand vase cylindrique pour décoction de prunelles glacée en trois compartiments superposés séparés par une bordure violette à filigranes noirs; sur chaque compartiment, encadrées d'une bande verte avec chrysanthèmes, deux réserves blanches portant des fleurs et des oiseaux en couleur; sommet découpé en diadème avec plantes polychromes dans une bordure verte fleurie. Pl. XX, 54.

Vase cylindrique, décor polychrome : au col, fond vert piqué de noir avec fleurettes et tings coupé par deux réserves blanches à paysage; à l'épaulement, mosaïque à quatre réserves d'attributs; sur la panse, fond vert à étoiles noires chargé de fleurs et de papillons, huit réserves contenant des animaux ou des oiseaux, quatre en forme de feuilles et quatre rectangulaires; à la base, feuilles dressées multicolores. Pl. V, 16.

Vase cylindrique, décor polychrome : sur le col, cachets ronds de longévité entre bordures fleuronnées, filet saillant, le caractère *cheou* et le *svastika* alternant au milieu de bordures de grecques et de fleurons; sur l'épaulement, arabesques sur fond jaune et bande mosaïque; sur la panse, fond vert chargé de rinceaux jaunes et de chrysanthèmes, deux réserves à paysage alternant avec deux médaillons superposés décorés d'un poisson, d'un animal ou d'inscriptions; à la base, faux godrons.

Perroquet sur rocher; tête et bout des ailes fond vert strié de noir, plumage violet de manganèse avec imbrications noires, poitrine vert pâle. Pl. XIV, 41.

Coupe formée d'un calice vert et d'une corolle de pétales jaunes soudés, reposant sur une branche violette dont les rameaux, chargés de feuilles et de fruits en relief, ornent la panse et dont un fragment se contourne en anse. Pl. XXVIII, 81.

Carpe dressée sur la queue émergeant des flots (théière).

Poule avec poussin sur le dos en guise de couvercle; émaux brun, violet, vert et jaune (théière).

Cage à grillons sphérique; parois ajourées fond vert portant cinq réserves circulaires ornées de chrysanthèmes rouges et jaunes et une réserve au sommet avec chrysanthème central dans une bordure verte à fleurettes blanches. Pl. XXIII, 60. Une autre cage analogue est à fond jaune.

Toutes ces pièces sont à *décor polychrome sur biscuit.*

Le vert Khang-hi, déjà si éclatant dans le décor sur biscuit, acquiert une vigueur et une intensité incomparables dans le décor sur couverte; c'est là qu'il se montre dans toute sa splendeur.

A mesure que nous nous rapprochons du dix-huitième siècle, nous parcourons une région mieux explorée et nous voyons surgir çà et là ces magnifiques spécimens sur lesquels le vert joue le rôle prépondérant et nous éblouit tant par le nombre de ses nuances diverses que par la profondeur de ses émaux limpides et par les feux irrisés de ses lustres métalliques. Le vert Khang-hi ne redoute ni rivaux ni imitateurs; il étale ses reflets rubis avec orgueil et éteint par son éclat les verts des autres époques.

Voici quelques échantillons de choix qui permettront de les juger en conscience :

Vase *lancelle,* fond blanc craquelé, décor polychrome : rochers, plantes fleuries, papillons, oiseaux.

Gourde blanche, émaux polychromes; sur le renflement du col, deux médaillons circulaires inscrits dans les caractères *foü* et *cheou* (bonheur, longévité) et ornés des Dieux du bonheur et de la longévité alternant avec deux grues au vol et des branches chargées de pêches; riches bordures aux extrémités du col; sur la panse, bande mosaïque et contrebordure à lambrequins cernés de filets noirs; sur les lambrequins, fond vert piqué de noir, enfants se jouant au milieu de nélumbos fleuris; à la base, guirlande symétrique de nélumbos, large filet jaune et faux godrons verts. Pl. XXVII, 76.

Vase balustre, fond blanc, décor polychrome; au col, bordure mosaïque, palmettes dressées et bande mosaïque ornée de quatre réserves blanches avec enfants; sur la panse sphéroïdale, fond vert piqué de noir et chargé de fleurs, quatre médaillons rectangulaires blancs avec paysages, oiseaux et mobilier; à la base, lambrequins et pendeloques. Pl. XXVII, 77.

Cornet à renflement médian, fond blanc, émaux polychromes : sur le col, deux réserves avec branches fleuries et riches bordures; au centre, deux réserves à bouquets entre bordures variées et palmettes dressées au sommet et à la base des bordures.

Bouteille à panse sphérique et long col, fond blanc, décor en couleur : à l'orifice, bordure verte mosaïque et filet fleuronné à pendeloques; à la naissance du col, palmettes et tiges pointues avec riches ornements; sur la panse, bande verte à œil de perdrix noir rompue par quatre rosaces et quatre réserves de papillons alternant; au dessous, lambrequin cerné de noir portant des rinceaux verts et des arabesques, puis large zone blanche à quatre bouquets; à la base, faux godrons.

Vases sphériques avec couvercles en capsule, fond blanc, décor polychrome : riches lambrequins cernés d'un double filet noir et vert et chargés de bouquets sur fond vert pâle piqué de noir; sur la panse, branches fleuries et papillons; sur le couvercle, rosace avec ornementation identique à celle du lambrequin. Pl. XXVIII, 80.

Bouteille à panse piriforme, large col évasé et piédouche saillant, fond blanc, émaux polychromes : sur le col, palmettes dressées entre bordures mosaïques; sur l'épaulement, fleurs ornementales gravées réservées en blanc sur fond vert piqué de noir au milieu de deux bandes mosaïques; à la panse, bordure rouge chargée d'arabesques blanches, chrysanthèmes de nuances variées se détachant sur rinceaux verts en relief et couronne de feuilles lancéolées; à la base, faux godrons à pendeloques.

Bouteille blanche, décor polychrome : col renflé portant une bordure de dents de loup, des pendeloques, une bande mosaïque et des fleurettes; panse sphéroïdale avec bordure verte piquée de noir sur laquelle se détachent deux salamandres; plus bas, six bouquets.

Vase turbiné, fond blanc avec fleurs ornementales gravées, portant des émaux polychromes; à l'épaulement bande verte à fleurons cernée de rouge; sur la panse : rocher, bambou, pêcher fleuri et oiseaux. Pl. XXVI, 71.

Plat, fond vert piqué de noir, émaux polychromes : lépidoptères variés au milieu de tiges fleuries.

Flacon à parfums, forme amande, fond vert piqué de noir chargé de fleurettes et de papillons en couleur. Pl. XXVI, 74.

Bol blanc, décor polychrome : bordure de plantes et de papillons; au pourtour, réserves limitées par des filets bleus avec oiseaux symétriquement disposés; à l'intérieur, bordure verte mosaïque à quatre réserves d'animaux ou de paysages; sur la chute, quatre réserves encadrées de noir avec animaux ou mobilier; au fond, le Ki-lin.

Vase quadrangulaire, à col carré évasé et piédouche saillant, fond blanc, décor polychrome : à l'épaulement, salamandres rouges sur fond vert piqué de noir ou à filigranes bruns; sur le col et la panse, mobilier en relief; sur le piédouche, fond vert à œil de perdrix noir, rosaces et réserves d'attributs.

Cette période est remarquable par des fonds verts chargés de points ou de filigranes noirs aussi bien que par des fonds blancs piqués de rose; sur ces fonds s'enlèvent des arabesques, des papillons, des insectes et autres motifs polychromes avec des rosaces et des réserves blanches ornées de sujets en couleur. Cet ensemble constitue un décor dont l'harmonie et la richesse défient la contradiction et désarment la critique la plus sévère.

Vase cylindrique surmonté d'un col droit, décor polychrome : sur le col blanc, quatre tings; sur la panse, fond vert piqué de noir et rehaussé de fleurs et de papillons, réserves blanches, de formes variées, avec personnage, animaux, plantes, mobilier et attributs.

Vase analogue au précédent avec ornementation différente des réserves; on y voit figurer un éléphant blanc.

Bol campanulé, fond blanc pointillé de rose avec fleurettes et nélumbos, portant quatre réserves, en forme de feuilles, occupées par des plantes en couleur; à l'intérieur, bordure mosaïque coupée par quatre médaillons à paysage.

Vase cylindrique, décor polychrome; sur le col, fond blanc piqué de rose et chargé de dessins symétriques, deux réserves à mobilier; sur l'épaulement, fond vert filigrané, quatre rosaces alternant avec quatre réserves fleuries; sur la panse, fond vert avec filigranes noirs portant des salamandres et des fleurs arabesques, réserves blanches occupées par des animaux et des plantes.

J'ai déjà signalé le fond rouge de fer avec arabesques blanches, je citerai deux beaux échantillons de ce genre.

Vase *lancelle*, fond rouge de fer à rinceaux blancs sur lequel se détachent des pivoines ornementales multicolores.

Vase à eau ; panse sphéroïdale avec col droit et court ; anse en forme de dragon blanc à tête jaune ; émaux polychromes : au col, salamandres au milieu de rinceaux blancs sur fond rouge de fer ; sur la panse, fond violet filigrané, tête de monstre et deux réserves blanches à bouquets entre bordures ornementales. Pl. XXVI, 72.

Toutes les pièces décrites sont des exemples irréprochables ; leur beauté frappe et persuade les plus intransigeants, la conviction est infaillible.

On aura remarqué que j'ai été entraîné à bouleverser, dès le début, l'ordre normal de classification ; on cessera d'être étonné de cette infraction à la règle quand j'aurai expliqué les raisons qui m'ont guidé en cette circonstance. Le vert Khang-hi a droit à cette préséance et à cette primauté puisqu'il domine toute cette époque et rejette au second plan tous les autres éléments de décor. Je répète donc, pour éviter tout reproche ultérieur, que je serai obligé, maintes fois, de m'écarter de la nomenclature sèche et de la règle stricte d'un catalogue. Notre excursion ne sera que plus pittoresque et plus agréable en rompant la monotonie d'un classement méthodique, tel que l'exigerait la hiérarchie inflexible.

Les monochromes nous retiendraient longtemps et sans profit appréciable s'il fallait repasser en revue toutes les nuances définies avec précision dans un chapitre précédent. Bien que la gamme entière soit représentée ici, je me bornerai à quelques exemples de choix.

Blanc. Vase quadrangulaire ; au col, feuilles dressées ; sur la panse, dragon dans les nuages au-dessus des flots ; décor en relief.

Théière, en forme de fruit, avec tiges feuillues en relief ; Kien-yao.

Vase à eau formé de deux litchis accolés attachés au rameau servant de pied. Le litchi est un fruit des tropiques.

Céladons. Le céladon vert d'eau mérite une prime d'honneur. Les céladons sans décor polychrome devraient strictement figurer seuls ici, je préfère épuiser la matière plutôt que d'être obligé d'ouvrir plus loin un nouveau paragraphe pour la série des céladons ornés de motifs en couleur.

Vase piriforme, fond céladon vert d'eau gaufré ; bordure filigranée, bande de dents de loup surmontée de fleurons et dragon dans les flammes ; Long-tsiouen-yao.

Bouteille, fond céladon vert, avec personnages en bleu et en relief.

Gourde, même fond, ornée de fruits en rouge de cuivre et de feuillage en bleu de cobalt.

Vase turbiné, même fond, avec quatre réserves blanches à décor bleu.

Pitong cylindrique, même fond chargé d'arabesques gaufrées, portant quatre médaillons blancs circulaires avec Génies sur des monstres marins au milieu de nuages ; décor en bleu et rouge.

Le vase suivant est une vraie curiosité : sur un fond céladon vert d'eau se détache, en bleu de cobalt, le tronc noueux d'un saule séculaire au milieu de vapeurs rouges tirées du cuivre ; cette brume rouge frappe par son étrangeté et laisse une impression favorable. Une fée bienfaisante semble avoir présidé à la fabrication magique de cette pièce ; en tout cas, la part du hasard dans sa réussite est considérable. M. Lauth nous fournit l'explication du phénomène par ses observations personnelles. Lorsque, pendant la cuisson, un vase à fond céladon vert d'eau, qui est à base de fer, est placé dans le four à proximité d'un vase émaillé en rouge de cuivre, il est fréquemment coloré par le cuivre qui se volatilise et se fixe sur la couverte ferrugineuse en raison d'une tendance naturelle.

Mentionnons encore un vase piriforme d'un aspect bizarre ; on croirait avoir sous les yeux la palette d'un peintre. La panse fond céladon vert est parsemée de larges taches accolées et comme jetées au hasard soit blanches, soit rouges ou bleues en deux nuances ; l'ensemble étonne, mais la surprise ne déplaît pas ; en Chine, l'imprévu est la règle.

Le bleu d'empois occupe partout un rang honorable et envié, il n'est pas inférieur au vert d'eau et ne craint aucun voisinage ; cette nuance aimable n'est déplacée nulle part.

Théière sphéroïdale, fond bleu d'empois, avec oiseaux perchés sur une branche en bleu foncé.

Vase turbiné, même fond, avec dragons dans les flammes en bleu foncé.

Vase ovoïde, même fond, décoré en bleu de cobalt et rouge de cuivre : chrysanthèmes à pétales blancs cernés de rouge, bambou, champignons et oiseau perché.

Vase balustre arrondi, fond bleu d'empois, décor polychrome en léger relief : grue et papillons au milieu de nélumbos fleuris. Pl. XXIV, 65.

Bouteille à panse turbinée et long col, fond bleu d'empois, avec gravures sous couverte à l'épaulement et à la base ; autour du col, resté blanc, s'enroule un dragon bleu et rouge.

Nous ferons connaissance avec les céladons de fer, *poussière de thé,* sous les règnes suivants.

Rouge. Cette série se recommande par la variété des nuances et la beauté des pièces. Nous parlerons en premier lieu des *rouges de cuivre.*

Vase bursaire à panse sphéroïdale et col court, fond rouge de cuivre en deux tons superposés ; à l'épaulement, en relief, quatre lépidoptères blancs avec anneaux.

Vase cylindrique, fond rouge brunâtre maculé de vert portant sur deux rangs superposés, quatre par quatre, huit médaillons circulaires blancs occupés par des personnages bleus qui alternent avec des dragons de même couleur ; sur le col, palmettes blanches dressées ; sur l'épaulement, trois dragons bleus.

Les *sang de bœuf* de la période Khang-hi ont une valeur incontestable, cependant leur qualité est inférieure à celle des Lang-yao de l'époque Ouan-li.

Le *sang de poulet,* les *foies de cheval* ou *de mouton,* les couvertes *fraise écrasée* et *peau de pêche* sont également estimés à cette date ; c'est même sous ce règne que la *peau de pêche* obtient ses meilleurs succès.

Gourde rouge *fraise écrasée.*

Boîte lenticulaire ; couverte *peau de pêche* (marquée Khang-hi).

Vase hémisphérique en forme de dôme ; couverte *peau de pêche* avec trois médaillons ronds gravés, figurant deux salamandres hiératiques enroulées (marqué Khang-hi).

Vase ovoïde blanc décoré de deux dragons dans les flammes en rouge de cuivre maculé de vert (couverte *peau de pêche*).

Le *rouge de fer* s'offre à nos regards sous des auspices favorables soit uni, soit enrichi d'une parure d'or ou d'émaux polychromes.

Bouteille sphérique à long col, fond rouge de fer agatisé avec arabesques en or.

Compotier rouge brique avec fleurs ornementales bleues ; marqué Siouen-te, copié sous Khang-hi.

Bol hémisphérique, fond rouge orangé, décor en couleur et en or : jeux d'enfants dans un paysage (Palais d'Été).

Un bol identique existe dans la collection avec le nien-hao de Tao-kouang (1820-1850). La copie ne peut pas supporter le voisinage du modèle ; le dessin est correct, mais les émaux n'ont plus ni la même vigueur, ni le même coloris chaud et profond ; elle a cependant été exécutée pour le Palais, ce qui implique que l'artiste y a mis toute sa science.

Le *rouge corail* est une des merveilles de cette série ; tout éloge est superflu pour célébrer sa royale beauté et les amateurs se disputent les belles pièces avec acharnement. Je partage trop complètement leur enthousiasme pour critiquer les hauts prix que les spécimens d'élite atteignent dans les transactions.

Décor polychrome direct. Vase cylindrique, fond rouge corail, décor polychrome ; sur la panse, les trois Personnages de la Trinité inférieure Taoïque : *Yu-Wang-Chang-Ti,* chef du ciel ; à droite, *Nan-Kieu-Lao-Dzin,* appelé aussi *Cheou-Lao,* dieu de l'étoile du Sud et de la longévité ; à gauche, *Limpao,* dieu de la providence, ayant un enfant dans les bras et un autre près de lui. Pl. VI, 17 et 18.

Grand plat, mêmes fond et décor : deux axis au pied d'un pin sur lequel est perchée une guenon ; bordure fleuronnée.

Décor polychrome en réserves. Bouteille subconique à piédouche saillant et long col évasé, fond corail, offrant, sur la panse, deux grandes réserves blanches occupées par des personnages en couleur.

Décor bleu direct. Vase piriforme à large col évasé et piédouche saillant, fond corail, portant réservés en blanc et décorés en bleu : sur le col, deux philosophes ; sur la panse, personnages ; sur le piédouche, nuages.

Bol cylindro-ovoïde, même fond, avec grues dans un paysage en bleu de cobalt (marqué Khang-hi).

Le rouge de fer est employé comme seul décor sur des fonds blancs avec addition parfois de quelques touches d'or et de vert.

Vase cylindrique avec mobilier.

Vase à long col avec dragons.

Bouteille à panse sphérique et long col, fond blanc, décor en rouge de fer et en vert : deux poissons émergeant des flots et dévorant des fleurs qui tombent d'un pêcher ; c'est une pièce de cadeau. Le décor est un souhait de hautes dignités pour le destinataire.

Compotier orné d'un poisson rouge.

Fond abricot. Compotier divisé en huit compartiments portant, chacun, un enfant sur une feuille verte de nélumbo ; double bordure rouge avec arabesques blanches ; au centre, rosace dans un médaillon blanc.

Le *jaune* est remarquable par sa pureté et la variété de ses nuances.

Bouteille turbinée à long col accosté d'anses tubulaires, décor vert : sur le col, palmettes dressées, bordure de grecques gravées et lambrequins avec têtes de monstres archaïques ; sur la panse, guirlande arabesque ; à la base, bordure fleuronnée.

Bol jaune paille, décoré, à la base, de flots verts gravés (pièce très fine).

Vase turbiné à col cylindrique accosté d'anses tubulaires, fond jaune craquelé à reflets métalliques, portant des dragons et des fleurs ornementales gravés dans la pâte et décorés en brun et vert.

Vase formé de deux fruits engagés, fond jaune à surface granulée ; anse supérieure violette figurant une branche chargée de rameaux feuillus adhérents aux fruits ; au sommet, sur l'un, couvercle plat avec salamandre verte ; sur l'autre, chrysanthème vert ajouré dont le centre est occupé par un caractère chinois. Pl. XXIII, 64.

Bol, fond jaune pâle, sur lequel se détachent des bâtons rompus blancs en relief et quatre réserves blanches à plantes polychromes ; intérieurement, quatre bouquets.

Bouteille côtelée jaune ; autour du col, salamandre verte en relief tenant une tige en fleurs.

Nacelle, formée d'un pétale jaune de nélumbo, portant un philosophe, vêtu de jaune, étendu sur une feuille verte de lotus (Pl. XVIII, 49). Un second exemplaire analogue diffère par la couleur blanche du pétale.

Le *jaune d'anguille, chen-yu-hoang,* 鱔 魚 黃 est une innovation de cette période. Cette nuance, voisine de la couleur jaunâtre du dos de l'anguille ou de la murène, est un jaune plutôt clair sillonné de veines brunes.

J'ai deux jolis spécimens du genre, l'un pâle, l'autre foncé. Un troisième d'une régularité parfaite rappelle, par le fond, le ton de la châtaigne mûre chargée de stries noirâtres.

Fond café au lait. Les fonds café au lait et feuille morte sont des teintes intermédiaires entre le jaune et le brun.

Vase ovoïde, fond café au lait, avec deux lambrequins bruns en saillie.

Vase cylindrique, même fond, décor bleu : deux réserves rectangulaires avec poisson émergeant des flots inscrites dans le caractère *cheou* (longévité).

Bouteille en biscuit émaillé ; long col, renflé à l'orifice avec déversoir en bec, orné de tiges fleuries en bleu ; panse sphérique, fond café au lait, portant des raies creusées en spirales.

Plat, fond café au lait, décor polychrome : au pourtour, trois dragons dans les flammes ; au centre, dragon vu de face.

Plat analogue avec rochers, pivoines et branche de pêcher en fleurs.

Bol hémisphérique, mêmes fond et décor : au pourtour, mandarin prêt à monter sur une jonque.

Bol évasé portant huit tings variés ; à l'intérieur, bordure verte quadrillée à quatre réserves de mobilier, et, au fond, ting sur un socle.

La distinction entre le café au lait et la feuille morte est presque imperceptible dans les tons extrêmes ; le degré exact de séparation entre le café au lait foncé et la feuille morte claire est indéterminé et nécessairement un peu arbitraire ; mais ici une précision rigoureuse n'est pas indispensable.

Fond feuille morte. Il était déjà connu sous les Ming ; ce fait est attesté par un compotier de la collection timbré du nien-hao de Tching-hoa. Notre compotier a été copié à l'époque Khang-hi sur un modèle ancien.

Vase cylindrique, fond feuille morte craquelé, portant une branche de pêcher fleuri et un oiseau en bleu de cobalt et en pâte blanche rapportée.

Une belle assiette de cette série est décorée, en couleur, de bégonias, de graminées et d'un papillon ; un bol est orné dans le style persan, un autre porte des objets mobiliers. Des pièces craquelées de cette nuance sont chargées de tiges fleuries ou de motifs en bleu de cobalt. D'autres n'ont pour toute décoration que des grecques ou des fleurons et des anses formées de mufles en pâte brune non vernissée, mais leur costume sombre est rehaussé par les feux chatoyants de leurs reflets irrisés ; ce costume serait agréé par les Jansénistes.

Brun. Les fonds capucin et chaudron, les couvertes brune à pointes métalliques ou marron à paillettes étincelantes imitant l'aventurine se rattachent à cette tonalité ; les variétés sont nombreuses. Ce genre a été cultivé avec succès pendant cette période et sous les deux empereurs subséquents.

Les vases suivants sont rares et précieux : l'un, fond brun, est orné d'animaux fantastiques couleur marron au milieu de feuillage vert.

 23

L'autre sphérique à long col, fond jaune d'ocre foncé, porte un dragon dans les nuages décorés en brun noirâtre.

Bleu. Le bleu de cobalt mérite toutes les sympathies et a contribué, dans une large mesure, à la gloire du céramiste chinois ; il se présente avec distinction pendant cette période qui est une des belles époques de fabrication.

Dans un concours sérieux, le bleu de cobalt disputerait chaudement la palme au fameux vert Khang-hi et probablement il obtiendrait le premier prix ; en Chine, en Angleterre et en Amérique sa victoire est assurée et je ne contesterai pas cette royauté loyale et juste.

Il est inutile de décrire des pièces en bleu uni ou gravé, j'ai hâte d'arriver au bleu fouetté, si estimé des connaisseurs.

Paire de vases ovoïdes avec couvercles bombés ; fond bleu fouetté à quatre réserves blanches, lobées, contenant des paysages ou du mobilier en camaïeu bleu.

Paire de vases cylindriques, fond bleu fouetté, chargé d'arabesques en or, portant quatre réserves blanches rectangulaires décorées de branches fleuries et d'oiseaux polychromes. Pl. XXV, 70.

Une paire semblable a été vendue à Londres, l'an dernier, plus de 20,000 francs aux enchères publiques.

Vase ovoïde, à col évasé, même fond, portant trois poissons rouges à écailles noires au milieu de poissons et de plantes marines en or.

Vase analogue avec poissons blancs à écailles rouges.

Bouteille piriforme, même fond, avec trois chiens de Fô en rouge de cuivre maculé de vert (couverte *peau de pêche*).

Bol bleu fouetté portant deux tiges de pêcher réservées en blanc avec touches en rouge de cuivre ; à l'intérieur, bordure et médaillon central ornés de fleurs de pêcher blanches sur fond bleu.

Bol bleu fouetté, décor en gros vert et en violet ; bordure ornementale, quatre fong-hoangs au vol et faux godrons.

Vase ovoïde, même fond, avec arabesques gravées réservées en blanc ; échantillon d'un goût exquis. Pl. XXVIII, 78.

Bleu d'empois. Il en a été question sous la rubrique des céladons.

Je continuerai cette revue de l'époque Khang-hi en m'occupant des porcelaines blanches décorées en bleu de cobalt et en rouge de cuivre ; particulièrement renommées durant cette période, elles ne sont pas indignes de leur ancienne réputation. Les spécimens de ce genre sont nombreux, néanmoins je restreindrai mes citations à ceux qui sont indispensables.

Blanc et bleu de cobalt. Vase ovoïde blanc avec personnages en bleu.

Bouteille piriforme à long col, fond blanc, décor bleu : sur le col, plantes et mobilier; sur la panse, paysage avec personnages dans une bordure de feuillage fleuri.

Le *décor à fleurs de pêcher* improprement appelé, en Angleterre, *haw-thorn, may-flower, fleur d'aubépine,* est, en première qualité, un des types les plus séduisants; malheureusement les belles pièces bien agatisées, revêtues de ce manteau royal, sont rares, aussi sont-elles cotées aujourd'hui, surtout sur les marchés de Londres et de New-York, à un tel prix, que les princes couronnés et les millionnaires seuls ont les ressources pécuniaires suffisantes pour les acquérir. Les *fleurs de pêcher,* en seconde et troisième qualité, sont abordables pour toutes les bourses, mais les gourmets les délaissent et les délicats les rejettent avec mépris ou indifférence, il leur manque cet arome capiteux qui grise et amène une obsession sans merci, un désir de possession irrésistible; le peu qui fait défaut à certaines pièces pour atteindre la perfection est justement ce rien presque insaisissable, si difficile à percevoir et à analyser, qui néanmoins constitue un abîme sans fond; l'amateur véritable me comprendra sans autre explication.

Beau vase ovoïde, fond bleu agatisé et caillouté, portant des branches de pêcher fleuries réservées en blanc; couvercle en capsule bombé. Pl. XXIV, 64.

Les porcelaines *Fen-ting* de ce règne sont presque aussi belles que celles des Ming; l'exécution est précieuse et la nuance du bleu est exquise.

Vases à eau ornés de personnages ou de dragons, etc.

Blanc et rouge de cuivre. Vase turbiné à base élargie, fond blanc, décor en rouge de cuivre : à l'épaulement, bordures ornementales à compartiments; sur la panse, trois rameaux chargés de feuilles et de fruits; à la base, palmettes dressées.

Vase à eau sphéroïdal blanc avec fleurs rouges à feuillage vert. Pl. XXIII, 59.

Blanc, bleu de cobalt et rouge de cuivre. Bouteille avec bordure de rinceaux fleuris; sur la panse, trois chiens de Fô jouant avec des balles; à la base, fleurettes et rinceaux.

Bouteille piriforme à long col portant des chiens de Fô au milieu de nuages et de flammes symboliques.

Vase piriforme à large ouverture ; sur le col, grecque coupée par quatre anneaux blancs en relief ; sur la panse, trois bandes d'ornements archaïques ; à la base, bordure de rinceaux.

Le *bleu turquoise* est très estimé à cette date et à juste titre ; il est souvent légèrement verdâtre.

Vase piriforme à large ouverture circulaire, fond bleu turquoise truité ; anses en têtes d'éléphant ; dessous de la pièce émaillé.

Bouteille, même couverte, ornée d'arabesques gravées sous émail.

Coupe formée d'une feuille de nélumbo repliée sur elle-même et présentant des nervures en relief ; même glaçure.

Cornet, fond bleu turquoise, décor gaufré ; au sommet et à la base, palmettes dressées ; au renflement central, ornements hiératiques entre deux grecques.

Petit vase balustre, même couverte, avec personnages et bananiers en relief ; anses en têtes d'éléphant.

Pitong cylindrique, formé de tiges de bambou assemblées, sur lesquelles se détachent, en relief, un pin et un pêcher.

Pitong quadrangulaire, décor ajouré, fond bleu turquoise : bouquet sur chacune des quatre faces.

Le bleu turquoise est, maintes fois, associé au bleu de cobalt et toujours avec succès.

Vase balustre carré aplati, fond bleu turquoise truité, marbré de larges taches en bleu de cobalt.

Voici une jolie variété de ce décor :

Vase, fond blanc truité, portant des coulées en bleu turquoise mélangées de bleu violacé.

Petit vase balustre hexagone aplati, fond bleu turquoise, orné de branches fleuries en bleu de cobalt.

Cette catégorie comprend encore une bouteille, fond bleu turquoise truité, avec mobilier en bleu foncé tirant sur le noir, un flacon tabatière avec dragons dans les nuages d'un noir bleuâtre, et un vase ovoïde avec bordure de grecques noires, portant trois bandes bleu turquoise truité unies qui alternent avec trois bandes gros vert noirâtre sur lesquelles se détachent, en relief, des ornements archaïques bleus.

Ces trois pièces datent de la fin de Khang-hi.

Violet. On a également sous ce règne fabriqué de beaux spécimens de cette nuance.

Vase à vin, forme théière, simulant un segment de tronc de bambou.

Vase turbiné à base élargie et saillante portant des tiges fleuries gravées sous émail; ton violet pensée très intense.

Bouteille sphérique à long col, fond violet moucheté de violet plus pâle.

Compotier avec dragons gravés qui se montrent plus visibles sous une faible couche d'eau.

Vert. Cette série est importante à cause de ses nombreuses variétés et du rôle considérable joué par le vert à cette époque.

Vert d'huile, yeou-lu-yeou, 油 綠 釉. La collection a réuni plusieurs pièces superbes de cette catégorie; elles sont assez rares.

Réservoir à eau, en forme de pêche de longévité, fond vert d'huile, avec fleurs et papillons polychromes; anse et goulot jaunes, maculés de taches brunes, imitant une tige chargée de rameaux feuillus qui adhèrent au fruit. Pl. XXVIII, 79.

Paire de cornets à renflement médian, fond vert d'huile, décor en bleu de cobalt avec touches de jaune et de violet : trois paysages superposés séparés par des grecques. Pl. XIX, 52.

Ce fond est parfois décoré uniquement en bleu de cobalt : assiette ornée de deux dragons dans les flammes en bleu sur fond vert d'huile.

Vert feuille de camellia. Mes vitrines contiennent des bouteilles, des compotiers, des bols, etc. de cette qualité. Ces pièces, à couverte truitée unie ou gravée, ne demandent aucune description. Les spécimens suivants sont curieux en raison des sujets peints sous couverte en noir ou plutôt en bleu foncé; ils ont été exécutés au commencement du dix-huitième siècle.

Vase ovoïde, fond vert camellia, décor noir : barque abritée par une tente et chargée de personnages attablés qui naviguent à l'ombre d'un saule.

Vase analogue plus petit représentant un paysage accidenté et aquatique.

Émail vert pâle. Voici deux exemples de ton différent.

Godet à eau lenticulaire, fond vert pâle, avec salamandres brunes.

Compotier orné d'arabesques et de fong-hoangs au trait rouge sur fond vert bleuté pâle.

J'ajouterai un petit vase en forme de fleur de magnolia verte dressée sur une tige violette qui sert de pied. Pl. XXVI, 73.

Émail gros vert. Cette couverte est représentée dans mon musée par une superbe gourde orbiculaire aplatie; des salamandres hiératiques au milieu de rinceaux arabesques se détachent en vert pâle sur un fond noir qui n'est autre que le gros vert tirant sur le noir de la période Tching-hoa.

Cet émail gros vert est parfois moucheté de vert pâle. Je citerai, en ce genre, une bouteille ovoïde à long col sans décor, et un bol rare dont le fond identique est coupé par quatre réserves blanches circulaires contenant des personnages polychromes.

Vert bouteille. Les pièces de cette nuance ne sont pas communes, leur fabrication est spéciale à ce règne.

Vase quadrangulaire à pans coupés avec large col droit; fond vert bouteille chargé d'arabesques violettes; sur le col, quatre réserves blanches avec fleurs en couleur; sur la panse, huit réserves rectangulaires, superposées deux par deux, avec paysages et personnages polychromes; sur chaque pan, trois réserves blanches à salamandres rouges; sur l'épaulement, quatre papillons. Pl. XX, 53.

Vase cylindrique, fond vert bouteille chargé de fleurs ornementales violettes et portant quatre réserves rectangulaires en bleu fouetté à inscriptions d'or; sur le col, caractères *cheou* entre bordures fleuronnées; sur l'épaulement, quadrillé à quatre réserves avec chrysanthèmes dorés; à la base, pétales dressés.

Vase lancelle, fond vert bouteille, décor en bleu et violet : rochers, arbustes fleuris, oiseaux.

Vert oseille. Vase turbiné remarquable par l'intensité de la coloration due à une couche subjacente de rouge.

Vert olive. Bouteille monochrome et vase à eau maculé de brun.

Vert de peau de serpent, che-pi-lu. Il est représenté par plusieurs pièces de la série des *soufflés*, fond vert pâle à taches bleuâtres simulant la peau mouchetée du ventre de la couleuvre.

Vase à panse cylindrique avec long col évasé et piédouche en saillie, etc.

Ce genre nouveau prend des développements sous Kien-long et offre dès lors des variétés multiples.

Fond noir mat. Flacon tabatière avec pampres et loirs réservés en blanc et modelés par des hâchures brunes.

Fond noir à macules brunes. Bouteille avec personnages en pâte jaune rapportée.

Flambés. Je décrirai de nombreux échantillons de cette espèce sous Yung-tching et Kien-long, nous serons arrivés à une des plus belles époques de ce genre de production et notre arrêt sera prolongé avec raison. Néanmoins les porcelaines flambées de la période Khang-hi ne doivent pas être rejetées à l'écart, elles peuvent même être signalées avec justice, elles occupent déjà une place importante, et les progrès réalisés durant ce règne ont préparé les voies aux succès obtenus sous les deux empereurs qui ont gouverné la Chine de 1723 à 1796. Nous étudierons donc avec soin les flambés de cette date, ayant de nombreux spécimens sous les yeux et dans nos vitrines.

Le *rouge haricot* est uni ou sillonné soit de veines soit de coulées bleues, violacées ou grises.

Gourde orbiculaire aplatie avec long col et piédouche saillant; sur l'épaulement, deux oiseaux en relief formant les anses; couverte flambée rouge de cuivre; sur le couvercle, chien de Fô.

Vase quadrilatéral à pans coupés sur les arêtes; émaux rouge, violet et gris jaunâtre.

Vase en forme de *ling-tchi* chargé de petits champignons sur les flancs; rouge flambé avec veines bleues et taches jaunes; intérieur bleu.

Bouteille piriforme, fond gris mastic, sillonné de coulées bleues et rouges.

Bouteille piriforme côtelée, fond gris craquelé; couverte dans la tonalité du violet de la peau d'aubergine (rare).

Vase quadrilatéral à reliefs, fond gris verdâtre, avec coulées brunes.

Ting sphéroïdal orné d'une salamandre en relief; émaux craquelés rouge haricot et vert olive.

Vase piriforme à large col évasé; anses en têtes d'éléphant; couverte flambée verdâtre, craquelée, sillonnée de traînées irrégulières rouge haricot et vert olive.

Gourde vert olive veiné de bleu.

Bouteille rouge flambée sur fond céladon vert d'eau qui porte trois groupes de feuilles en bleu de cobalt; le rouge de cuivre a été appliqué sur une pièce déjà cuite et a nécessité une cuisson supplémentaire; l'essai a réussi à souhait, l'inspiration a été heureuse, ces tentatives ne sauraient trop être encouragées.

ÉPOQUES YUNG-TCHING (1723-1736) ET KIEN-LONG (1736-1796).

Nous avons quitté le dix-septième siècle illustré par des artistes du plus haut goût en céramique et nous abordons le dix-huitième qui n'a pas brillé d'un moindre éclat pendant les 75 ou 80 premières années, mais qui ne put soutenir jusqu'à son déclin le poids de ses succès multipliés. La décadence est imminente avant la fin du règne de Kien-long. Les potiers chinois ont rarement été mieux inspirés que pendant les dernières années de Khang-hi ou durant la période Yung-tching; c'est l'époque où le carmin et le rose, obtenus l'un et l'autre du chlorure d'or, firent leur apparition sur la céramique et prirent bientôt un essor rapide. Cette innovation importante apporta dans le décor une variété nouvelle, innovation capitale dont la palette chinoise a su tirer les plus heureux effets toutes les fois qu'elle n'a pas dépassé la mesure; l'abus, en toute circonstance, est un excès blâmable et la Chine n'a pas toujours évité cet écueil.

La porcelaine traversa une ère de prospérité sous l'empereur Yung-tching qui n'occupa le trône paternel que durant treize années, période bien courte qui laissa cependant dans l'art céramique une trace indélébile. Les plus longs règnes ne sont pas toujours les plus utiles à l'humanité! Les produits kaoliniques, sortis des fours chinois et surtout de ceux de King-te-tchin à cette date, sont des modèles parfaits qui se recommandent par la pureté de la matière, la grâce des formes et le précieux fini du décor; ils n'ont jamais été surpassés.

Kien-long, le grand monarque qui succéda à Yung-tching, aimait la porcelaine et estimait particulièrement les flambés; il protégea la céramique avec une munificence royale.

Rendons un hommage public au goût délicat et au talent de deux hommes qui dirigèrent longtemps la manufacture impériale. Nien et Thang connaissaient à fond la nature des terres à porcelaine, apportaient un soin scrupuleux dans le choix de la matière première, appréciaient les effets et l'action du feu avec une perspicacité incroyable; aussi tant qu'ils restèrent à la tête des ateliers de l'État, King-te-tchin produisit des merveilles. Payons un tribut d'admiration et de reconnaissance à ces artistes éminents et au monarque éclairé qui les encourageait dans leurs travaux et les couvrait de sa protection.

L'astre de la poterie kaolinique brilla d'un éclat incomparable, comme un météore lumineux, pendant 40 à 50 ans sous Kien-long, puis il se perdit peu à peu dans les brouillards et finit par disparaître au milieu d'un ciel nuageux dans une éclipse presque totale vers la fin du règne.

Le beau vert Khang-hi dégénère après la mort du grand empereur; il n'a plus ni la même profondeur ni la même translucidité, il est relativement pâle et superficiel; il est déchu, en partie, de sa puissance souveraine et n'a plus cette prépondérance sans rivale qui lui assurait la victoire; il est anémique en quelque sorte. S'il tient encore un rang honorable, il n'a plus ce rayonnement vainqueur et ce prestige qui éloignait toute concurrence; il ne possède plus ni le même bouquet capiteux ni la même saveur enivrante. Le carmin et le rose, nouveaux venus dans la décoration, nous attachent par mille délicatesses exquises et par l'attrait de la nouveauté, mais leur beauté n'a pas suffi pour condamner à l'oubli le vert de la période précédente. Ce vert radieux ne s'entourait que de nuances de second ordre pour former son cortège, ou plutôt il les éclipsait toutes avec autorité; seul il suffisait à écarter les rivaux jaloux et à affirmer royalement son empire incontesté. On jugera la question sans appel en comparant une pièce de la période Khang-hi avec un vase fabriqué sous Yung-tching.

Bouteille à panse piriforme avec long col à renflement médian, fond blanc, émaux polychromes; sur le col, arabesques et caractères de longévité entre deux bordures; sur la panse, bande de dents de loup, larges lambrequins verts piqués de noir portant des fleurs et des lépidoptères, pendeloques et cachets ronds de longévité. Pl. XXIX, 83.

Ce magnifique échantillon démontre, par un témoignage irréfutable, que le vert a perdu beaucoup de son intensité et de sa transparence bien que le décor conserve encore des qualités du plus haut prix: le vert Khang-hi a disparu sans retour. Il est regrettable que les procédés connus ne puissent pas reproduire les nuances véritables, on se rendrait aussitôt un compte exact de la différence des verts en se reportant au n° 76 de la Pl. XXVII.

Cependant, parmi mes vases, il en est un, fond blanc, orné de tiges fleuries polychromes, qui est remarquable par la limpidité du vert et qui a été fabriqué vers le commencement de Yung-tching; un vert aussi translucide est une exception à cette date.

Nous entrons dans une période de grâce et d'harmonie qui nous réserve des jouissances d'un ordre bien différent, mais nous n'entendrons plus que dans un vague lointain l'écho des accents mâles et puissants de la grande époque qui vient de finir.

En faisant défiler devant vous les pièces polychromes dont la description est si intéressante, je me conformerai, le plus possible, à l'ordre normal.

Blanc de Chine. Charmante statuette de Kouan-inn drapée à l'antique. Pl. X, 28.

Vase balustre arrondi avec rochers et chrysanthèmes gravés.

Bouteille avec tige fleurie en relief.

Vase ovoïde aplati, en biscuit mat, portant des grecques et des ornements archaïques en relief; couvercle bombé à bouton.

Pitong cylindrique, fond blanc mat, orné de bâtons rompus gravés sur lesquels s'enlèvent des fleurettes en relief.

Bol blanc à dessins gaufrés blancs; ce décor ton sur ton ressemble au damassé, il envahit toute la surface d'une pièce ou il se cantonne sur certaines parties seulement, sur le marli, en bordures ou en fonds partiels.

Céladons. Le céladon vert d'eau de cette période est, ordinairement, plus pâle que celui des époques antérieures. Cette pâleur n'est pas maladive, elle est, au contraire, d'une tonalité charmante; loin d'être fade, elle est suave et plaît par sa fraîcheur qui fait songer involontairement au printemps et à la jeunesse.

Vase ovoïde, à col court, portant, à la base, des faux godrons en relief en forme de pétales de chrysanthèmes.

Vases ovoïdes bijugués fond céladon vert d'eau; les vases de ce genre, présage de bonheur, sont offerts en cadeaux de relevailles.

Vase ovoïde, même fond, portant quatre médaillons circulaires formés de feuilles et de fruits en relief; couvercle plat (Palais d'Été).

Vase ovoïdal, même fond, avec anses en mufles à défenses d'éléphant, décoré de palmettes dressées, d'arabesques et de faux godrons en relief; intérieur gris de perle.

Vase balustre aplati avec deux salamandres enroulées autour du col.

Bouteille piriforme, même fond, avec double réseau de craquelures blondes et brunes, portant, en relief, un dragon en pâte brune.

Coupe formée d'une demi-pêche évidée avec tige feuillue en relief sur le flanc; céladon gris craquelé.

Les céladons de fer, couleur poussière de thé, abondent sous Yung-tching et Kien-long.

Vase honorifique, de forme surbaissée, avec large ouverture circulaire, fond thé pâle moucheté, portant, sous la panse, des aspérités symétriques imitant des tétons; anses en arceaux.

Vase, forme grenade, fond thé maculé de rouge.

Bouteille piriforme, fond thé moucheté de vert jaunâtre.

Vase ovoïde fond thé moucheté de brun.

Bouteille trilobée, à panse sphéroïdale et long col, fond thé, portant un rameau de grenadier et un champignon blancs en relief.

Le *bleu d'empois* se présente rarement sans décor; sa modestie est cependant récompensée toutes les fois qu'il se montre sous ce simple appareil qui lui sied si bien, car cette simplicité est alors rehaussée par la perfection d'un émail sans tache et par une forme exquise qui dénote un artiste éminent.

Vase, en forme de tonnelet à raies longitudinales, céladon bleu d'empois; à l'épaulement, anses ayant la forme de deux pierres sonores en relief suspendues à des anneaux.

Bouteille quadrangulaire aplatie et lobée à piédouche saillant; long col carré accosté de deux salamandres en manière d'anses; céladon bleu d'empois.

Je rassemblerai en bloc les craquelés gris ou autres, les céladons de toute nuance décorés en bleu de cobalt, rouge de cuivre et blanc de relief; j'engloberai même dans cette série les pièces de ce genre ornées d'émaux polychromes bien qu'elles aient subi une seconde cuisson au petit feu. Au lieu de détailler ces ornementations si variées, il sera plus profitable et plus instructif de décrire quelques échantillons comme modèles.

Vase cylindro-ovoïde avec gorge évasée, fond gris craquelé, orné de fleurs en bleu de cobalt; truité plus fin autour des fleurs.

Vase turbiné à base élargie, fond céladon vert d'eau, avec rocher et pêcher fleuri en bleu de cobalt et rouge de cuivre.

Vase bursaire, même fond craquelé, orné de deux chauves-souris retenant, chacune, par un lacet noir, une pêche blanche en relief à feuillage bleu.

Vase ovoïde, même fond, avec branches de pêcher en pâte blanche formant relief.

Bouteille à panse ovoïde et long col, même fond, décorée d'attributs, de chauves-souris et d'arabesques en blanc de relief.

Vase balustre, fond bleu d'empois, orné de plantes et d'inscriptions en bleu de cobalt, rouge de cuivre et blanc.

Vase ovoïde, fond céladon vert d'eau, avec tiges fleuries en couleur, décor Yung-tching.

Vase quadrilatéral, à quatre panneaux rectangulaires, col carré évasé et piédouche saillant, même fond, émaux polychromes; sur le col, palmettes roses et vertes; sur la panse, fleurs ornementales; à la base, faux godrons.

Vase piriforme côtelé, fond bleu d'empois, décor polychrome; faisans sur un rocher au milieu de tiges en fleurs.

Bouteille piriforme, fond lavande; semé de bouquets et papillons en couleur.

Il existe des porcelaines de cette catégorie avec médaillons blancs ornés en bleu de cobalt, en rouge de cuivre et en émaux polychromes.

Monochromes. La gamme des couleurs est aussi complète ici que sous Khang-hi, l'énonciation des variétés serait monotone et inutile; je serai bref dans mes citations.

Poisson rouge de fer avec écailles en relief.

Bol uni et vase portant des rinceaux gravés, fond rose.

Bouteille fond bleu moucheté de bleu plus foncé (Yung-tching).

Bouteille ovoïde à long col, fond bleu céleste, décorée de fleurs ornementales en relief (Palais d'Été), (Kien-long).

Bouteille et bol fond bleu foncé tirant sur le noir; reflets métalliques rubis.

Pitong simulant un segment de tronc de bambou; fond vert pomme.

Bouteille fond vert oseille moucheté (Yung-tching).

Coupe carrée, fond vert purée de pois, avec décor archaïque en relief.

Bol fond jaune serin, porcelaine mince.

Plateau jaune, imitant une fleur de chrysanthème épanouie avec six couronnes de pétales concentriques; au centre, tasse mobile formée d'un rang de pétales dressés.

Vase à eau sphérique, fond violet.

Soucoupe, fond violet de manganèse, décor gravé : grues sous un pin.

Les *sang de bœuf* de cette époque sont inférieurs aux *Lang-yao*; il y a moins de vigueur dans les tons. Il est utile d'observer que la couverte du dessous des pièces est blanche.

Bouteille, fond sang de bœuf, marquée Kien-long.

Bouteille ayant la tonalité vineuse de la nèfle mûre; c'est un *foie de cheval* dont la teinte a été modifiée par un excès de chauffe.

Le feu produit quelquefois dans le four des effets curieux et imprévus. Ainsi une bouteille de la collection est couverte de points abondants qui indiquent que la base minérale de la glaçure est le cuivre comme dans le sang de bœuf et les foies. Cette pièce aurait été rouge à une température normale, mais, sous l'influence d'un feu trop violent, elle a été dépouillée de son vêtement naturel et elle a pris le ton gris du pelage de la souris. Je ne garantis pas cette hypothèse, elle est cependant vraisemblable et approuvée par des céramistes de profession. On m'insinue que la couverte en question pourrait être un céladon vert d'eau détourné de sa couleur ordinaire, cette opinion est inadmissible et je la repousse avec assurance parce que rien n'expliquerait alors le pointillé caractéristique de la surface. La coloration du vert d'eau est due au fer, nous n'aurions pas de pointillé.

Le *bleu turquoise* et le *violet* sont des émaux qui avaient déjà une grande vogue au dix-septième siècle et qui, au dix-huitième, loin de dégénérer, acquièrent de nouveaux titres de gloire; de nombreux spécimens en font foi et attestent l'excellence des artistes qui ont illustré cette période féconde.

Nous parlerons d'abord du bleu turquoise; sa tonalité prend un caractère de suavité exceptionnelle.

Perroquet bleu turquoise truité sur un rocher violet ajouré; bec et pattes en biscuit blanc.

Réservoir à eau, formé d'une pêche de longévité en bleu turquoise truité, avec anse et goulot imitant des tiges dont les rameaux feuillus violets adhèrent au fruit.

Crapaud à trois pattes, couché, couvert d'aspérités formant pustules.

Bouteille piriforme à col évasé, décor gaufré : dragons au milieu d'arabesques.

Boîte lenticulaire portant des chauves-souris dans les nuages gravées sous couverte.

Le *violet* partage la faveur dont jouit le bleu turquoise.

Perroquet violet sur rocher bleu turquoise ajouré; bec et pattes en biscuit blanc non émaillé.

Réservoir à eau, forme pêche, fond violet; anse et goulot jaunâtres imitant une branche avec rameaux feuillus en bleu turquoise adhérents au fruit.

Kouan-inn accroupie; couverte en violet uni.

Coquillage violet servant de vase à eau.

J'ai hâte de commencer la description des sujets polychromes de la porcelaine décorée; nous allons assister au véritable triomphe du potier chinois sous Yung-tching et Kien-long.

L'art céramique est arrivé à la plénitude de sa floraison, il déborde de toutes parts, il entonne un chant de victoire répercuté par tous les échos les plus lointains, malheureusement ce sera le chant du cygne. Après les trophées glorieux la décadence et le deuil, la jeunesse n'est pas éternelle.

Je m'occuperai d'abord des porcelaines blanches décorées en bleu de cobalt ou en rouge de cuivre; je parlerai ensuite de celles qui portent cette double ornementation.

Blanc décoré en bleu de cobalt. Bouteille ornée d'arabesques bleues entre deux bordures de rinceaux fleuris.

Aiguière à panse piriforme, fond crème, décor bleu : palmettes et dents de loup au dessous desquelles se déroulent des arabesques; goulot en S et anse avec rinceaux fleuris.

Vase balustre carré aplati portant des pivoines en fleurs au milieu desquelles émergent, sur deux faces, un fong-hoang et un dragon superposés. Pl. IV, 12.

Vase balustre aplati avec ornements archaïques en bleu agatisé; anses tubulaires.

Blanc décoré en rouge de cuivre. Vase formé de deux poissons accolés et dressés sur la queue, portant des écailles imbriquées en rouge de cuivre sur fond blanc; tête rouge; ouïes et contour de l'œil blancs.

Boîte octogone blanche décorée en rouge de cuivre; sur les panneaux latéraux, pivoines et arabesques; sur la partie supérieure du couvercle, bordure de grecques, huit compartiments contenant, chacun, un des huit attributs bouddhiques et, au centre, cachet rond de longévité entouré de chauves-souris accolées. Pl. XI, 30.

Blanc décoré en bleu de cobalt et rouge de cuivre. Bouteille sphérique à long col avec personnages sous un arbre.

Flacons à tabac avec animaux ou insectes.

Vase subconique, à couverte blanche ondulée, portant des nélumbos fleuris; fin Khang-hi ou époque Yung-tching.

Les porcelaines blanches à décor polychrome sur couverte sont ornées d'émaux tendres qui seraient brûlés dans une fournaise trop ardente; leur traitement exige des ménagements de toute sorte. Le potier a besoin ici de faire appel à toute son ingéniosité et de mettre en œuvre toute sa science; la réussite est le fruit d'une expérience consommée.

A cette date, les couleurs tirées du chlorure d'or, le carmin, les roses plus ou moins rompus abondent et constituent l'ornementation principale; le vert, au contraire, se montre avec plus de parcimonie, il se dissimule discrètement au second plan comme s'il comprenait que sa splendeur s'est évanouie, que sa situation est devenue subalterne et qu'il est impuissant désormais à soutenir le lourd fardeau de son ancienne renommée. Quand l'artiste a usé avec modération de ces nuances nouvelles et a su se renfermer dans une tonalité modeste et tempérée, il a produit des œuvres admirables d'une suavité délicieuse; malheureusement, parfois, il ne s'est pas souvenu que l'écueil est à l'entrée du port.

Gourde orbiculaire aplatie, sur piédouche rectangulaire, avec col quadrilobé, accosté de deux anses en rinceaux; fond blanc, décor polychrome; bordure de dragons et de fong-hoangs en or. Sur une face, deux femmes debout, richement vêtues, regardent des plantes aquatiques dans une vasque jaune gravée; sur l'autre, deux femmes, assises sous des bananiers, causent près d'un vase rempli de fleurs. Ces femmes font partie du groupe des *dix Beautés* célèbres dans l'histoire chinoise (Palais d'Été). Pl. XXXII, 89.

Vase ovoïde blanc, décor polychrome : rochers, bambous, pêchers fleuris, champignons et deux grues blanches (Palais d'Été). Tous ces signes de longévité expriment un souhait de longue vie à l'adresse du donataire.

Bouteille piriforme à long col, fond blanc, émaux de couleur : arbre sacré séculaire entouré d'une balustrade et arbustes fleuris, émergeant d'un rocher factice, arrosés par deux jeunes filles sous la surveillance de trois femmes (Palais d'Été). Pl. XXXI, 86. Les vêtements des personnages sont très luxueux.

Bouteille piriforme à long col, fond blanc, décor polychrome : deux paons sur des rochers entourés de buissons fleuris multicolores (Palais d'Été). Pl. XXXIII, 92.

Vase sphéroïdal blanc, émaux polychromes : coqs, poules et poussins au plumage varié au milieu d'arbustes en fleurs (Palais d'Été). Pl. XXXV, 106.

Bouteille piriforme à long col renflé à l'orifice : au col, rinceaux roses sur lesquels se détachent des feuilles dressées, des pendeloques, des ornements en couleur; sur la panse, entre deux bordures jaunes fleuronnées, paysage polychrome animé d'axis et de cerfs blancs, en troupe ou isolés, courant ou au repos, au milieu de rochers et de grands pins; au dernier plan, hautes montagnes; à la base, rinceaux roses chargés de palmettes vertes dressées (Palais d'Été). Pl. XXXV, 104.

Paire de vases ovoïdes; petit col droit avec caillouté rose à fleurettes; fond blanc craquelé, décor en couleur : fête du dragon et des lanternes entre deux bordures jaunes fleuronnées (Palais de Pékin).

Vase turbiné à base élargie, fond blanc, émaux polychromes; la déesse des Génies, Si-wang-mou, sur les nuages, une corbeille de fleurs au dos, accompagnée d'une suivante portant un vase fleuri (Palais d'Été). Pl. VIII, 25.

Vase ovoïde, fond blanc, décor polychrome : deux jeunes femmes et un enfant devant une table chargée de vases; plus loin, hauts sycomores; une des femmes, en somptueux costume, fume une pipe d'opium; sur le col, mobilier.

Vase d'applique pour bouquet en forme d'éventail à moitié déployé, fond blanc, émaux de couleur; sur la feuille, plantes et oiseaux; sur les tiges de la monture, arabesques entrecoupées de cartouches avec fleurs, vases ou paysage; sur les faces latérales, bambous et pêchers.

Bouteille blanche avec dragon tenant un anneau; décor en vert, jaune et rouge.

Bouteille quadrangulaire aplatie à long col carré entouré d'un dragon en relief tenant un ling-tchi; décor en émail pourpre et bleu foncé; sur le col, grecques et cartouches juxtaposés avec inscriptions; sur la panse, bande vermiculée avec arabesques; à la base, faux godrons. Pl. XXIX, 82.

Flacon tabatière en forme de femme portant une veste bleutée et un pantalon rouge à fleurs arabesques polychromes.

Les vases en porcelaine mince, dite coquille d'œuf, sont des morceaux de roi;

les vrais amateurs les regardent avec respect et ne les touchent jamais sans émotion.

Petite bouteille, à panse sphérique et long col, décor polychrome sur fond blanc; tiges fleuries variées et deux oiseaux perchés (pièce d'élite). Pl. XXXIII, 93.

Vase ovoïde, fond rouge corail chargé de fleurs ornementales en or, portant deux réserves blanches lobées avec personnages polychromes.

Ces échantillons de premier ordre suffisent pour nous initier aux beautés de la porcelaine de cette époque.

Les vases *coquille d'œuf* à décor de mandarins, dont il sera question plus loin, n'excitent plus mon enthousiasme au même degré ; ils dénotent un art moins pur, moins élevé ; c'est le commencement de la décadence.

Quant aux assiettes *coquille d'œuf* si fines, si délicates, je reporte leur description au chapitre de la porcelaine d'exportation, à leur place naturelle.

Il est une ornementation, particulière à cette époque, qui sert de transition entre le décor vert Khang-hi et le décor Yung-tching aux tons roses. Sur un fond blanc laiteux s'enlèvent des personnages et des motifs en vert, rouge de fer, jaune, bleu et violet de manganèse. Ces cinq couleurs sont toujours associées avec adjonction de noir dans des cas rares. La caractéristique de ce décor, dont le vert est superficiel, mais d'une nuance agréable, consiste en ce que le tracé du dessin et les nervures ou autres accessoires sont figurés en traits bleus, qui donnent une note spéciale. Ce genre de fabrication ne manque pas d'originalité, il rappelle vaguement des procédés antérieurs, c'est moins une copie qu'une réminiscence. Les pièces similaires de la période Ouan-li ont bien une tonalité qui offre quelque analogie, mais les couleurs sont plus crues, plus heurtées, moins fondues ; l'ensemble est moins étudié et moins parfait que sous Yung-tching, c'est la loi du progrès.

Bouteille à panse sphérique et long col renflé au sommet, fond blanc, décor polychrome : dragon et fong-hoang au milieu de pivoines fleuries.

Gourde orbiculaire aplatie avec fleurs ornementales polychromes sur fond blanc.

Bol hémisphérique avec couvercle bombé, fond blanc, émaux de couleur : attributs bouddhiques, champignons et cachets ronds de longévité au milieu de rinceaux arabesques ; quatre de ces cachets sont peints en noir.

Nous mentionnerons ici un magnifique vase turbiné à base élargie de l'époque

Kien-long; le décor dit *aux mille fleurs* consiste dans un entrelacement de tiges fleuries juxtaposées présentant une variété de types et de nuances infinie; la flore chinoise y est représentée avec un luxe incroyable. Ce vase produit l'effet d'une immense gerbe de fleurs, d'un bouquet colossal (Palais d'Été). Pl. XXXVI, 109.

Nous abordons maintenant les fonds colorés enrichis d'émaux polychromes, qu'ils soient unis ou à rinceaux gravés; cette merveilleuse série nous ménage de nombreuses surprises. Ce décor comprend des personnages, des animaux, des plantes, des fleurs, des arabesques, du mobilier, des attributs peints directement sur le fond ou placés dans des réserves blanches. Je ferai successivement passer sous vos yeux les principaux fonds.

Fond rouge de cuivre. Petit vase bursaire à large col évasé avec fleurs en couleur.

Fond rouge de fer. Bol hémisphérique orné de tiges fleuries en couleur.

Cette nuance a une tendance marquée à se rapprocher du rouge corail quand elle se présente en grande surface.

Fond corail. Vase ovoïde fond rouge de fer chargé d'ornements en or et coupé par quatre médaillons avec jeux d'enfants, surmontés, chacun, d'un papillon; émaux polychromes.

Les pièces suivantes sont également à fond corail : Vase ovoïde avec fleurs variées multicolores.

Bol hémisphérique décoré de pivoines ornementales polychromes.

Bol portant, à la base, les flots réservés en blanc (Yung-tching).

Jardinière avec décor arabesque polychrome et bordure fleuronnée jaune cernée d'un filet bleu.

Boîte ornée de rinceaux d'or et d'une réserve blanche avec jeux d'enfants en couleur; un vase ovoïde analogue est décoré de fleurs dans des réserves.

Fond carmin. Vase turbiné avec bambous et branche de pêcher polychromes.

Bol hémisphérique avec trois rouleaux blancs réservés ornés de fleurs en couleur.

Soucoupe et gobelet; au pourtour, trois réserves en forme de feuilles ou de fruit avec bouquets en couleur; au centre, médaillon circulaire blanc avec pêche polychrome.

Fond amarante. Vase ovoïde fond amarante chargé de rinceaux gravés sur lesquels se détachent, en couleur, un arbre fleuri, deux oiseaux perchés, des iris et des rochers.

Bol avec pivoines ornementales polychromes.

Bol portant des rinceaux gravés sur lesquels s'enlèvent des médaillons blancs occupés par des fleurs ou du mobilier en couleur (Palais de Pékin).

Fond rose. Vase ovoïde chargé de rinceaux gravés portant une tige de chrysanthème polychrome.

Vase à eau, en forme de soulier ; à la base, bordure gris de perle à rinceaux multicolores ; sous la pièce, scène d'amour.

Fond abricot. Vase à eau sphérique orné de petits poissons noirs sur des flots verts au-dessus desquels se montre un quartier du disque lunaire ; en haut, deux grues roses au vol.

Fond jaune. Bouteille piriforme côtelée à long col orné de palmettes vertes dressées ; sur la panse fond jaune, au sommet et à la base, lambrequin blanc décoré de chauves-souris hiératiques bleues ou violettes alternant.

Bouteille sphérique à long col avec chiens de Fô polychromes dans les flammes.

Vase à eau sphérique, fond jaune paille, décor de salamandres et d'arabesques en bleu de cobalt.

Bol couvert, fond jaune pâle, orné d'arabesques couleur bistre.

Bouteille à panse turbinée et col évasé, fond jaune serin chargé de rinceaux gravés avec tiges fleuries en couleur.

Bouteille fond jaune, décor polychrome ; au col, palmettes et lambrequin ; à l'épaulement, rinceaux fleuris ; sur la panse, fleurons décoratifs ; à la base, faux godrons.

Pitong cylindrique, fond jaune serin, orné d'un pêcher fleuri en violet de manganèse tirant sur le noir.

Fond feuille morte. Bols décorés, en couleur, de personnages ou de mobilier.

Gobelet et soucoupe avec dragons verts dans les nuages.

Pitong orné de rinceaux rouges sur fond feuille morte portant des arabesques polychromes.

Vase balustre : sur le col, feuilles dressées ; sur la panse, dragons blancs craquelés au milieu de nuages en céladon vert d'eau ; à la base, flots en gris craquelé.

Fond capucin, nuance plus foncée que la précédente.

Bol campanulé avec papillon et branches fleuries polychromes ; beaux reflets métalliques.

Fond café au lait. Bouteille piriforme décorée de chrysanthèmes et de bégonias en couleur.

Compotier orné de plantes polychromes.

Fond brun. Vase ovoïde, fond marron, décor au trait bleu sur parties blanches réservées : papillon, fleurettes, deux groupes de plantes fleuries et oiseaux sur rochers.

Bouteille piriforme à long col renflé à l'orifice, fond chocolat, décor en relief : trois dragons en blanc et rouge de cuivre au milieu de nuages bleus ; copie d'un vase Kien-long faite sous Kia-king.

Bouteille piriforme à long col, fond brun aventuriné, portant des chiens de Fô multicolores dans les nuages.

Compotier, fond brique brunâtre, avec trois bouquets en couleur.

Bol brun tirant sur le noir avec ornements dorés.

Fond bleu. Bol campanulé, fond bleu azur, décor en couleur : au pourtour, quatre groupes de salamandres hiératiques accouplées alternant avec des fleurs arabesques (Palais d'Été).

Vase ovoïde avec gorge évasée, fond bleu verdâtre uni, émaux polychromes : pivoines et bégonias. Pl. XXXIV, 97.

Bouteille piriforme à long col, fond bleu verdâtre, chargé de rinceaux gravés sur lesquels se détachent, en couleur, des bouquets et deux lépidoptères (Kien-long).

Bouteille sphérique à long col, fond bleu verdâtre, avec fleurs ornementales en bleu de cobalt à feuillage d'or.

Bouteille piriforme à long col, même fond, portant des chauves-souris dans les nuages en rouge de fer.

Bol évasé bleu foncé avec branche fleurie et oiseaux en couleur.

Bol bleu foncé orné, en relief, de nélumbos et de poissons blancs alternant.

Petite bouteille formée de trois gourdes engagées, fond bleuté, portant des paysages en noir ; nœud en relief à la naissance du col.

Bouteille à panse sphérique et col cylindrique, fond gros bleu, décor de fleurs arabesques en or.

Vase balustre quadrangulaire, fond bleu verdâtre, portant, en reliefs dorés, des bordures de grecques et de dents de loup, le Taï-ki, les Pa-koua et des dragons hiératiques; sur l'épaulement, à chaque angle, dragon ornemanisé formant arête saillante. Pl. XI, 34.

Fond violet héliotrope. Bouteille piriforme portant un semé de bouquets polychromes.

Fond violet tirant sur la lie de vin. Pitong cylindrique ajouré : pin et pêcher à rameaux entrelacés.

Fond lilas. Coupe en forme de fleur de chrysanthème lilas à nervures rouges, portée sur une tige à feuillage vert.

Fond violet de manganèse. Grand pitong cylindrique, formé de segments de tronc de bambou, fond violet à reflets métalliques rubis très accentués, décoré de plantes et de fleurs polychromes en relief sur rocher.

Fond vert. Présentoir en forme de nacelle, fond vert, décor en couleur : arabesques.

Vase à panse ovoïde et col cylindrique; anses en ailerons formés de feuilles brunes avec nervures d'or; fond vert à treillis noir ; sur le col, bordure fleuronnée à pendeloques et tiges à feuilles dressées; sur la panse, quatre médaillons blancs, encadrés de fleurs, contenant un tigre en baudruche suspendu à un lacet; entre les réserves, pendeloques attachées à une bordure placée à l'épaulement (Palais d'Été). Pl. XXXIV, 98.

Vases géminés, de forme ovoïde aplatie ; l'un vert clair plus petit placé en avant du second couleur rose ; décor de rinceaux fleuris arabesques en couleur (Kien-long).

Bol vert pâle portant une bordure fleuronnée, des arabesques et de faux godrons polychromes.

Pitong fond vert turquoise de Chine avec deux réserves blanches rectangulaires ornées d'un paysage carmin.

Bol en porcelaine mince, fond vert pomme, décor gravé : bordure de rinceaux, pavé de mosaïque portant trois bouquets polychromes et faux godrons, (Palais d'Été); vu en transparence, ce bol est un vrai bijou.

Bol, vert olive, avec motifs en bleu et rouge; lustre métallique prononcé. Bol, vert bleuté, émaux polychromes : glycines fleuries en grappes, roses, oiseau (Palais d'Été).

Coupe ou plateau hexagone, à bords droits côtelés, décor en couleur : bouquet central sur fond vert pâle quadrillé d'or; bord intérieur bleu à fleurettes, bord extérieur vert quadrillé d'or; sous la pièce, bande rose à rinceaux fleuris symétriques encadrant une surface verte semée de fleurs.

Fond gros vert tirant sur le noir. Paire de potiches portant, à l'orifice et à la base, des lambrequins carmin; fond gros vert chargé de chrysanthèmes multicolores et coupé par quatre réserves blanches à paysage ou à bouquet alternant; couvercle bombé surmonté d'un chien de Fô; émaux polychromes. Pl. (XXXIX, 416). Une paire identique a été adjugée à Londres, l'an dernier, pour la somme de vingt mille francs.

Bol, gros vert, avec guirlande de fleurs polychromes.

Bol analogue avec arabesques en couleur.

Gobelet campanulé, même fond, avec fleurs ornementales en vert pâle; coupe avec même décor.

Fond brun noirâtre. Cette couverte est une nouveauté de la période Kien-long.

Vase turbiné avec fleurettes et papillons polychromes.

Théière à corps piriforme avec deux réserves blanches à coq ou à fleurs en couleur.

Vase piriforme, à large col et piédouche saillant, portant la face du Tao-tié (glouton) et des ornements hiératiques en or.

Bouteille piriforme avec branche de pêcher fleuri en émail blanc.

Fond noir mat. Bol à bordure quadrillée en or avec coquilles auxquelles sont suspendues des guirlandes dorées; au pourtour, quatre personnages polychromes en costume de fantaisie dansant ou jouant de la mandoline.

Fond à filigranes bruns. Vase balustre arrondi portant un dragon noir dont le dos est couvert d'écailles d'or et le ventre d'écailles rouges; nuages et flammes en couleur; dents, griffes et tour des prunelles réservés en blanc; à l'orifice et à la base, bordure noire à rinceaux dorés.

Vase fuselé à triple bordure ornementale; sur la panse, bouquets multicolores; à la base, compartiments verts ou roses avec pendeloques alternant.

Vase balustre arrondi, de forme élancée, décor polychrome : nélumbos, pivoines et branches de pêcher en fleur. Pl. XXX, 84.

Fond dit arlequin. Paire de potiches turbinées avec couvercles bombés à bouton; double bordure mosaïque à réserves fleuries et lambrequin filigrané à fleurettes; fond *arlequin* à bandes longitudinales quadrillées alternativement bleues, roses, jaunes et violettes sur lequel se détachent trois réserves blanches lobées occupées par un faisan argenté au milieu de fleurs et trois autres réserves en forme de feuilles, ornées de bouquets; à la base, faux godrons; émaux polychromes. Pl. XL, 117.

Ces vases, qui mesurent soixante centimètres en hauteur, se distinguent par l'élégance de la forme et la perfection du décor; ils auraient grand air dans la demeure la plus somptueuse et seront accueillis avec joie par l'amateur le plus sévère.

Le *fond blanc avec arabesques bleues*, n'est pas inférieur au fond rouge de fer avec arabesques blanches de la période Khang-hi; il encadre à souhait les sujets peints au centre.

Compotier blanc, décor polychrome : bordure de feuillage doré; large bande chargée d'arabesques bleues; au centre, femme assise regardant deux grues dans un intérieur luxueux.

Les *fabrications exceptionnelles* abondent à cette date. J'ai énuméré les imitations de bronze, de marbre et autres exécutées sous ce règne, je décrirai deux nouveaux spécimens d'un goût exquis provenant du Palais d'Été : le premier est un petit vase balustre aplati fond bleu verdâtre chargé de grecques gravées sur lequel se détachent, en relief doré, des ornements archaïques. Pl. XXXII, 94.

Le second est une petite bouteille quadrangulaire à long col carré portant des dessins hiératiques en or et en relief sur un fond à patine de bronze vert-de-grisé. Pl. XXXII, 90.

J'ai également parlé des coupes de *Kiun* et des *clairs de lune* reproduits avec tant de perfection par Thang à la manufacture impériale; voici deux de ces merveilles.

Coupe ou vase surbaissé à large ouverture; anses en demi-arceaux et pieds en tétons; couverte flambée *rouge de fard;* intérieur bleuâtre; copie d'un Kiun-yao.

Coupe hémisphérique, sur trois pieds en trèfle, fond violacé et bleuté, portant sur le pourtour extérieur un rang de têtes de clous en relief; copie d'une pièce Youen dans le ton du clair de lune teinté de violet d'aubergine.

Je citerai encore un joli vase ayant la nuance et la forme de l'œuf d'autruche, nuance qui se rapproche aussi de l'ivoire; il est orné de rinceaux fleuris dorés au milieu de longues craquelures; autour de l'ouverture circulaire s'enroule une salamandre rouge orangé pointillée d'or (Palais d'Été), (Kien-long). Pl. XXXV, 108.

Les *porcelaines flambées* réclament toute notre attention, notre série est intéressante et complète; l'époque Khang-hi seule égale presque la fabrication des flambés de cette période glorieuse, qui offre toutes les variétés.

Bouteille piriforme fond rouge avec taches violacées.

Coupe basse en forme de pêche ouverte et évidée adhérente à la tige qui porte deux autres petits fruits; tons rouge, bleu et violet (marquée Kien-long).

Bouteille fond rouge groseille veiné de bleu (marquée Yung-tching).

Aiguière à panse sphéroïdale côtelée et col renflé terminé en bec; anse latérale en S; couverte flambée rouge brique avec traces de macules vertes et coulées bleues violacées sur les côtes (marquée Yung-tching).

Bouteille fond gris moucheté de taches bleues et jaunes à l'instar d'une fourrure; le dessous de la pièce est émaillé, ce qui dénote une bonne qualité.

Bouteille fond jaunâtre portant des taches rondes en rouge de cuivre haricot régulièrement disposées comme les yeux de la queue du paon.

Petite bouteille à panse surhaissée et long col, fond jaune veiné de brun et marbré de vert; couverte flambée.

Large coupe en forme de pêche attachée à sa tige qui porte un petit fruit; fond bleu à coulées jaunâtres et grisâtres.

Vase piriforme à large col, fond bleu foncé avec veines violacées, macules bleutées et traces de rouge haricot. Ce spécimen est précieux; le premier feu ayant été trop réducteur, la pièce a reçu une seconde glaçure et le noir est devenu bleu dans le four par excès de réduction; telle est l'explication qui m'a été fournie par plusieurs céramistes de profession.

Au chapitre des fabrications spéciales j'ai cité, comme pièces rares et remarquables, un flambé vert (Khang-hi) et deux flambés décorés de motifs en couleur (Yung-tching).

Les métaphores les plus pompeuses, les expressions les plus pittoresques, les mots les mieux choisis sont insuffisants, impuissants à dépeindre convenablement ces pièces d'élite. La poésie avec son coloris si chaud et sa langue imagée s'avouerait vaincue, si elle était astreinte à offrir une idée réelle, exacte, complète du décor le plus capricieux et le plus varié.

Porcelaine soufflée. Les porcelaines les plus fines en ce genre ont été fabriquées sous Kien-long; au dix-huitième siècle, le nombre des variétés a augmenté dans de larges proportions.

Bouteille blanche, soufflé bleu.

Bouteille bleue, soufflé rouge.

Boutcille bleue, soufflé vert.

Vase vert pâle, soufflé rouge.

Fruit jaune, soufflé vert.

Vase jaune, soufflé rouge.

Vase rouge avec larmes bleues.

Vase quadrangulaire réticulé, décor soufflé rouge sur bleu : animaux et oiseaux en relief.

Boîte rectangulaire, décor soufflé rehaussé de motifs archaïques dorés.

Porcelaine à surface rugueuse comme la chair de poule. Boîte carrée, fond vert bleuté à surface granulée ornée de rinceaux dorés; sur le couvercle médaillon polychrome : deux femmes à la fenêtre d'un pavillon regardent un philosophe qui navigue sur un tronc d'arbre en forme de dragon et qui assiste ainsi à la réalisation de son propre rêve.

Petit vase ovoïde, quadrilobé, à surface noire granulée, portant quatre salamandres archaïques dorées.

Crapaud à trois pattes, fond vert foncé chargé de gros points vert pâle imitant les tubercules de l'animal.

Vase balustre carré aplati, fond jaunâtre granuleux comme la chair de poule; réserves blanches craquelées sans décor sur les côtés et occupées, sur les deux faces principales, par la reine des Génies et son axis en relief (ancienne collection de l'amiral Coupvent).

Porcelaine à couverte peau d'orange. Bol bleu avec tige fleurie et deux oiseaux en couleur.

Bouteille piriforme à col évasé, fond héliotrope, portant un semé de bouquets polychromes.

Décor à grains de riz. Bol couvert, fond vert d'eau avec grains de riz blancs; à l'orifice, bordure ornementale et, à la base, faux godrons en blanc, bleu et or; intérieurement, même décor avec le cachet rond de longévité, au fond, entouré de cinq chauves-souris accolées.

Bol couvert blanc portant des grues au vol au milieu des nuages en couleur; le corps des grues est formé de grains de riz juxtaposés.

Bol vert foncé avec grues blanches au vol au milieu de nuages polychromes; même travail que le précédent.

Porcelaine ajourée et réticulée. Corbeille de suspension à panse surbaissée et large ouverture épanouie en collerette ; anse formée d'anneaux et d'une poignée en biscuit non émaillé ; fond blanc, décor polychrome ; sur les deux faces de la collerette, papillons variés ; à l'épaulement et à la panse, parois réticulées et bordures mosaïques ; sur le piédouche, gracieux entrelacs. Pl. XXXVII, 112.

Ting, en forme de cage ajourée, composé de trois pièces mobiles avec bordures arabesques ; partie inférieure carrée, avec rebord saillant orné des huit attributs bouddhiques, fond vert à bâtons rompus blancs en relief ; partie centrale carrée à panneaux découpés à jour ; couvercle à parois réticulées, inclinées en biseaux, avec sommet plat surmonté d'un chien de Fô ; les parties ajourées offrent des dessins géométriques. Pl. I, 1.

Vase sphérique, fond vert pomme ; entre deux bordures de fleurettes juxtaposées repercées à jour, quadrillé gravé avec point ajouré au centre de chaque carré. Pl. XXXIV, 99.

Je rappellerai qu'il y a des plats, des compotiers et des bols avec bordure découpée à jour ; le centre est occupé par des sujets polychromes.

Porcelaine dorée. Deux statuettes de Bouddha dont le corps est doré et les vêtements sont carmin ou orangé. Pl. IX, 26.

Vase à eau sous forme de *saïci*, lingot de métal creusé en baignoire minuscule.

Bol, fond or, portant une bordure de grecques et des fleurs ornementales en émail bleu de relief.

Bol, fond or, avec nélumbos en couleur.

Pitong cylindrique, avec anses en salamandres et trois pieds en forme de têtes, fond or, portant le caractère *foü* (bonheur) en bleu et en relief.

Porcelaine à décor en relief. Grand vase cylindrique à col droit ; sur le col, entre deux bandes dorées ornements archaïques en relief ; sur l'épaulement, bordure mosaïque rouge chargée de caractères chinois en relief et contrebordure dorée avec salamandres ; sur la panse, fond blanc, décor polychrome en relief : Les *Cheu-pa Lohans,* les dix-huit principaux patriarches du Bouddhisme en Chine, figurés au-dessus des flots ; à la base, bande dorée avec arabesques blanches (Pl. XII, 32 et 33). Ce vase est représenté sous deux de ses faces.

Vase à panse subconique et large col évasé, fond blanc, craquelé, décor polychrome en relief : saule agité par un ouragan dans un pays accidenté et enfant sur un buffle souriant à la vue de son chapeau emporté par le vent (marque de Yung-tching). Pl. XXX, 85.

Bouteille blanche en porcelaine ondulée ; autour du col, lézard rose à cornes vertes.

Vase en forme de calebasse rougeâtre sur laquelle se détachent, en reliefs dorés, des tiges, des feuilles et des fruits de cucurbitacées. Pl. XXXI, 87.

Vase, fond noir, avec tiges fleuries en couleur (Vente Montebello).

Bouteille, à panse sphérique et long col cylindrique, fond jaune, portant, en relief, trois chiens de Fô verts dont le pelage est strié en noir ; sur le col, chauve-souris en violet.

Pitong cylindrique, fond jaune serin, décor en relief : personnages, oies et pin.

Vase à eau sphérique, fond bleu verdâtre, imitant une boule de neige fleurie dont la tige, chargée de feuilles, est accolée à la panse. Pl. XXXIV, 103.

Jardinière surbaissée hexagone, fond vert pâle, décor doré en relief : fleurs ornementales.

Jouy formé d'une branche de pêcher peinte au naturel avec rameaux verts et pêches roses en relief.

Des tasses et soucoupes, faites pour l'Europe, à décor bleu, portent, en relief, des tiges fleuries et des loirs ; ces reliefs restent blancs ou sont teintés en couleur.

Vases engagés, géminés ou bijugués. Les poissons accolés, dressés sur la queue, sont des cadeaux de relevailles, ainsi que tous les vases engagés. Dans certaines pièces de ce genre la bouteille placée en avant est plus petite de taille que celle de l'arrière.

Bouteilles engagées : l'une est rouge d'or ; l'autre, plus élevée, bleu verdâtre, porte un dragon doré en relief enroulé autour du col et de la panse. Pl. XXXI, 88.

Les ateliers chinois ont fabriqué des animaux moulés ou modelés ornés d'émaux polychromes.

Les principaux sont : le chien de Fô, le fong-hoang, le dragon, et quelques autres monstres fabuleux, l'éléphant, le cheval, le buffle, l'axis, le chien, le chat, le coq, le canard, la grue, le paon, le perroquet, le mouton, la chèvre, le lapin, le singe, le loir, le crapaud, la grenouille, le poisson, la chauve-souris, la salamandre, le crabe. Je citerai, à titre d'exemple : un coq superbe d'allure ; un volatile ayant la tête d'un oiseau de proie et un plumage de fantaisie

multicolore; de charmants poissons rouges; un joli singe jaune, au masque
grimaçant, campé sur un livre; un mouton couché à l'épaisse toison frisée de
couleur blanche (très rare); une salamandre ocellée sur une feuille verte. Nous
avons déjà fait connaissance avec deux petits dogues rapportés du Palais de
Pékin. Tous ces animaux, saisis sur le vif dans leur posture naturelle, ont été
représentés avec succès; ils ont été modelés par de véritables artistes, personne
n'oserait le nier. Je ne pense pas utile d'ajouter que, dans l'œuvre chinoise
comme partout ailleurs, une sélection est nécessaire; on ne doit pas confondre
la fabrication commerciale avec l'objet d'art, et ce dernier seul a des titres sérieux à notre admiration.

PORCELAINES D'EXPORTATION

EXÉCUTÉES POUR L'EUROPE

Nous avons tous eu mille occasions de voir et de manier ces porcelaines. Personne n'ignore que les plats et assiettes, à marli rabattu, sont des modèles européens qui seraient incommodes dans un pays où le riz et les autres mets se mangent avec de longs bâtonnets que le Chinois manœuvre avec tant de dextérité. Ces pièces, fabriquées sur commande, ont été apportées dans nos contrées dès leur sortie du four. Ce fait explique l'étonnement d'un marchand chinois qui n'avait jamais vu dans son pays les assiettes dites *coquille d'œuf* et qui cependant reconnaissait, sans hésiter, que ces bijoux étaient originaires de sa patrie ; il n'avait pu les rencontrer à Pékin puisqu'aucun de ces produits d'exportation n'avait été conservé en Chine.

Si quelques pièces de ce genre ont été achetées récemment dans les villes chinoises, cela se comprend quand on sait que ces assiettes, rachetées en Europe, avaient été réexpédiées dans l'Extrême-Orient.

Grâce à sa puissante marine, la Hollande réussit à supplanter les nations rivales sur les marchés chinois ou japonais et finit par accaparer à son profit le monopole presque exclusif de ce commerce lucratif qu'elle avait d'abord partagé avec le Portugal et la République de Venise. La Russie et la Suède ont également trafiqué avec la Chine ; de belles potiches de la période Kien-long, fond gros vert à décor polychrome, achetées dernièrement dans la presqu'île Scandinave, provenaient des voyages faits en Orient au dix-huitième siècle par les navigateurs Suédois et Norvégiens. La France, de son côté, n'est pas restée étrangère à ce mouvement commercial, et, dès 1685, elle possédait une compagnie des Indes fondée par les soins de Mazarin. Cette compagnie approvisionna jusqu'en 1719 notre marché des produits céramiques du Céleste Empire et principalement de pièces armoriées.

Pendant plus d'un siècle, la compagnie des Indes néerlandaise se chargea de commander en Chine ou au Japon et de rapporter aux destinataires les porcelaines d'Orient si convoitées et si admirées. Des services de table entiers sont sortis des ateliers chinois, timbrés aux armes des rois et des grands seigneurs ou marqués aux chiffres des personnages opulents de cette époque. C'est par les Pays-Bas que furent introduites dans nos contrées la plupart des pièces reproduisant des sujets mythologiques, bibliques ou civils copiés sur de mauvaises gravures européennes. Ces estampes passent quelquefois entre nos mains en France, on peut alors constater à la fois la défectuosité du modèle et l'exactitude de la copie.

Les scènes tirées de la mythologie ou de la Bible offrent des détails qui divertissent par leur singularité et leur naïveté.

Les armoiries ne sont pas toujours rendues avec une précision parfaite; certaines particularités nous frappent par leur étrangeté, cela tient évidemment à l'ignorance du céramiste oriental qui, malgré sa fidélité d'exécution ordinaire, a traduit son modèle d'une manière approximative, dans un style obscur ou comique, n'ayant pas compris le sens véritable de l'œuvre commandée. Cette interprétation erronée, qui ressemble à une parodie sarcastique, provoque des surprises et procure des moments de douce hilarité fort agréables et très innocents trop rares en ce monde.

Assiette blanche, décor bleu : sur le marli, fleurs ornementales; au centre, écusson armorié de la marquise de Pompadour.

Tasse et soucoupe, fond blanc, avec bordure arabesque en or, décor noir : Saint Ignace de Loyola, debout devant un autel, tenant un livre sur lequel on lit : « *Ad majorem Dei gloriam* ».

Assiette, avec bordure de rinceaux bleus en relief, fond blanc, décor polychrome; sujet mythologique : divinités sur un char traîné par deux lions métamorphosés en chiens de Fô; au premier plan, amours se jouant au milieu de corbeilles de fleurs.

Tasse et soucoupe, fond blanc, décor en couleur : dame et seigneur en riche costume dans une bordure bleue à franges d'or déchiquetées.

Assiette à décor polychrome : bordure bleue quadrillée d'or et feuilles en saillie chargées de fleurettes alternant avec du mobilier ; au centre, seigneur et noble dame, en costume Louis XV, se promenant avec un chien au milieu d'arbustes fleuris.

N'insistons pas sur ce genre de spécimens que nous ne pouvions passer sous silence, mais qui excitent notre curiosité plutôt qu'ils ne nous captivent par leur beauté. Le critique doit tout enregistrer lorsqu'il écrit l'histoire d'une branche de l'art sous peine d'être incomplet ou d'être accusé d'ignorance ; il obéit, toutefois, à une pratique judicieuse et à une loi rationnelle en se contentant d'effleurer rapidement les sujets d'une importance secondaire.

Les bols suivants présentent des sujets civils :

Bol jaune portant des fleurs ornementales polychromes et deux réserves blanches avec paysages flamands en noir.

Bol blanc chargé de rinceaux bleus avec deux réserves contenant des pêcheurs flamands en émaux polychromes.

Deux assiettes blanches reproduisent le même sujet en grisaille et en couleur : pêcheur à la ligne dans un paysage flamand.

Ces copies de gravures ou de dessins d'Europe me touchent peu, quelque soit leur perfection ; je préfère, sans hésiter, les scènes à personnages dans le goût oriental et les décors empruntés à la faune ou à la flore des contrées exotiques.

Je ressens un plaisir plus vif en voyant ces branches négligemment jetées en travers d'un plat, surtout quand un oiseau au plumage éclatant anime le tableau et semble entonner les plus mélodieuses chansons. J'aime ces bouquets aux fleurs variées ou ces corbeilles remplies de pivoines et de chrysanthèmes qui exhalent en apparence les plus suaves parfums. Mon regard se dirige plus volontiers vers ces poissons rouges qui évoluent sans défiance à la surface d'un lac paisible couvert de plantes aquatiques ou vers ces canards mandarins à la tunique multicolore qui nagent, côte à côte, avec tant de grâce, au milieu d'une forêt de nélumbos en fleurs. Le talent de l'artiste se développe et s'épanouit lorsqu'il est libre de toute contrainte ; quand le céramiste tire ses inspirations de son propre fonds sans avoir recours à une direction étrangère, il est lui-même et c'est alors qu'il a une véritable valeur.

Est-il nécessaire de vous signaler la richesse des marlis chargés de mosaïques, de quadrillés ou de filigranes aux mille couleurs et de vous montrer avec quel goût raffiné le peintre a coupé ces bordures déjà si somptueuses par des réserves qu'il a meublées d'animaux ou de fleurs pour rompre la monotonie de l'ensemble et ajouter un nouvel ornement à l'opulence du décor?

Le coq est un des oiseaux que le Chinois peint avec le plus d'amour et de sincérité; perché sur un rocher, l'air vainqueur, paré du plumage le plus étincelant, il se dresse plein d'arrogance et semble proclamer lui-même avec orgueil sa suprématie et sa beauté. Le coq, depuis l'antiquité, a été en Chine le symbole du soleil dont il annonce le lever par son chant matinal. Pl. XXXV, 106, Pl. XLII, 120.

Le cheval, le mulet, le buffle (Pl. XXX, 85), le chien, le chat, la chèvre, le cerf blanc, l'axis (Pl. XXXV, 104), le chameau, le tigre, le singe, l'éléphant, le lapin, le lièvre, les oiseaux les plus variés, la grue, le faisan (Pl. XLII, 121, 122), le paon (Pl. XXXIII, 92), le canard, l'oie, le perroquet, la perdrix, la caille, la pie, la chauve-souris, les poissons, les papillons, la libellule, la mante, les insectes sont les hôtes ordinaires des porcelaines orientales; ils sont les bienvenus dans nos demeures et réjouissent nos yeux en faisant luire devant nous les couleurs les plus diverses, disposées avec un goût exquis. L'artiste a encore ici dépassé, en prodigalité, les dons de la nature qui s'est refusée à accorder à un même être trop libéralement ses faveurs.

Je restreindrai mes citations aux modèles courants fabriqués pour l'Europe.

L'*assiette à la nourrice* représente une élégante jeune mère allaitant son nouveau-né; la femme peinte n'est aucunement une nourrice dans la véritable acception du mot, néanmoins la dénomination a cours légal dans la curiosité.

L'*assiette à l'iris* porte au moins un nom logique : deux iris en bouquet sont encadrés dans une bordure de rinceaux entrelacés. Ce sujet existe sur fond blanc en bleu et or ou en émaux polychromes.

Le *berceau* est un type familier pour l'amateur. Jacquemart l'a classé, sans motif plausible, parmi les produits de l'Empire du soleil levant alors qu'il ne présente aucun des traits caractéristiques de la fabrication japonaise. Du reste, il ne subsiste plus aucun doute sur sa nationalité chinoise.

Ce plat, fond blanc, est décoré tantôt en bleu et or, tantôt en couleur : sous un berceau de verdure, taillé sur le modèle des arbustes du parc de Versailles, une femme est assise ayant à ses côtés une autre femme debout; sur le devant, un personnage à droite et un groupe de trois hommes à gauche; au premier plan, deux canards mandarins sur un étang. Jacquemart reconnaît la future et l'entremetteuse dans les deux femmes placées sous le pavillon de feuillage et dans les trois personnages de gauche les deux pères et le futur. Comment a-t-il pu

voir tant de choses dans une esquisse aussi sommaire? comment a-t-il pu distinguer l'âge des personnes présentes? Ignorait-il donc que les mariages chinois ne se décident pas ainsi à la suite d'une entrevue préalable? Les négocia-
tions matrimoniales sont conduites par des tiers, par des amis communs, et
l'accord intervient entre les deux familles sans que les futurs aient eu la moindre
occasion de se voir. Le futur est obligé de se fier au goût et aux rapports de
la personne de confiance qui a reçu de lui pleins pouvoirs pour conclure son
union, et il n'aperçoit sa nouvelle épouse qu'au moment où il ouvre la chaise à
porteurs, fermée à clef, qui l'a transportée de la demeure paternelle au domi-
cile conjugal.

Quand l'époux est mécontent de la compagne qui lui a été choisie ou lorsqu'il a été dupé par des conseils intéressés et frauduleux, il jouit de la faculté
de renvoyer la jeune femme à ses parents pourvu qu'il renonce à la dot payée
pour obtenir sa main. En Chine, la femme est achetée par l'époux; cet usage
serait peu goûté de nos jeunes gens en Europe où le mariage est souvent considéré comme un moyen d'accroître son patrimoine et de redorer son blason.

Quant à notre plat, il me semble que tous les personnages, qui y figurent,
ont plutôt un air de jeunesse, sauf peut-être la personne assise sous le berceau,
laquelle pourrait bien être la mère de cette nombreuse famille. Nous arrivons
ainsi par le raisonnement à dire avec Jacquemart que ce plat a trait au mariage
avec cette différence notable qu'il ne s'agit pas d'alliance à contracter, mais
bien d'une union déjà consommée, ayant produit des rejetons. Le marli, fond
vert quadrillé en noir, porte douze réserves occupées par des plantes ou des
papillons nocturnes, symboles de fécondité.

La taille des arbres était pratiquée en Chine longtemps avant que la mode
des jardins à la Française ne se fût répandue en France au dix-septième siècle;
des documents authentiques en font foi.

Les Chinois croient que les mariages sont décidés par le Vieux de la lune,
Youe-Lao, qui habite l'astre des nuits et qui unit les futurs par un fil rouge
que rien ne peut rompre; la chronique en rapporte de nombreux exemples. De
cette croyance dérive le culte du Vieux de la lune qui préside au destin matri-
monial des jeunes gens et des jeunes filles.

De Groot raconte, à ce sujet, une légende qui remonte au temps des Thang.
Un nommé Weï-kou rencontra, un soir, dans la ville de Soung-Tching un
vieillard assis au clair de la lune, un livre à la main. Questionné sur le contenu

du livre, le vieillard répondit que les destinées matrimoniales des hommes y étaient inscrites : « Je lie avec un fil rouge, ajouta-t-il, les pieds de l'homme et de la femme. Fussent-ils nés de familles ennemies ou originaires de pays éloignés l'un de l'autre, leur destin s'accomplit inévitablement. Ainsi la fille de la vieille femme qui vend des légumes dans cette boutique là-bas sera ton épouse ». S'étant approché de l'endroit indiqué, notre Chinois aperçut dans les bras de la marchande une petite fille de deux ans d'un aspect déplaisant, et, voulant empêcher la prophétie du vieillard de se réaliser, il chargea un meurtrier de le débarrasser de l'enfant. Le spadassin, en s'acquittant de sa mission criminelle, ne réussit qu'à faire à la victime désignée une égratignure au-dessus de l'œil. Weï-kou se maria 14 ans plus tard avec une belle femme et il reconnut à une cicatrice que celle-ci avait au-dessus du sourcil que son épouse n'était autre que l'enfant qu'il avait cherché à faire assassiner.

L'*assiette au repas de poisson* a été exécutée pour notre marché et n'exige aucune explication savante. Une simple inspection démontre qu'il n'est nullement question ici d'un repas. Un philosophe debout et trois autres assis autour d'une table basse, chargée d'un bassin, semblent disserter sur deux poissons qu'ils examinent attentivement. Cette assiette est très décorative avec poissons et oiseaux alternant sur le marli. La désignation de *repas de poisson* est bizarre, rien ne la justifie dans l'attitude des acteurs de cette scène familière. Il est curieux de constater la facilité avec laquelle s'accréditent et se propagent les conceptions les plus insensées ; la logique n'est pas populaire en ce bas monde, chaque jour nous en apporte une nouvelle preuve.

Dans les collections du siècle dernier figuraient des plats ornés d'un navire aux couleurs hollandaises naviguant, toutes voiles au vent, sur une mer verdâtre. Ces plats étaient fabriqués sur commande pour les capitaines de navires Néerlandais qui désiraient conserver, par la peinture, le souvenir du bâtiment avec lequel ils avaient affronté, en Chine, les dangers d'un océan fécond en naufrages. J'ai un beau spécimen du genre ; on lit sur un cartouche, au marli de mon plat : le navire *Vryburg*, capitaine Jacob Ryzik, est entré en Chine en 1756.

La *dame au parasol* est un sujet assez commun sur les plats et les assiettes ; plus rare sur les tasses et les soucoupes, il est alors traité avec une délicatesse charmante.

Tasse et soucoupe, fond blanc, décor polychrome ; bordure de polygones

roses juxtaposés et superposés sur deux rangs, contrebordure de fleurs et
fruits, au centre : dame Annamite sous un parasol tenu par un serviteur, ha-
billé en femme, s'avançant vers trois oiseaux arrêtés devant des plantes aquatiques.

Les plats et assiettes à marli frotté d'argent avec sujets polychromes sont
toujours accueillis favorablement : au marli, quatre réserves rouges à arabesques d'or alternant avec quatre réserves blanches à fleurs bleues, remplacées
parfois par des réserves noires à bouquets dorés ; sur la chute, quadrillé noir
à rinceaux blancs ou arabesques bleues en relief ; au centre : femme, assise
devant une table, jouant du *kin*, instrument de musique à cordes, ou se coiffant
devant un miroir métallique qui reflète son image.

La plupart des plats et assiettes ont le revers orné de fleurs, de paysages,
de papillons, d'emblèmes ou de motifs avec des émaux similaires à ceux de la
face principale. Ainsi, un décor bleu appelle un revers peint en bleu ; un décor
polychrome un revers peint avec des émaux polychromes, telle est la règle. Par
exception, un de mes compotiers porte un paysage bleu, et, sur le revers, trois
lépidoptères en couleur.

Je connais un seul exemple d'un plat offrant, sur la face postérieure, un motif
central ; mon plat n'est pas unique assurément, mais il est rare. Il représente,
encadrées dans une quadruple bordure ornementale, trois jeunes femmes élégantes se promenant, sur une terrasse, au bord d'un étang sur lequel des canards mandarins nagent au milieu de nélumbos fleuris ; sur le revers, trois bouquets au pourtour, et, au centre, branche chargée de deux pêches.

Souvent les assiettes et quelquefois les soucoupes en porcelaine mince ont
leur revers émaillé en carmin ou en rose, par exception en jaune serin ou en bleu.

Il est des compotiers et des bols sur lesquels une tige fleurie, commencée
sur une face et coupée par le bord, se retourne et poursuit son évolution au
revers ; cette invention est encore bien chinoise et fort ingénieuse.

Je ne veux pas m'attarder davantage et je me hâte d'atteindre la vitrine, où,
derrière des glaces transparentes, l'œil découvre avec ravissement les assiettes
coquille d'œuf si minces, si délicates, si frêles qu'il semble qu'elles se brise-
raient au simple contact de l'haleine.

Rapportées au dix-huitième siècle par les Hollandais pour orner nos éta-
gères et nos dressoirs, elles sont trop fragiles pour les besoins journaliers.
Quel régal pour les yeux ! L'art décoratif est impuissant à réaliser un rêve

plus suave et plus idéal. Le céramiste chinois s'est surpassé en enfantant ces jolis *bibelots* si mignons, si luxueux, si inimitables.

Voyez cette jeune femme si coquette dans son riche costume, si élégante dans ses précieux atours! Voyez ces enfants espiègles et robustes jouant sur les genoux ou aux côtés de leur mère qui les surveille avec tendresse et sollicitude! Regardez ce somptueux mobilier qui entoure ces gracieux personnages et leur prête le cadre de sa splendide parure. Ici, c'est un paysage avec ses rochers, ses montagnes, ses cascades, ses maisons, ses arbres, ses lacs, lacs sillonnés de barques, lacs dont les rives sont animées par de vaillants pêcheurs; là, c'est une ornementation arabesque ou géométrique qui charme l'œil par la richesse du décor et l'ingéniosité des procédés. Plus loin, des bouquets multicolores de nélumbos, d'asters, de magnolias, de pivoines et de chrysanthèmes s'élancent, à profusion, de corbeilles ajourées ou étalent pompeusement leurs pétales jaunes, roses, violets sur la surface unie des assiettes et des soucoupes. Ailleurs, c'est un oiseau qui vole ou qui perche au milieu de buissons en fleurs, c'est un animal qui s'avance ou qui se repose dans son attitude naturelle. D'une part, la ligne se plie docilement à d'aimables contours et la symétrie, inexorable dans ses manifestations diverses, apporte le concours de son luxe et de sa grâce, dissimulant sa monotonie sous les ornements les plus exquis; de l'autre, l'imprévu surgit, prend corps et se déroule avec ses poétiques inspirations. La science et la poésie se rencontrent sur un terrain commun dans le temple de l'harmonie. L'artiste exprime sa pensée clairement; la conception est féconde, le langage brillant, l'accent pur, la note gaie; c'est un rythme d'une mélodie suprême; c'est un hymne perpétuel à la jeunesse et à la beauté.

Je tiens à constater, en outre, avec quel bonheur et quel talent le peintre céramiste a saisi et reproduit sur les assiettes, les soucoupes et les tasses *coquille d'œuf* de délicieux visages de femmes et de jeunes filles à l'air modeste et candide, des faces rubicondes et fraîches d'enfants pleins de force et de santé. L'homme lui-même y est représenté sous des traits aimables, au milieu d'une société choisie, courtisant ses jolies compagnes et tentant de les convaincre de la sincérité de son émotion ou de la tendresse passionnée de son cœur. On sent que ces personnages vivent heureux dans une atmosphère de félicité, de grâce et d'amour. Ces petits tableaux sont de véritables miniatures et on ne les regarde jamais avec indifférence. Nous ne sommes plus en présence de ces Japonaises à la physionomie ingrate, disgracieuse, boursouflée

qui ne change presque jamais, de ces types invariables d'une uniformité dé-
sespérante qui ne sont que des médailles frustes et sans charmes.

Le Japonais, il est vrai, aussi bien sur la céramique que dans ses estampes
coloriées, fait oublier et rachète la laideur de ses figures féminines par le luxe
exubérant des vêtements, il nous éblouit par l'éclat des draperies, par les fan-
taisies les plus capricieuses du pinceau non moins que par la richesse des tons
qui dépassent nos rêves les plus risqués, les plus audacieux, les plus téméraires, mais le costume chinois est aussi somptueux, plus sobre, plus châtié,
d'un goût plus raffiné. Le Japon est digne de nos suffrages dans la plupart
de ses décors, mais la Chine a droit incontestablement à un rang supérieur
dans le domaine de l'art et surtout en céramique par l'antiquité de sa civilisation et par la multiplicité des productions si variées de ses habitants ; ses œuvres
d'une exécution irréprochable et d'une invention merveilleuse attestent par leur
beauté le génie de cette grande nation si bien douée.

Les assiettes *coquille d'œuf* (les plus belles du moins) ont été fabriquées sous
le règne de Yung-tching ou pendant les quarante premières années de la période
Kien-long. Plusieurs sont marquées des nien-hao de ces deux empereurs.

Ces merveilles seront impérissables, espérons-le, en dépit de leur fragilité ; la
divinité clémente, qui a présidé à leur naissance, les protègera contre les accidents et les préservera de la destruction ; les plus robustes natures n'ont pas
les plus longues existences, et le destin, qui veille sur nous, leur épargnera les
chutes, les revers, et les conservera à notre amour. La collection est riche en
assiettes *coquille d'œuf*.

Elles sont quarante-cinq rassemblées dans un sanctuaire commun, et reposent
tranquillement, loin du bruit, sur un lit de velours, dans une profonde retraite ;
l'âge n'a altéré ni leur jeunesse ni leur beauté, et les égards, dont on les
comble, répondent de l'avenir si incertain pour les autres.

Je ne décrirai pas l'assiette aux sept bordures, indispensable dans toute collection honnête, sa notoriété est trop grande. Au milieu de ses jolies compagnes elle trône en reine à la place d'honneur et tient le sceptre avec orgueil et
dignité. Ces bordures multiples, qui encadrent le sujet du centre, l'entourent
comme d'une auréole la désignant aux regards des plus profanes, aussi est-on
tenté de s'incliner devant cette radieuse souveraine. Cet éloge est sincère, et
cependant j'avoue ingénuement que mon goût réclame moins de splendeur,
exige plus de simplicité ; je préfère l'assiette à la belle tunique blanche por-

tant uniquement, sur le marli, trois petits bouquets ou trois fruits mignons et ornée, au centre, d'un groupe peu important de personnages ou d'un seul oiseau sur un rameau chargé de fleurs. La modestie me plaît particulièrement tandis que les exhibitions trop pompeuses calment mon enthousiasme et tempèrent mon élan. Sans condamner à l'ostracisme ou à l'exil cette royauté légitime, sans vouloir afficher une sévérité intempestive, sans céder à un mouvement de critique morose, s'il m'était permis de formuler franchement ma pensée, je dirais que l'excès de richesse dans le décor engendre un peu la confusion et nuit certainement à l'effet général; le détail minutieux se perd dans l'ensemble, les grandes allures attachent et triomphent plus sûrement. Dans les forêts les plus touffues, sous les frais ombrages, j'aspire à entrevoir l'azur du ciel, à pressentir le scintillement des rayons du soleil; la respiration manque lorsque l'air ne circule pas largement sans entraves, le tableau n'est complet que si la lumière et la vie se manifestent à profusion dans la nature ambiante, alors l'œuvre de Dieu est parfaite, et celle de l'homme est digne de Dieu.

L'assiette aux sept bordures se vend, quand elle est sans défaut, deux mille francs et plus dans les ventes de collections célèbres. Je crois que le flot montant des enchères ne s'arrêtera pas là, et la porcelaine de Chine est appelée dans l'avenir aux plus hautes destinées; elle reprendra le premier rang qu'elle occupait au dix-huitième siècle.

Je vais analyser quelques types moins connus que l'assiette aux sept bordures et qui ne lui sont pas inférieurs en qualité.

Assiette blanche, décor polychrome Yung-tching; bordure quadrillée en noir, contrebordure rose mosaïque avec quatre réserves de bouquets dorés et quatre dragons enroulés alternant; plus bas, trois autres bordures variées; au centre : jeunes femmes assises près d'une table regardant jouer des enfants. Pl. XLI, 119.

Compotier blanc, émaux de couleur, revers carmin; bordure verte quadrillée, bande mosaïque rose avec trois réserves fleuries, bordure verte à rinceaux noirs; au centre, jeune femme assise entourée de trois enfants et d'un chien au milieu d'un riche mobilier.

Assiette avec marli bleu portant des rinceaux blancs et quatre médaillons à fleurs de vanille; fond blanc, décor en émail bleu de relief : une femme, assise près d'une table, écoute un joueur de flûte; au second plan, mobilier. Une autre assiette blanche reproduit le même sujet en émaux polychromes.

Compotier avec bordure rose quadrillée, fond bleu clathré en noir portant

des tiges fleuries dorées qui débordent sur la réserve blanche du centre à
décor noir : la reine des Génies sur des herbes marines et sa suivante qui lui
présente des fruits dans une corbeille. Pl. XLI, 118.   *

Compotier blanc, décor polychrome, revers carmin : bordure bleue quadrillée; au centre, trois coqs sur rocher au milieu de buissons en fleurs.

Assiette blanche, décor polychrome, revers carmin; bordure mosaïque rose
avec trois réserves fleuries, contrebordure quadrillée bleue, au centre : corbeille
remplie de fleurs variées et plat chargé de fruits.

Compotier orné d'une branche fleurie et de deux oiseaux; émaux de couleur sur fond blanc.

Un compotier blanc portant un rameau chargé de pêches est timbré du cachet carré de Kien-long en bleu; un autre, orné de plantes polychromes, est
marqué Yung-tching.

A la fin de la période Khang-hi, on avait fabriqué quelques pièces minces à
décor vert; elles sont beaucoup plus rares que celles à émaux roses exécutées
sous Kien-long; elles sont aussi belles. Je possède deux gobelets blancs avec
tiges fleuries polychromes, décor Khang-hi.

Je compte dans mes vitrines plus de deux cents tasses avec leurs soucoupes;
la plupart sont en porcelaine mince; une pareille moisson serait bien difficile
aujourd'hui. Beaucoup d'entre elles sont des types rares ou même uniques;
toutes sont des bijoux précieux, ayant un décor différent; ici encore il n'y a
pas de limite à la fantaisie de l'artiste qui s'est abandonné aux caprices les
plus imprévus. Je dois restreindre mes exemples à un petit nombre de sujets
d'élite.

Tasse et soucoupe; bordure verte quadrillée; fond rose mosaïque portant,
au pourtour, trois rouleaux blancs occupés, chacun, par un coq au milieu de
tiges en fleurs, et, au centre, un médaillon blanc à bouquet encadré de vert.

Tasse et soucoupe; bordure ornementale dorée; fond mosaïque noir sur lequel se détache une réserve blanche en forme de feuille encadrée de branches
fleuries en or et ornée d'un sujet familier en couleur : femme debout regardant
une jeune mère, qui allaite son enfant, assise près d'une table sur laquelle un
miroir métallique reflète son image. Pl. XLII, 123.

Tasse et soucoupe; double bordure d'arabesques dorées; fond blanc, émaux
polychromes : deux femmes, richement vêtues, jouent au jeu du gô dans un
pavillon aux somptueuses tentures (rare). Pl. XLII, 124.

Tasse et soucoupe; bordure bleue quadrillée et large bande mosaïque rose coupée par quatre réserves de fruits; fond blanc, décor en couleur : danseuse dans un costume élégant sur une terrasse.

Tasse et soucoupe; bordure rose quadrillée; fond noir chargé de fleurs en couleur débordant sur un médaillon blanc occupé par un coq (rare). Pl. XLII, 120.

Tasse et soucoupe; bordure verte quadrillée et contrebordure rose mosaïque à trois réserves de bouquets, autre bordure jaune nankin à rinceaux noirs cernée d'un filet à trois rosaces d'or, fond clathré bleu et noir; au centre, faisan multicolore sur un rocher au milieu de plantes fleuries (rare). Pl. XLII, 122.

Tasse et soucoupe, fond blanc, émaux de couleur; bordure bleue quadrillée, large bande chargée d'arabesques et coupée par trois réserves de fleurs et fruits, autre bordure verte quadrillée; au centre : faisans sur rochers et arbustes fleuris. Pl. XLII, 121.

Tasse et soucoupe; bordure verte quadrillée et contrebordure rose mosaïque à trois réserves fleuries, fond bleu clathré portant une feuille, réservée en blanc, sur laquelle s'enlève, en couleur, un coq au milieu de buissons en fleurs.

Tasse et soucoupe; rinceaux dorés en bordure; fond blanc, décor polychrome : arbustes fleuris et grues au bord d'un étang dans lequel nagent des cyprins rouges.

Tasse et soucoupe; fond carmin, décor en couleur : trois papillons variés au pourtour, et, au centre, médaillon blanc à bouquet (rare).

Tasse et soucoupe; au pourtour, bandes curvilignes, ornées de tiges fleuries, à fond alternativement noir, jaune, violet ou vert; au centre, médaillon blanc avec bouquet; au revers, branche de pêcher en fleurs polychrome sur fond noir (marque au lièvre).

Tasse et soucoupe; soucoupe blanche ornée d'arabesques d'or sur lesquelles se détachent, au pourtour, trois réserves à fleurs et fruits en couleur alternant avec trois médaillons à fleur bleue; au centre, fleurs, fruits et papillon; revers de la soucoupe et intérieur de la tasse carmin.

Tasse et soucoupe; bordure rose quadrillée, contrebordure clathrée d'or et fond rose mosaïque à quatre réserves blanches fleuries; au centre, bouquet polychrome.

Tasse et soucoupe; bordure quadrillée en or; mobilier en noir et or.

Tasse et soucoupe; bordure rose quadrillée; au pourtour, fonds partiels clathrés d'or alternant avec des réserves à bouquets polychromes cernés de rinceaux verts entrelacés; au centre, corbeille de fleurs.

Tasse et soucoupe; bordure bleue clathrée, bande mosaïque rose à trois réserves fleuries, bordure jaune; au centre, fond blanc, émaux polychromes : femme assise près d'une table et enfant qui regarde courir un lapin blanc.

Tasse et soucoupe; large bordure jaune clathrée à trois réserves de dragons et contrebordure rose de rinceaux; fond blanc, décor en couleur : fleurs et papillons; revers carmin.

Tasse et soucoupe; bordure rose à losanges, fond mosaïque bleu et noir portant, au pourtour, quatre éventails à feuille d'or ornée de bouquets, et, au centre, une rosace rouge.

J'ai cinq modèles différents de tasses avec éventails.

Tasse et soucoupe; bordure rose quadrillée et contrebordure clathrée d'or; fond rose mosaïque avec cinq réserves blanches à bouquet polychrome.

Beaucoup de porcelaines minces ont un fond blanc gaufré imitant les pétales de l'hibiscus ou d'une autre fleur sur lequel s'enlèvent des décors polychromes.

Tasse et soucoupe; au pourtour, coqs sur des rochers au milieu de tiges fleuries; au centre, un bouquet.

Une nomenclature complète serait instructive tant les décors sont délicats et variés, je dois y renoncer, car elle nous entraînerait trop loin.

Ces tasses et soucoupes n'ont pas été fabriquées isolément, elles faisaient partie de cabarets ainsi composés : six soucoupes, six tasses sans anses, campanulées, hémisphériques ou en forme de cône tronqué, six tasses plus épaisses cylindro-ovoïdes avec anses, une théière, un vase à thé, un pot au lait, un petit plateau à bords lobés, un bol et un compotier; le décor de ces diverses pièces était assorti avec soin.

Pot au lait à corps piriforme; bordure verte quadrillée; fonds partiels en mosaïque rose ou en clathré bleu portant quatre réserves blanches à décor polychrome : l'une avec un coq au milieu de tiges fleuries et trois autres avec bouquets; à la base, bordure chamois à rinceaux.

Pot au lait à panse piriforme avec couvercle assorti à bouton; bordure jaune quadrillée; fond rose mosaïque portant trois grandes réserves accolées : deux latérales fond brun chargé de fleurs arabesques en couleur et une centrale occupée par une corbeille fleurie sur fond vert d'eau dans une bordure d'or clathrée.

Vase à thé ovoïde lobé, fond jaune pâle clouté de noir, avec double ornement violet à palmettes; couvercle bombé avec bouton.

Petit plateau ovale lobé, fond blanc, émaux polychromes; bordure de rinceaux dorés, contrebordure mosaïque portant des fruits et des fleurs; au centre, faisan argenté sur rocher au milieu de buissons fleuris.

Les bols en porcelaine mince sont nombreux, je n'en produirai que deux exemplaires.

Bol hémisphérique blanc, émaux polychromes : au pourtour, femmes élégantes au milieu d'un riche mobilier; à l'intérieur, feuillages dorés en bordure, et, au fond, arbouse, aster et papillon.

Bol blanc avec coqs sur rocher et tiges fleuries en couleur.

Je termine par deux bols en porcelaine demi-mince.

Bol hémisphérique blanc, décor polychrome; au pourtour, deux paons sur rochers entre deux pêchers à fleurs blanches et rouges (Palais d'Été).

Petit bol blanc décoré en couleur : dame sur un char traîné par un axis et causant avec un cavalier dans un pays accidenté. Il fait partie d'une série de bols dont l'ornementation variée est d'une finesse charmante; ils sont tous marqués Yung-tching. Quatre bols différents de cette suite sont en ma possession et figurent avec honneur dans mes vitrines.

Nous dirons maintenant quelques mots de la porcelaine connue sous le nom de *porcelaine à mandarins*.

PORCELAINES A MANDARINS

PORCELAINES DIVERSES

Ces porcelaines ont été exécutées pendant la seconde moitié du dix-huitième siècle sous l'inspiration directe des Jésuites qui ont joui, au palais de Pékin, durant les règnes de Khang-hi et de Kien-long, d'une grande autorité, d'un crédit considérable en récompense de leurs connaissances astronomiques et scientifiques. Il n'y a pas d'amateur qui n'ait souvent rencontré un de ces vases ovoïdes, hexagones ou octogones portant des personnages vêtus à l'orientale avec des visages semblables aux nôtres ombrés par une demi-teinte fondue. Ces personnages occupent de larges réserves encadrées soit de mosaïques rouges ou noires, soit de rinceaux arabesques ou de filigranes en or ou en bleu ; çà et là, sur la panse, sont semés de petits médaillons, à contours irréguliers, avec oiseaux ou fleurs en camaïeu, soit rouge, soit noir, d'une touche délicate et d'une liberté exquise.

On connaît des vases de cette espèce en porcelaine mince ou demi-mince ; leurs couvercles bombés débordant sont couronnés d'une petite chimère. L'analyse générale présentée ci-dessus me dispense de décrire les deux vases de la collection. J'y suppléerai en plaçant sous vos yeux un joli type des assiettes de service dont le décor est similaire.

Assiette blanche, émaux de couleur ; sur le marli, rinceaux dorés avec quatre réserves de paysages roses et quatre réserves de fleurs noires alternant ; sur la chute, bâtons rompus dorés avec quatre médaillons à paysage carmin et quatre dragons bleus enroulés alternant ; au centre : serviteur versant le thé à une dame étendue sur un tapis et abritée par un écran que tient une suivante.

Certaines assiettes décorées, en bistre et brun, de personnages identiques font également partie de cette catégorie.

Nous retrouvons ces mêmes *mandarins* sur des vases piriformes aplatis avec col évasé, dont le fond blanc, vert ou rougeâtre imite les aspérités de la chair de poule. Ces vases ne nous retiendront pas longtemps parce que si quelques-uns, par exception, sont d'une fabrication soignée et agréables à la vue, le plus grand nombre est sans aucune valeur d'art. C'est un article d'exportation dont l'ornementation négligée et hâtive est une preuve certaine de décadence. Les produits céramiques exécutés pour le pays de production ont une autre allure, une autre distinction; nous respirons alors une senteur de terroir plus naturelle, plus vraie; l'accent est plus convaincu, moins forcé.

Je n'insisterai pas davantage sur des vases ayant la forme de ceux à *surface rugueuse comme la chair de poule* ou la forme inverse; encadrées de rinceaux bleus, leurs réserves blanches sont ornées de bouquets ou de cornets fleuris.

Les *porcelaines dites de l'Inde* sont ainsi nommées, malgré leur origine chinoise, parce qu'elles nous sont parvenues par l'intermédiaire de la Compagnie des Indes; il serait plus exact de les appeler *porcelaines de la Compagnie des Indes*. L'art ici est resté muet, ou plutôt il parle une langue étrangère sans éloquence et même d'une façon vulgaire. La porcelaine de l'Inde ne mérite pas d'usurper notre temps et de ralentir notre marche; c'est une porcelaine de commerce, rien de plus. Certaines pièces de cette série, il est vrai, sont décorées avec plus de soin, néanmoins je préfère concentrer l'attention du lecteur sur des spécimens plus estimés et plus estimables.

Au dix-huitième siècle, les Hollandais et les Anglais surdécoraient, en rouge, les pièces qu'ils jugeaient trop blanches pour le goût des acheteurs. Si elle avait été appliquée sur des porcelaines de première qualité, cette surdécoration aurait été un acte criminel ou coupable; heureusement le mal est de peu d'importance.

Je regrette vivement, au contraire, les ordres malencontreux et funestes émanés des négociants d'Europe à l'effet de spécifier et, en quelque sorte, d'imposer l'ornementation des porcelaines commandées aux céramistes d'Orient. Cette direction inconsidérée a influé d'une manière fâcheuse sur le génie national des artistes chinois et perverti leur goût inné; livrés à leur propre caprice, ils ont presque toujours produit des œuvres supérieures. Le résultat de cette impulsion fatale a été déplorable pour l'art.

Avant de terminer, je veux réparer quelques oublis. La Chine a fabriqué pour l'Europe des aiguières avec leurs bassins, des pots à eau avec cuvettes qui figuraient sur les dressoirs de nos pères. Ces bassins soit ovales, soit octogones, soit en forme de coquilles côtelées, étaient complétés par des vases imitant des casques renversés ou des volutes marines; les émaux des époques Khang-hi ou Yung-tching étalaient leur riche coloris sur ces produits fort recherchés. Voici une pièce de ce genre à décor vert Khang-hi.

Bassin octogone; bordure verte piquée de noir, chargée de fleurs, à quatre réserves de sauterelles et de papillons; au pourtour, sur les deux faces, compartiments à plantes; au fond, arbustes fleuris et martins-pêcheurs.

Aiguière en forme de casque renversé sur piédouche saillant; anse arrondie; bordure verte fleurie et folioles juxtaposées; entre deux bandes mosaïques en relief, fong-hoangs et fleurs polychromes sur fond blanc; au culot, couronne de pétales accolés; sur le piédouche, quatre bordures variées; mascaron sous le déversoir.

On rencontre encore, en ce genre, de petites fontaines de suspension avec cuvettes pour le lavage des mains avant le repas; leur ornementation est très riche.

Accordons, en passant, un coup d'œil aux vases à surprise décorés en bleu ou bien en vert Khang-hi.

Bouteille à surprise; anse creuse enveloppant le col avec déversoir en forme de mufle; sur le col droit, ajouré, fond vert piqué de noir chargé de fleurettes rouges; sur l'épaulement, bande verte à pointillé noir avec demies fleurettes; sur la panse sphéroïdale, verte à étoiles noires, deux réserves blanches avec personnages en couleur; piédouche à bordures variées; couvercle assorti.

Pot à surprise, fond blanc, décor bleu; col ajouré orné d'arabesques; panse quadrillée avec six réserves de personnages, trois grandes et trois petites alternant; anse creuse pour l'écoulement du liquide.

Certains bols portent intérieurement, au fond, un renflement ayant la forme d'une coupole dont le sommet et la base sont percés d'une petite ouverture; à mesure que vous les remplissez d'eau, on voit émerger peu à peu des cavités de cette étroite cellule un minuscule personnage qui apparaît tout entier dès que le bol est plein. — Enlevez le liquide et aussitôt le personnage disparaît réintégrant sa prison avec une docilité exemplaire. L'explication est facile : l'eau, introduite par l'ouverture inférieure, soulève la plate-forme supportant le personnage qui sort de la niche ; l'effet contraire se produit en retirant l'eau.

La collection comprend plusieurs pièces céramiques fabriquées pour les musulmans de Chine ou ceux de l'extérieur.

Compotier blanc avec neuf bordures concentriques séparées par des filets rouges et ornées de caractères arabes noirs ou de rinceaux rouges alternant ; au centre, carré divisé en seize cases égales symbolisant le tombeau de Mahomet ; au pourtour, quatre inscriptions arabes qui indiquent le lieu où doivent se prosterner les sectateurs du Prophète.

Grand bol couvert et plateau assorti ; sur fond gros bleu, semé d'étoiles et de croissants dorés alternant ; bordure et réserves blanches lobées portant des inscriptions arabes en or.

Compotier et bol à décor analogue.

La bouteille suivante a été commandée pour la Perse. Cette *surahé*, fond blanc, décor bleu, porte, sur le col, des feuilles dressées, et, au dessous, des outres suspendues et des pendeloques ; sur l'épaulement, rinceaux et bordure à quatre réserves inscrites de vers persans : « *Bois du vin ! On ne sépare pas des amis dans la souffrance. Donne-moi la surahé* » ; sur la panse, bâtons rompus en creux alternant avec des médaillons ornés de grues.

Je décrirai maintenant un grand compotier exécuté pour le Thibet : large bordure verte à réserves jaunes cordiformes avec fleurs arabesques ; au pourtour, bande jaune avec chrysanthèmes symétriques en couleur ; au centre, encadré d'une bordure violette à rosaces et losanges alternant, médaillon vert sur lequel se détachent cinq réserves cordiformes identiques à celles indiquées plus haut, groupées autour d'une rosace ; plat superbe et sans défaut.

Les porcelaines faites pour le Siam sont, en général, assez grossières et conformes sans doute au goût des habitants ; voici, à titre exceptionnel, un joli bol :

Bol hémisphérique blanc, décor en couleur ; au pourtour, entre deux bordures d'attributs bouddhiques alternant avec le caractère *cheou*, divinités nimbées sur des nélumbos au-dessus des flots et emblèmes sacrés qui se détachent successivement sur un fond partiel cordiforme rose ou bleu ; plateau assorti (Kien-long). Il est certain que ce bol a été fabriqué pour un édifice religieux en renom.

La facture du bol suivant est plus négligée; au pourtour, six personnages hiératiques s'enlèvent, en couleur, au milieu de flammes symboliques sur un fond noirâtre entre une double bordure ornementale verte ou rouge.

Les vases de cette catégorie ont une panse cylindro-ovoïde et un piédouche débordant; la forme des couvercles est celle de coupoles surbaissées couronnées de disques saillants et bombés. Le ton des émaux de la couverte est violent et criard; le décor est sans harmonie, il n'a plus le fondu auquel nous sommes habitués. Cette fabrication détonne dans l'œuvre céramique chinoise; heureusement les potiers du Céleste Empire ont, à leur actif, des titres de gloire plus sérieux. Jacquemart attribuait à l'Inde les porcelaines fabriquées pour Siam; personne aujourd'hui ne commettrait une semblable erreur; d'ailleurs cette méprise ne portait aucun préjudice à la renommée séculaire du goût chinois; ces porcelaines de commerce restent étrangères au domaine de l'art, elles ne sont admises dans les collections qu'à regret, en nombre très limité et, comme des parias, elles doivent être reléguées sans merci loin des regards.

J'ai condensé à dessein ces renseignements concernant les fabrications destinées à l'exportation, j'ai restreint mes citations au strict nécessaire et elles m'ont semblé suffisantes pour guider l'amateur dans ses investigations. Chacun reconnaîtra facilement à la nature du décor le pays pour lequel ces pièces céramiques ont été exécutées.

ÉPOQUE MODERNE (1796-1893)

La dernière période s'ouvre à l'avènement de Kia-king. Les pièces faites pour le palais du souverain avec décor arabesque et médaillons à sujets polychromes sous Kia-king (1796-1820) et sous Tao-kouang (1820-1850) ne sont pas sans valeur; copies de modèles empruntés au règne de Kien-long, elles dénotent encore une véritable habileté de main, une certaine finesse de dessin et une science approfondie du métier; mais les émaux pèchent par le manque de vigueur dans le coloris; l'accent accuse la faiblesse, le bon ouvrier a remplacé l'artiste. La sève a disparu; telle est la nature vers la fin de l'automne, à la veille de la saison d'hiver; tel est l'homme au déclin de la vie. L'époque moderne n'offre plus que le pâle reflet d'une belle période, et, encore, est-il juste de remarquer que les porcelaines, citées plus haut, ont été fabriquées par les meilleurs céramistes de la manufacture impériale. Partout ailleurs la décadence est plus sensible, plus profonde, plus lamentable. Je répéterai, toutefois, que, depuis quelques années, les flambés et certains monochromes en rouge de cuivre commencent à se montrer sous un aspect moins défavorable; ce n'est pas encore une résurrection, c'est une simple promesse que nous enregistrons avec plaisir. Il appartient aux potiers contemporains d'essayer de regagner le terrain perdu et de travailler vaillamment, sans relâche, pour marcher sur la trace de leurs aînés et reconquérir un rang honorable.

J'arrêterai ici cette étude. La période actuelle, jusqu'à ce jour du moins, est peu digne de notre attention; l'art sommeille, à l'écart, méconnu, délaissé, déshonoré. Le bon marché attire l'acheteur, la conséquence fatale est une production commune; la qualité est sans cesse sacrifiée à la quantité. L'heure de la décadence a sonné depuis cent ans et rien ne permet de prévoir, à courte échéance, une renaissance sérieuse. Je fais des vœux ardents pour que l'art céramique sorte bientôt de cette léthargie mortelle, secoue cette torpeur funeste, et, prenant de nouveau son essor, s'engage résolument dans la voie du progrès. Puissent mes souhaits se réaliser dans un avenir prochain! (1)

(1) Les contrefaçons modernes des porcelaines anciennes sont parfois assez réussies pour tromper un acheteur peu exercé. Depuis quelques années, le Japon se livre avec succès à ce genre de commerce frauduleux, et nous avons vu Paris et Londres envahis tout à coup par une bande innombrable de lapins bleu turquoise d'un assez joli modèle. Beaucoup d'amateurs ont introduit sans méfiance ces faux spécimens dans leurs vitrines. J'ai eu récemment entre les mains une paire de vases ovoïdes, fond gros vert, tirant sur le noir, décorés, sur biscuit, d'arabesques d'un vert pâle ; au premier abord, ils faisaient illusion. Après un examen minutieux, j'ai reconnu que ces pièces n'étaient que de jolies copies japonaises de vases chinois de la période Kien-long. Ces exemples suffiront pour éveiller l'attention des collectionneurs sur les pièces fausses fabriquées au Japon et ailleurs. Les imitations tentées jusqu'ici en Europe ne sont pas assez parfaites pour dérouter un vrai connaisseur; un novice seul peut être victime de son inexpérience.

CONCLUSION

Je suis enfin arrivé au terme de mon long voyage et j'espère n'avoir pas
soumis la patience du lecteur à une trop rude épreuve. Dans cette excursion,
j'ai souvent parcouru des sentiers peu frayés et des pays inconnus ou mal explo-
rés ; il n'est pas toujours facile de se diriger à travers la forêt vierge. J'ai
cherché la vérité avec ardeur sans craindre aucun obstacle ; parfois j'ai rectifié
l'itinéraire de mes devanciers. D'autres viendront suivre ma trace et glaner
sur mes pas ; ils me remettront dans la bonne voie, si je me suis égaré.

La porcelaine est une merveilleuse invention. La fée, qui protégea son berceau, lui a concédé la beauté en partage.

La beauté sera toujours jeune et puissante ; elle a exercé et exercera sans
cesse sur les âmes d'élite une attraction irrésistible ; elle plane au-dessus de la
matière dans une atmosphère limpide et épurée, dans la région céleste ; elle est
immortelle. L'artiste, le poète l'entrevoient dans leurs rêves, la couronnent
dans leurs œuvres ; les profanes l'ignorent et ne la comprendront jamais. Elle
est le dernier mot de l'art, l'expression la plus haute, la plus raffinée du génie
de l'homme, et le génie humain lui-même n'est qu'un faible reflet, une éma-
nation incomplète de la divinité, source infinie et éternelle du vrai, du beau et
du bien.

Les arts libéraux se rattachent aux beaux-arts par mille points de contact ;
ce sont des branches distinctes partant d'une souche commune, et les arts décoratifs ne sont qu'un rameau important des arts libéraux. Il n'y a pas un

grand et un petit art, il y a l'art. Ennemi implacable des sophismes, je protes-
terai toujours contre cette division aussi fausse que subtile.

Cellini ne croyait pas ravaler son talent ni abaisser le niveau de l'art quand,
après avoir exécuté son Persée, il ciselait avec amour les précieuses pièces
d'orfèvrerie qui l'ont illustré ; la postérité lui a donné raison. Une œuvre n'a
pas besoin d'un large cadre pour être immortelle. Un poème peut être long sans
atteindre à la grandeur. L'artiste vraiment doué est un poète, il a reçu d'en
haut le souffle et l'envergure ; l'épervier ne sera jamais un aigle. L'art est un
comme Dieu, et nul ici-bas ne peut gravir ses cîmes élevées, s'il n'est guidé et
soutenu par l'inspiration divine.

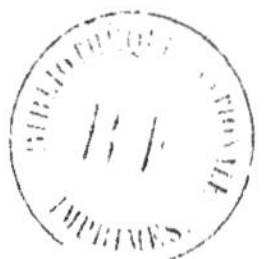

TABLE DES HÉLIOGRAVURES

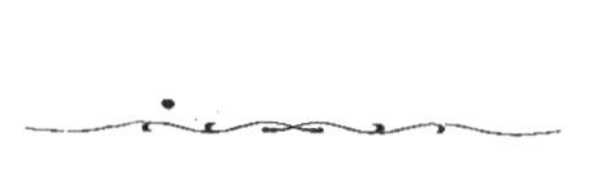

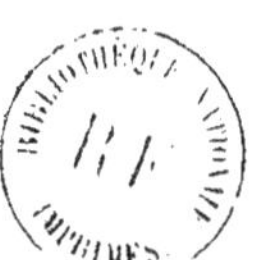

TABLE DES MATIÈRES

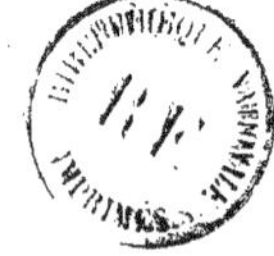

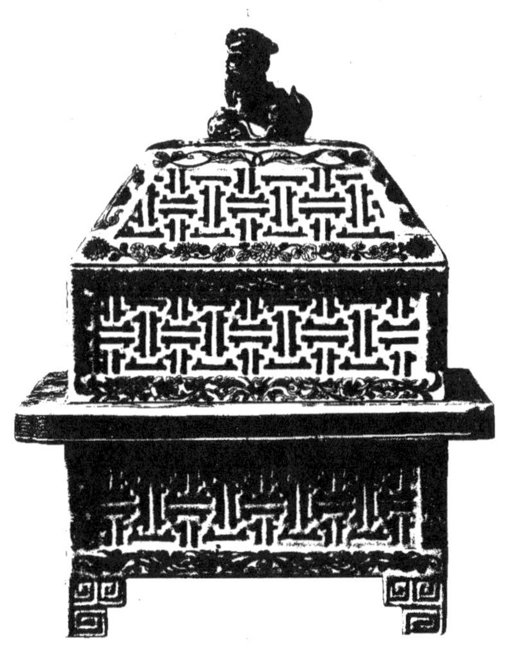

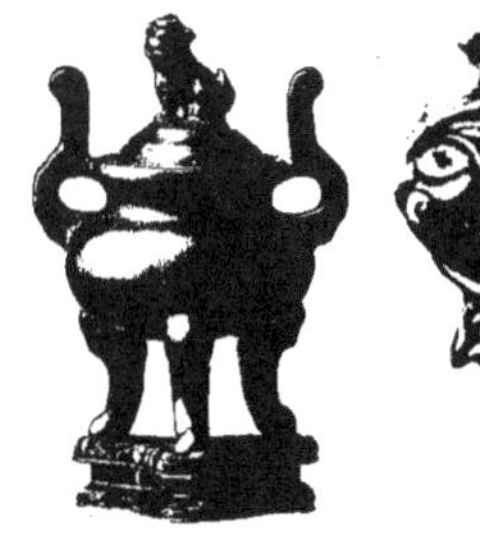 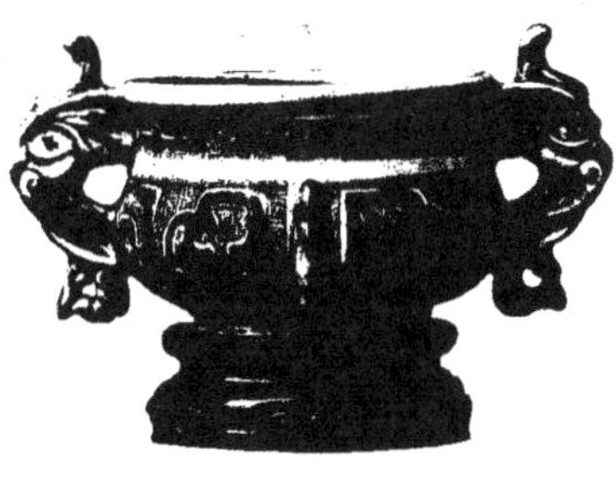 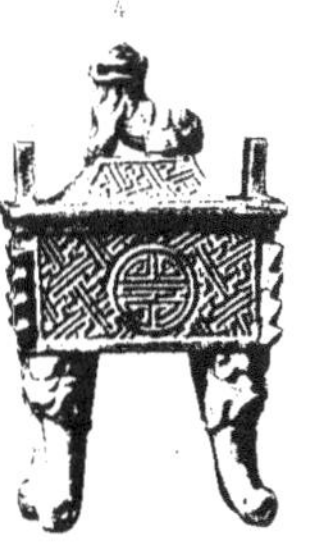

VASES RITUELS

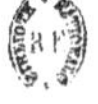

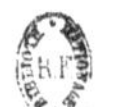

VASES RITUELS

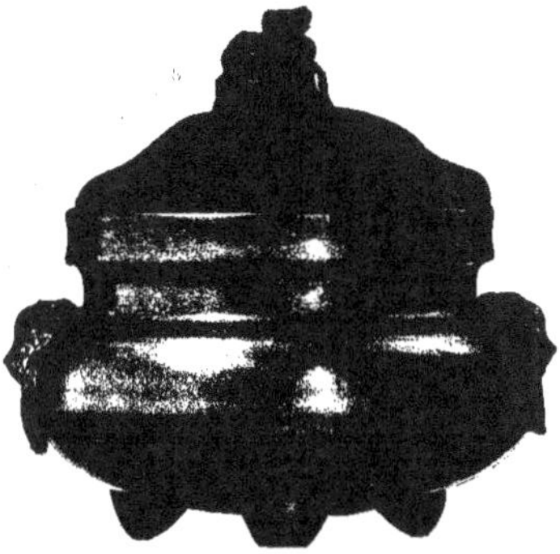

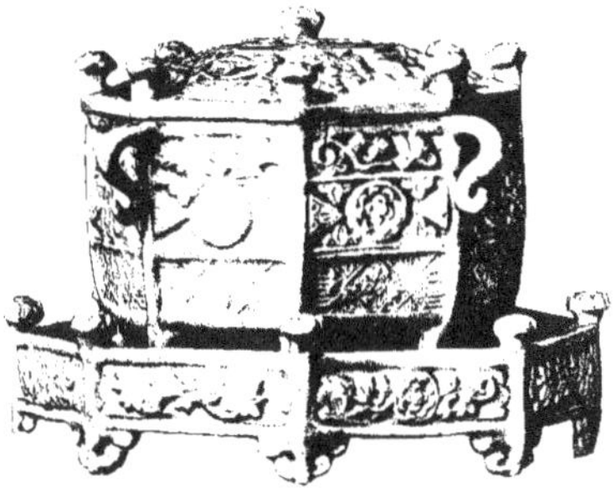

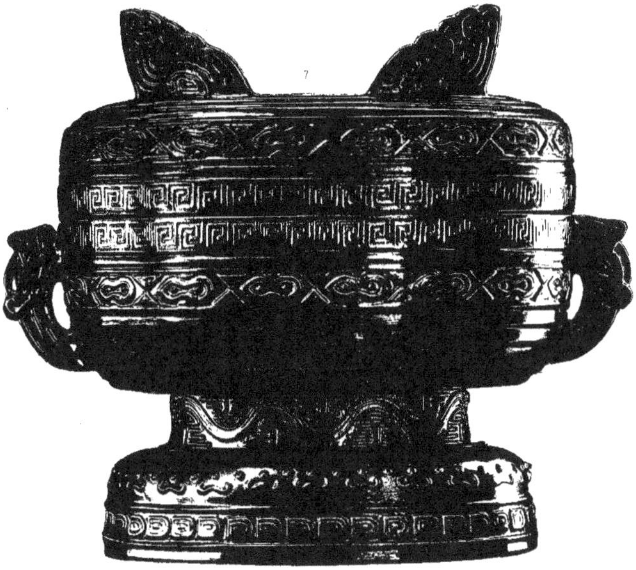

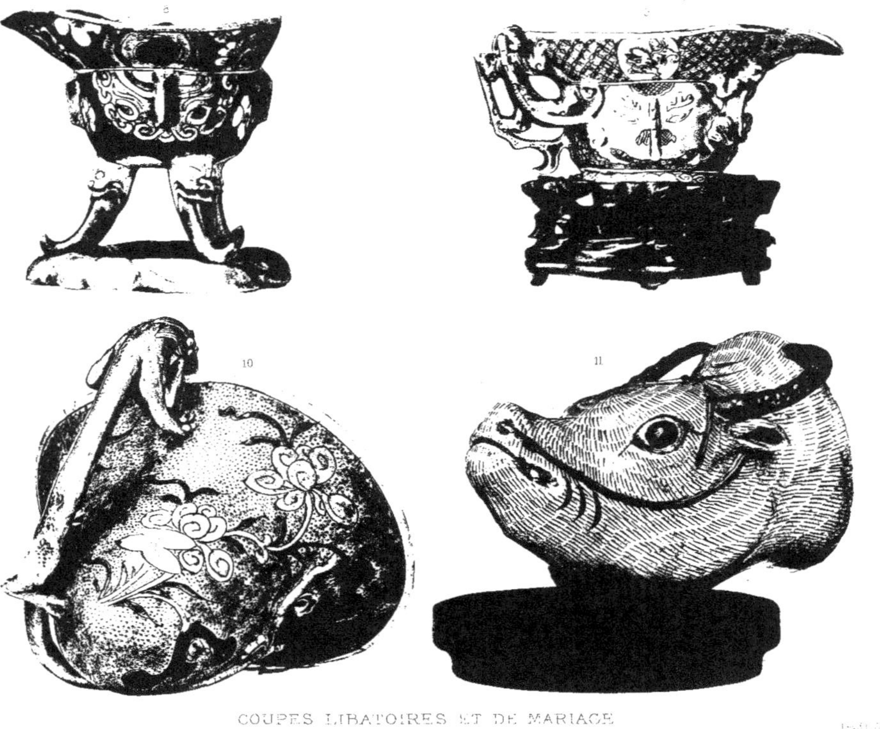

COUPES LIBATOIRES ET DE MARIAGE

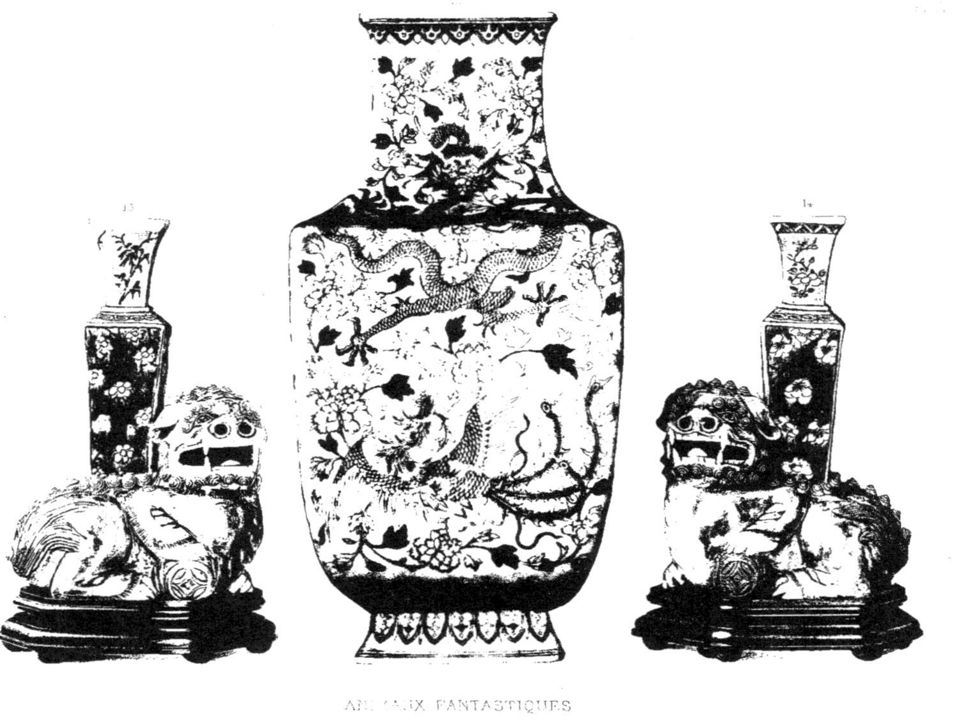

ANIMAUX FANTASTIQUES

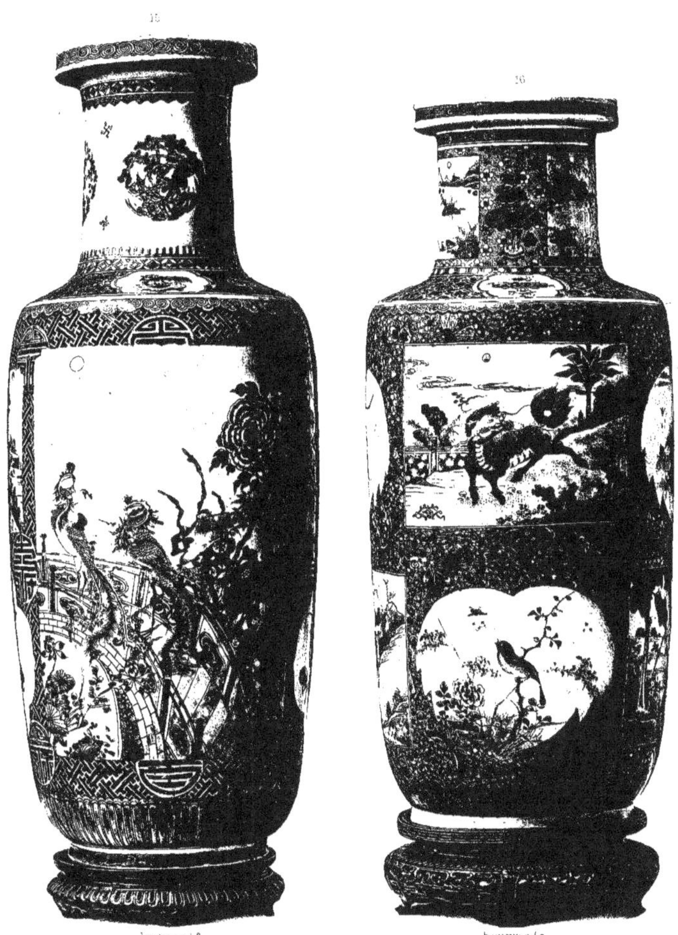

hauteur 0.48   hauteur 0.42

ANIMAUX FANTASTIQUES

17

18

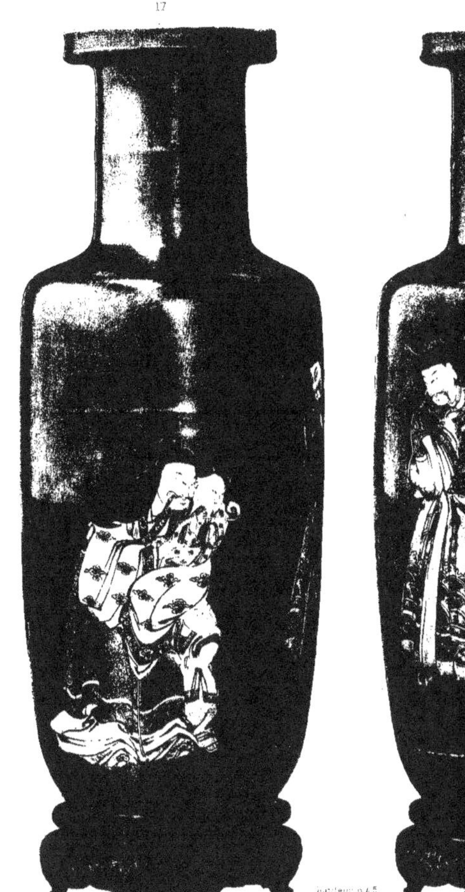

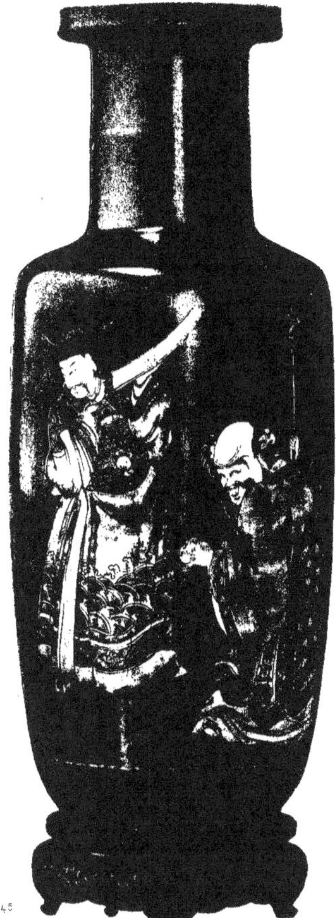

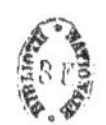

hauteur 0,45

TRINITÉ TAOÏQUE

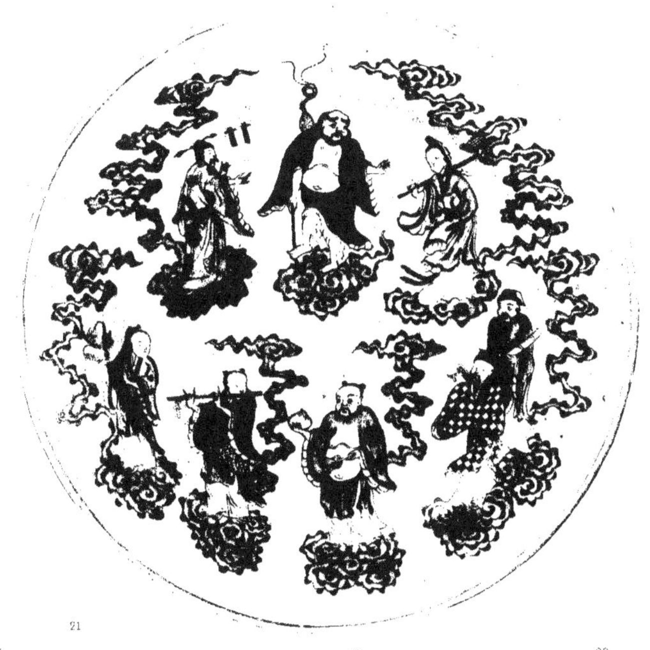

21

20

22

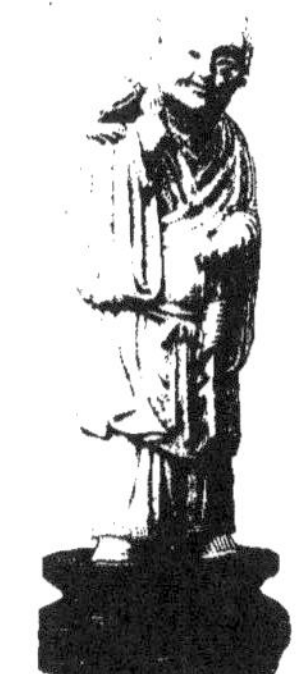
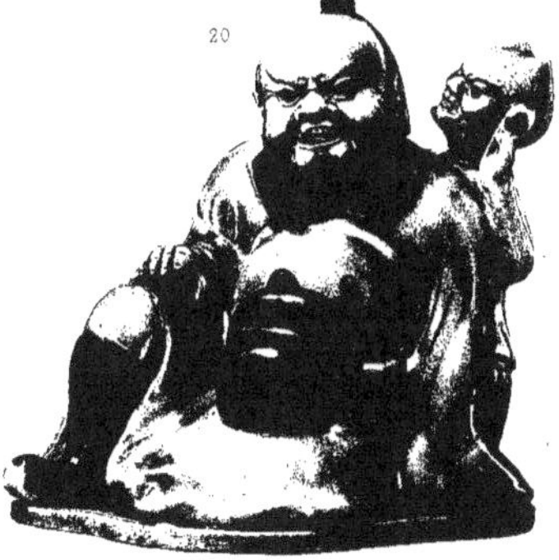
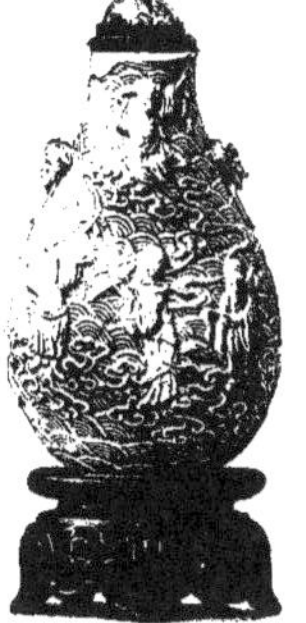

DIVINITÉS TAOÏQUES

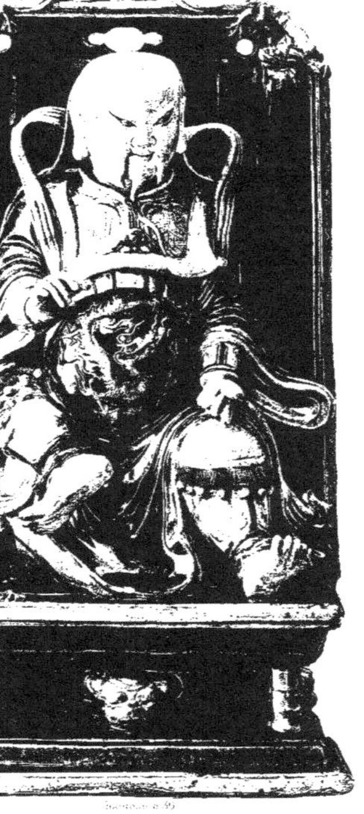
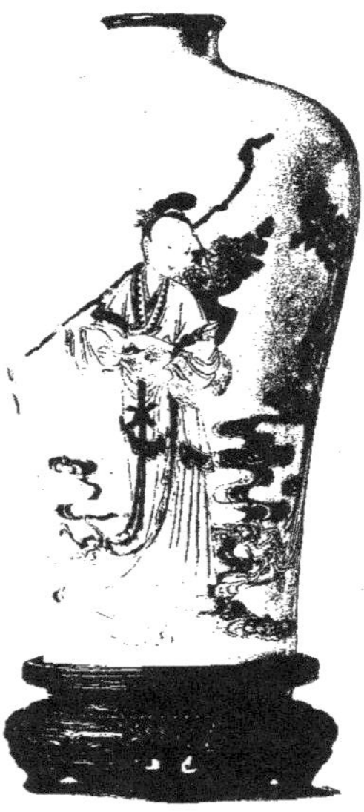
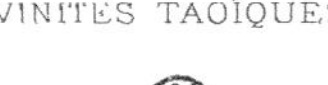
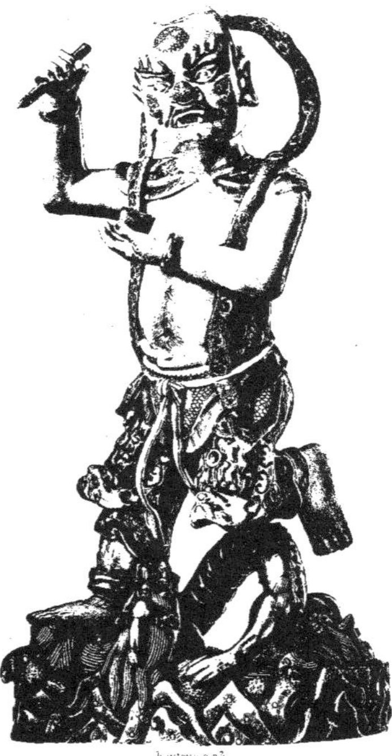

DIVINITÉS TAOÏQUES

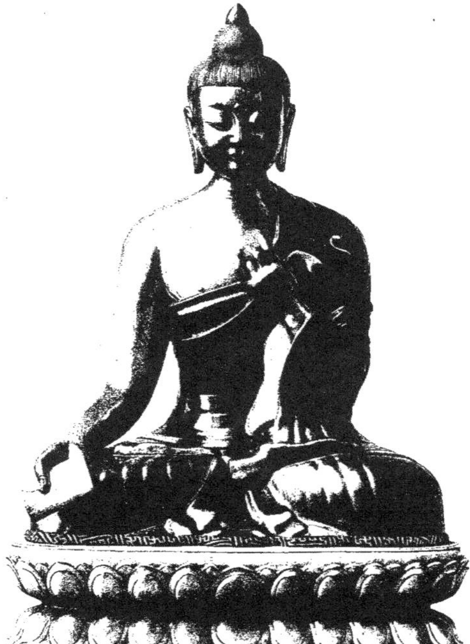

BOUDDHA

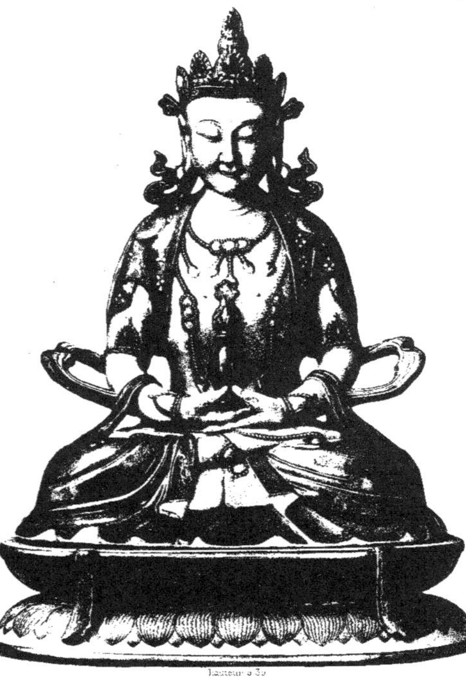

KOUAN-INN

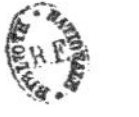

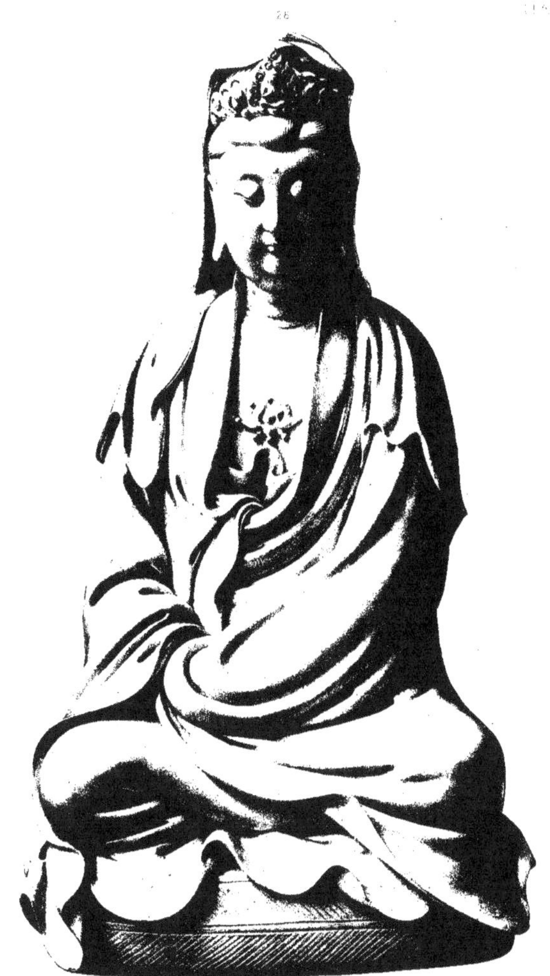

KOUAN-INN

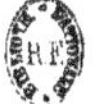

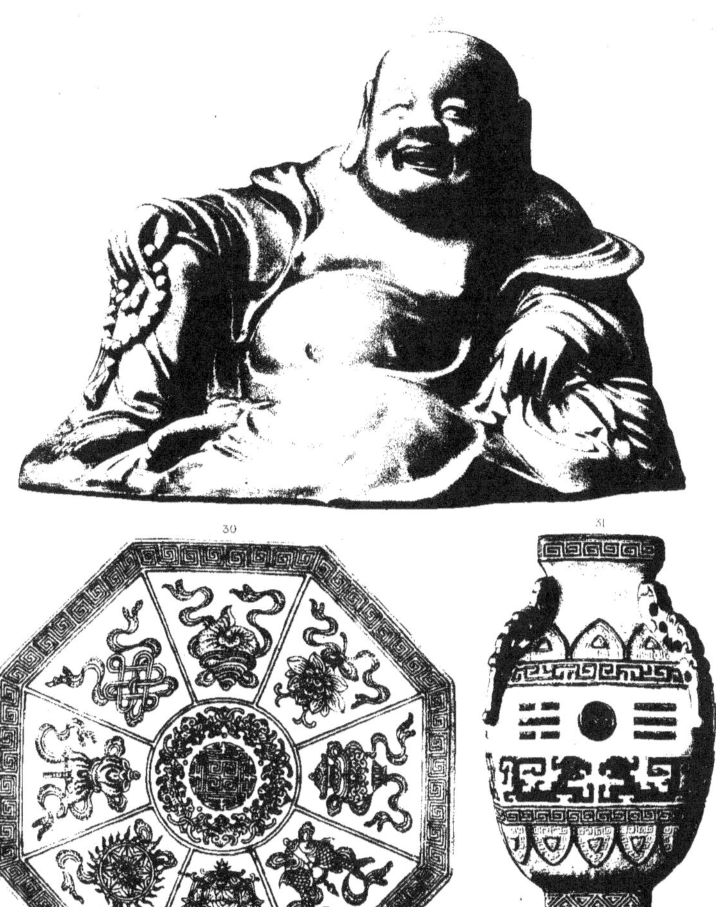

POUTAÏ. ATTRIBUTS BOUDDHIQUES. PA-KOUA

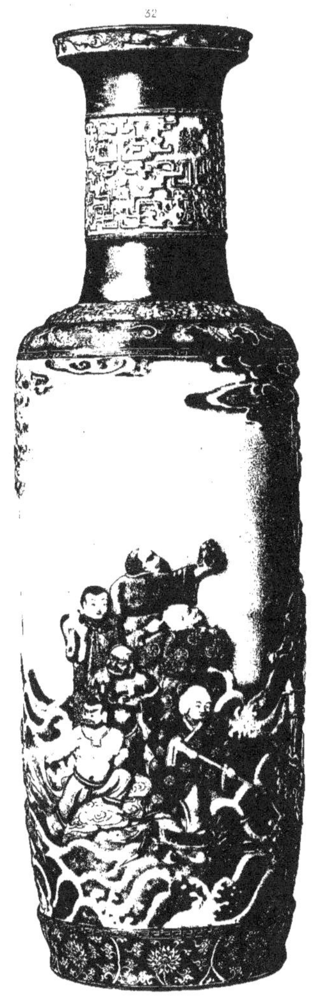
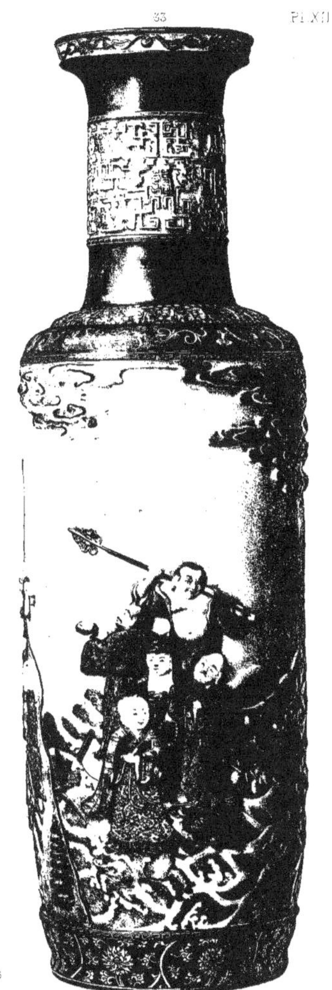

hauteur 0,76

LOHANS

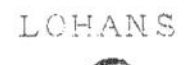
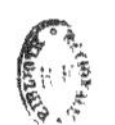

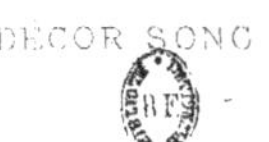
DECOR SONG

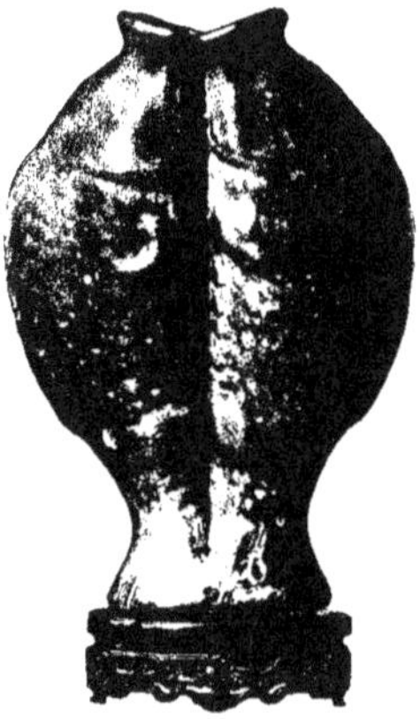

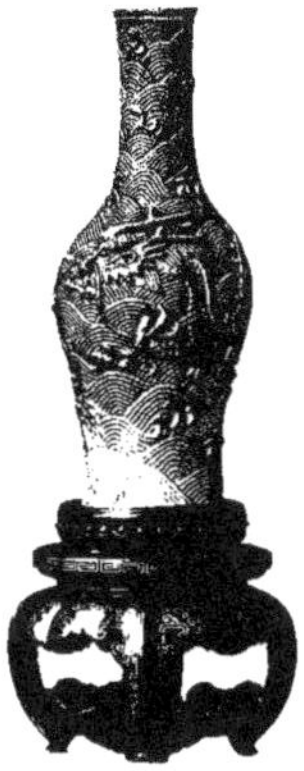

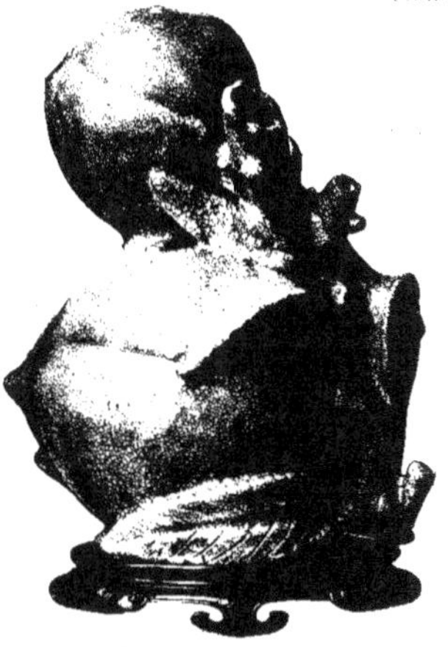

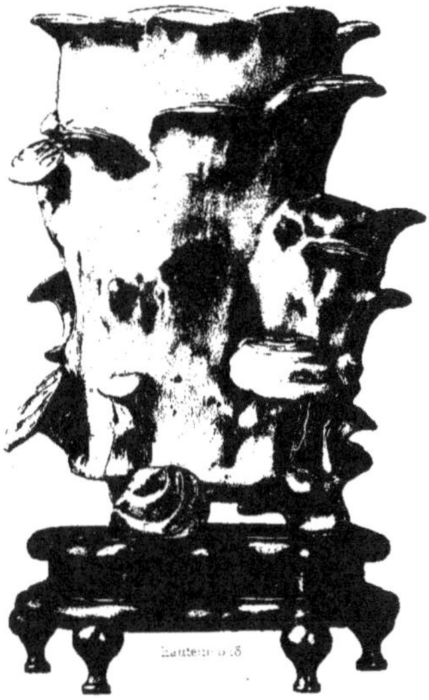

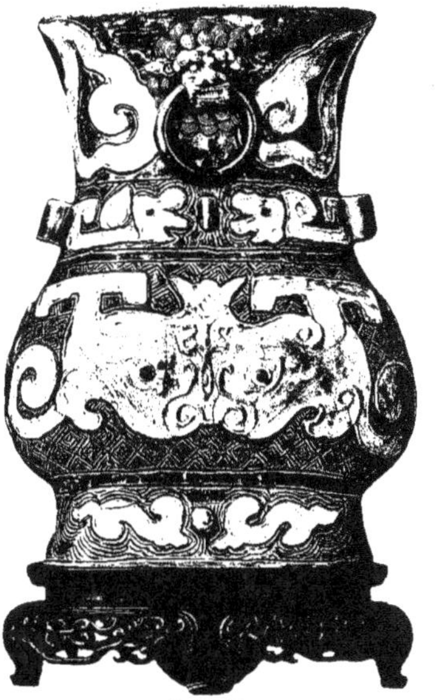

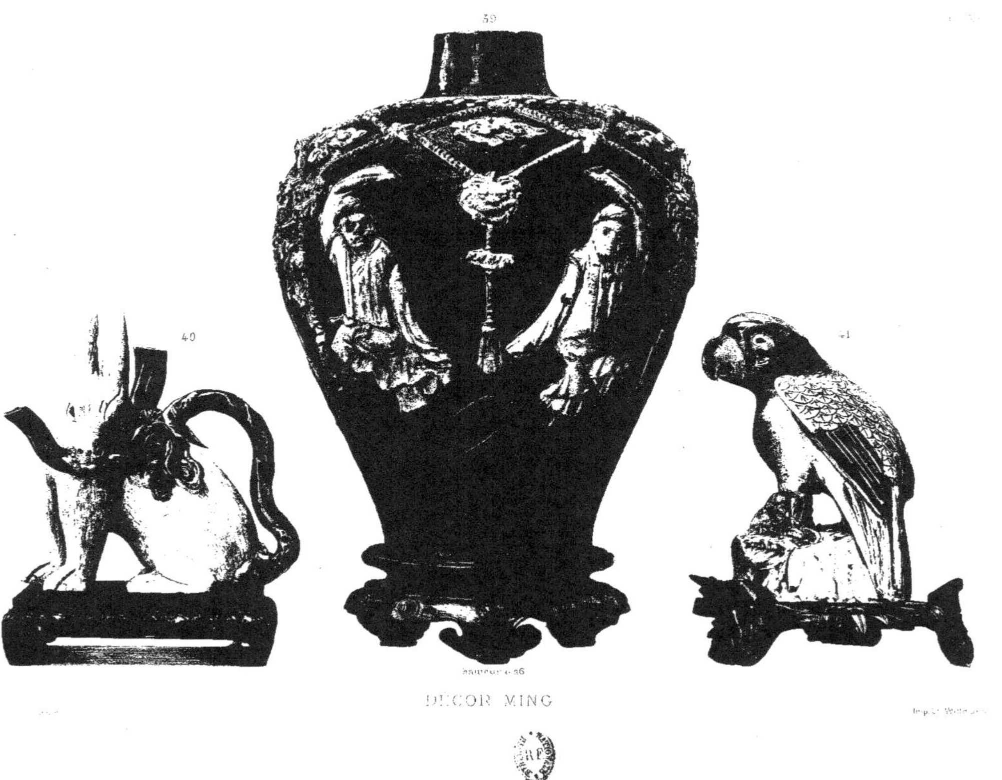
40
39
41
DÉCOR MING

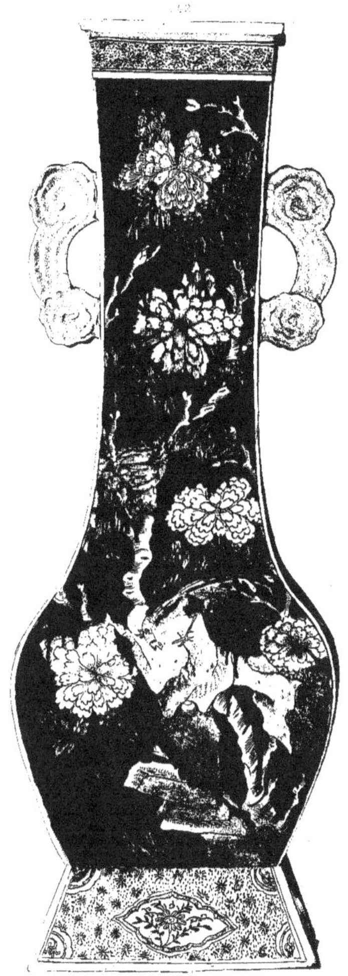

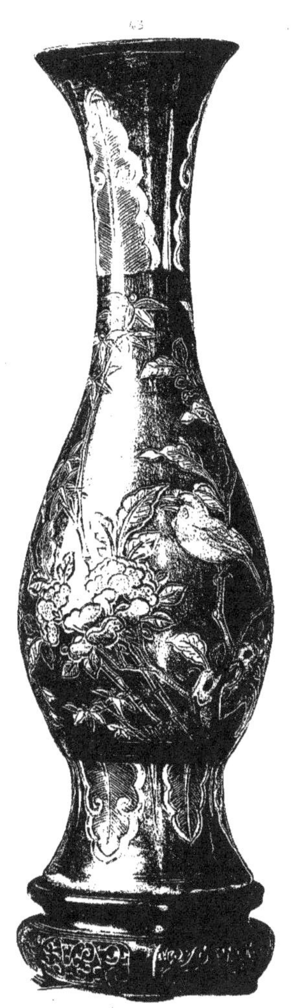

ÉPOQUE MING

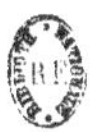

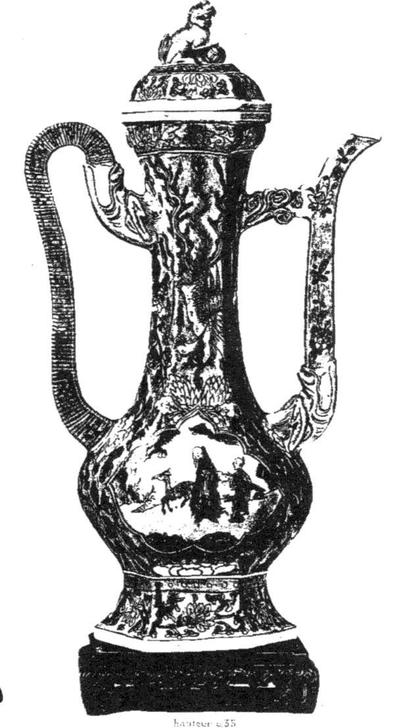
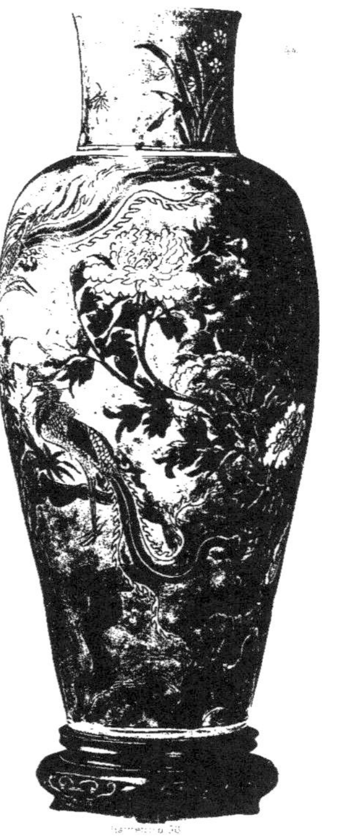
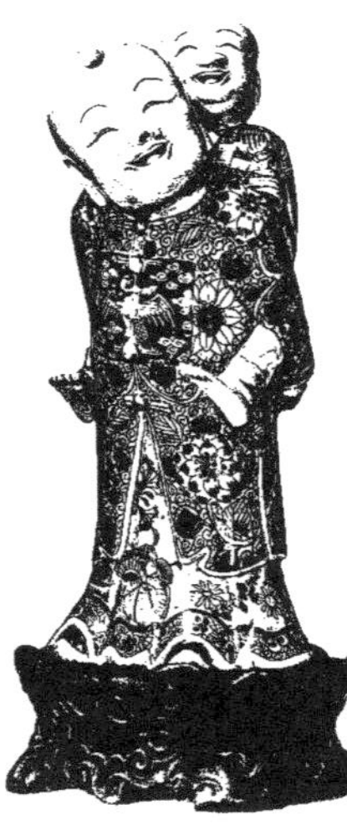
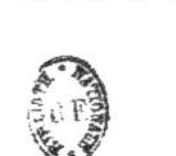

EPOQUE KHANG-HI

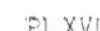
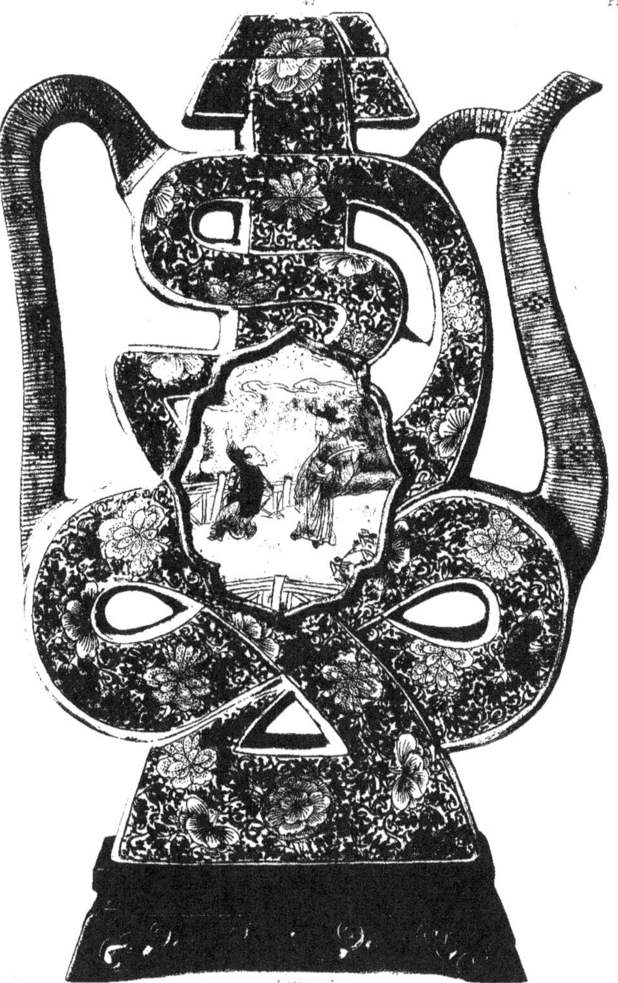

VASE A VIN (KHANG-HI)

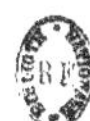

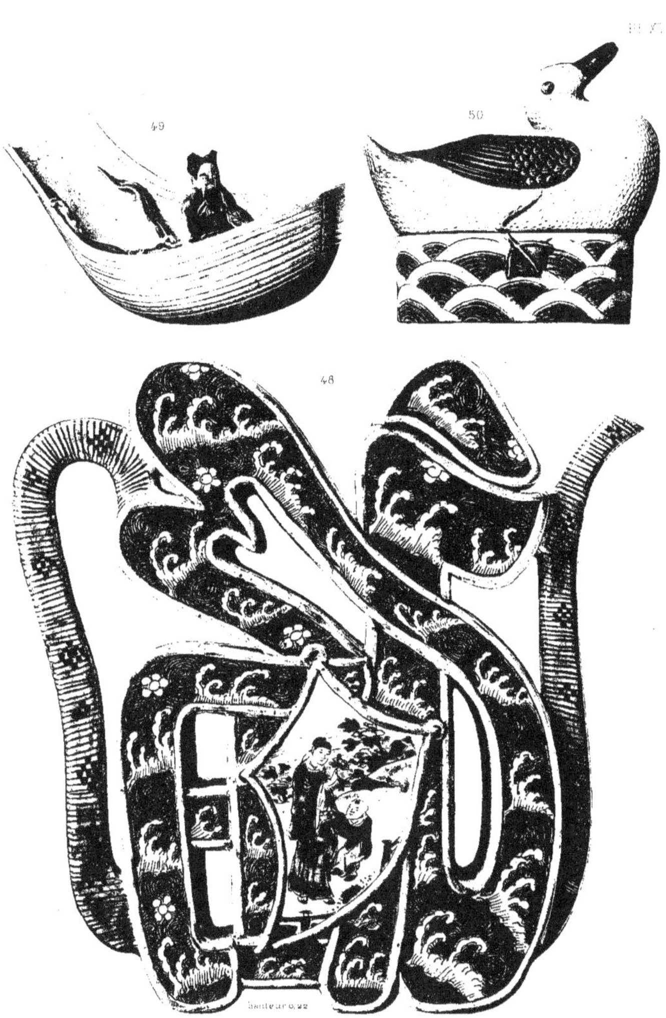

EPOQUE KHANG-HI

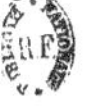

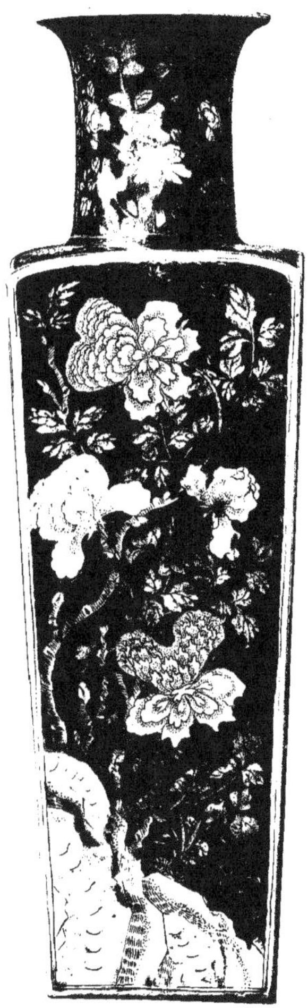

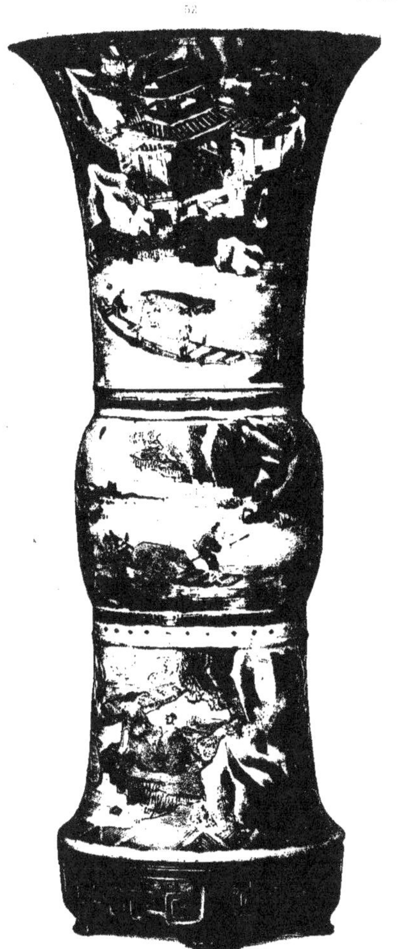

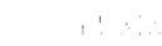

ÉPOQUE KHANG-HI

53

54

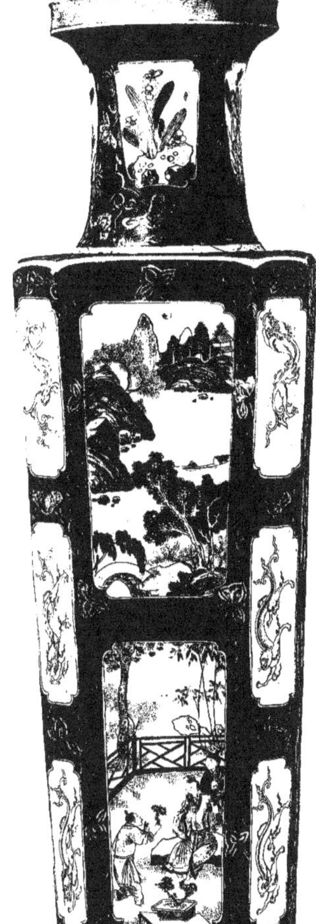

hauteur 0,55

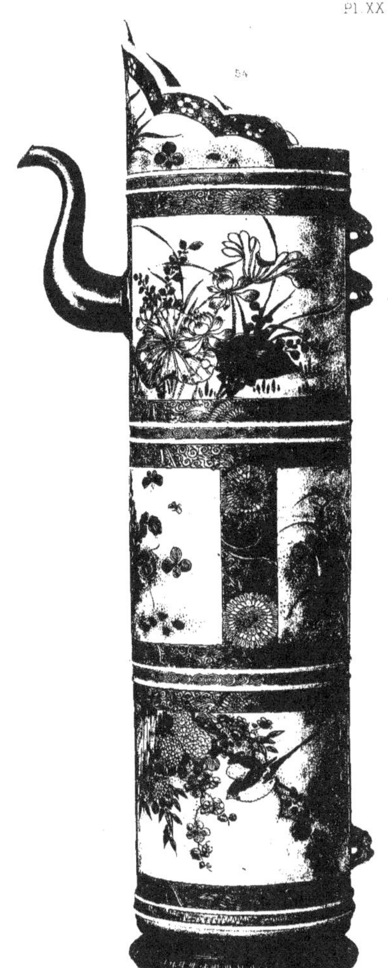

hauteur 0,54

EPOQUE KHANG-HI

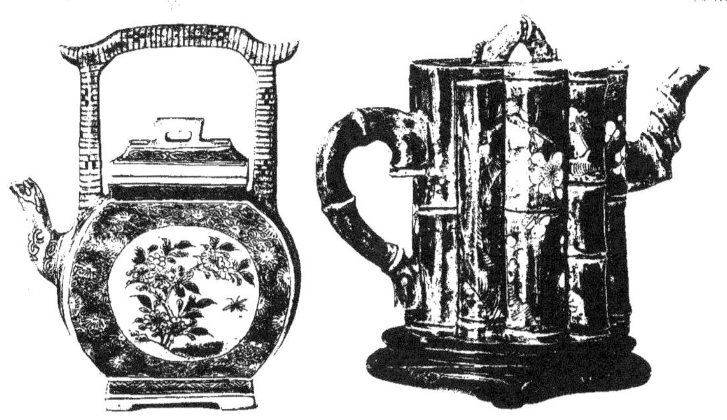

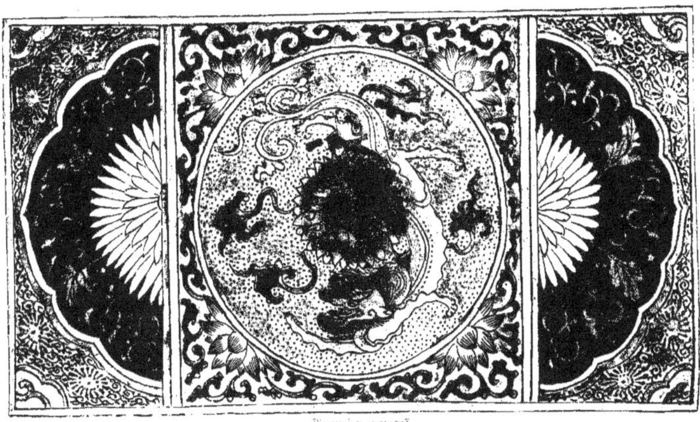

Dimension: 0m.018

EPOQUE KHANG-HI

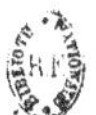

DRAGEOIR (KHANG-HI)

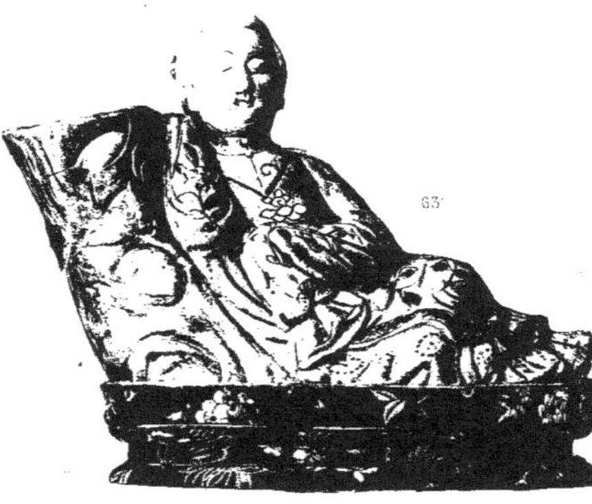

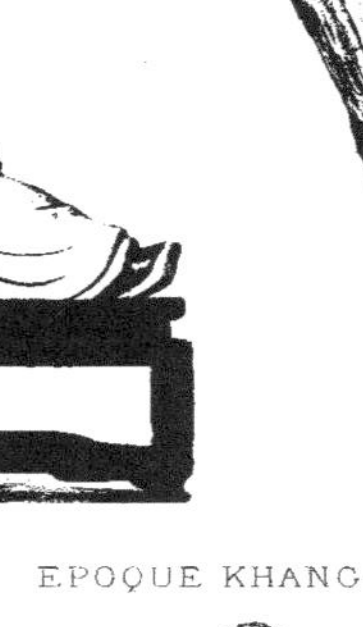

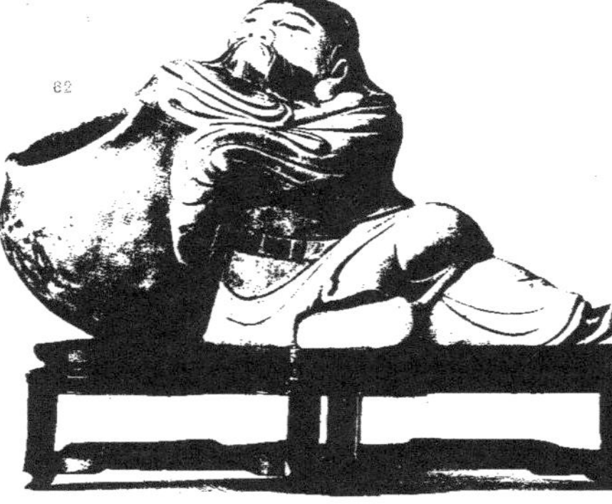

EPOQUE KHANG-HI

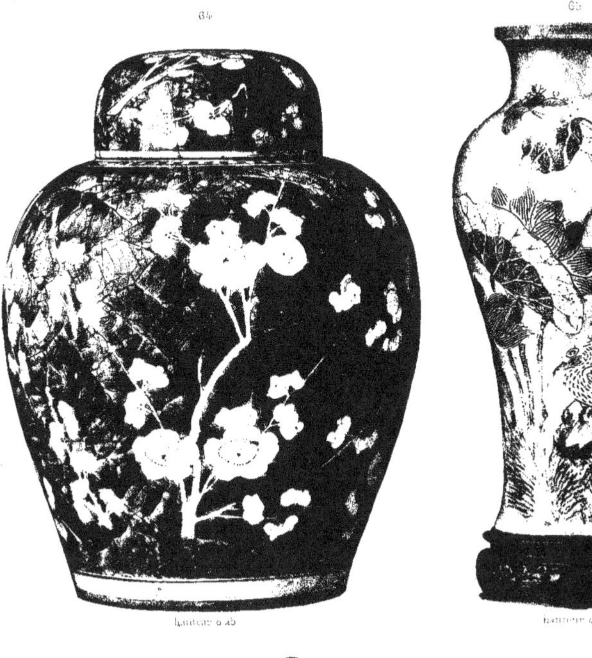

64

65

hauteur 0.45

hauteur 0.25

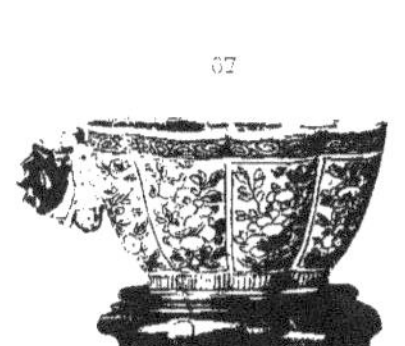

67

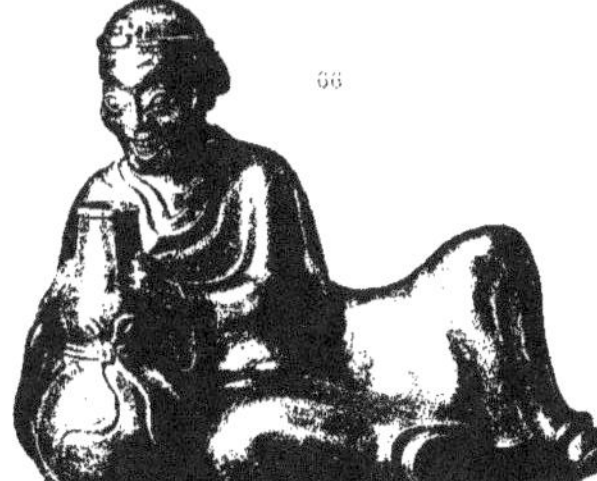

66

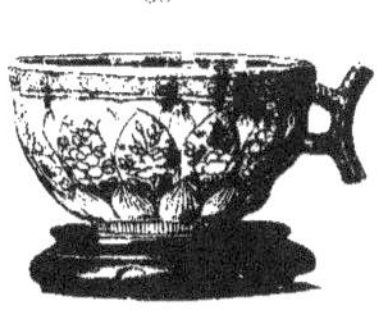

68

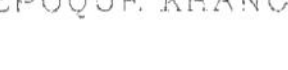

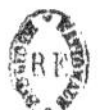

EPOQUE KHANG-HI

69

70

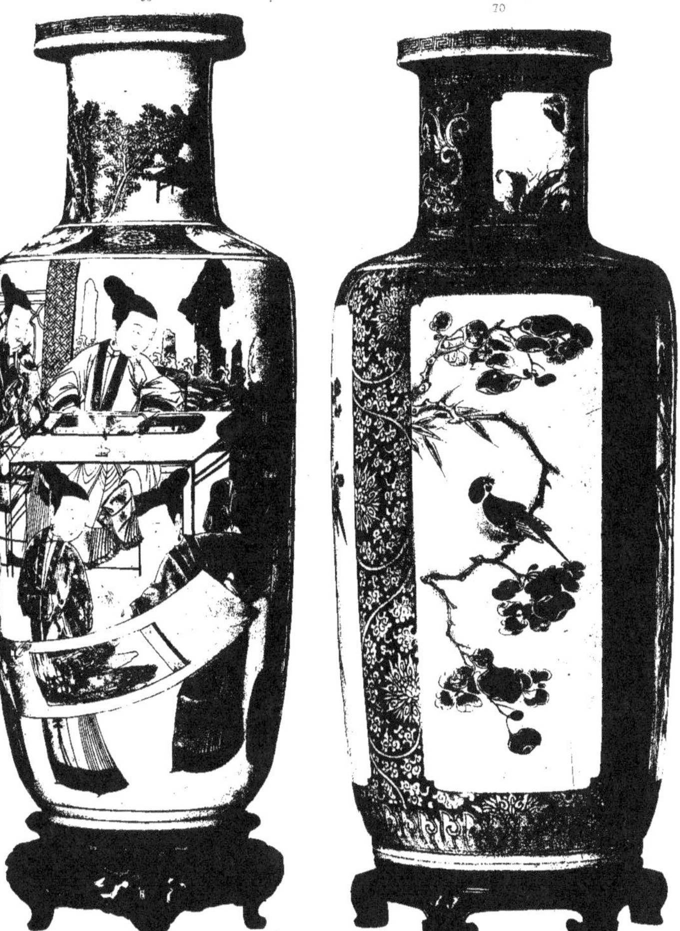

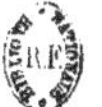

EPOQUE KHANG-HI

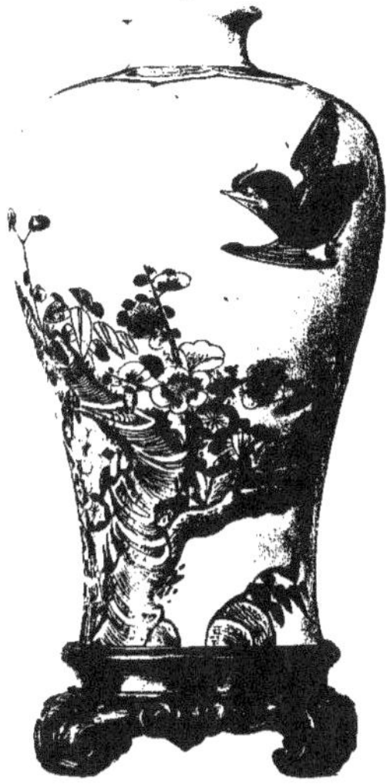

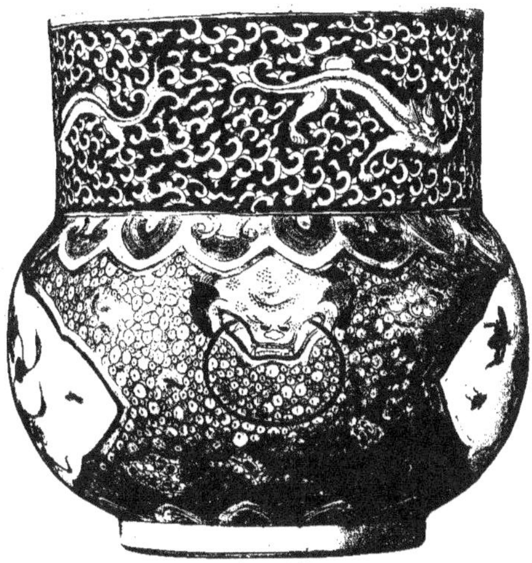

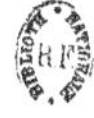

EPOQUE KHANG-HI

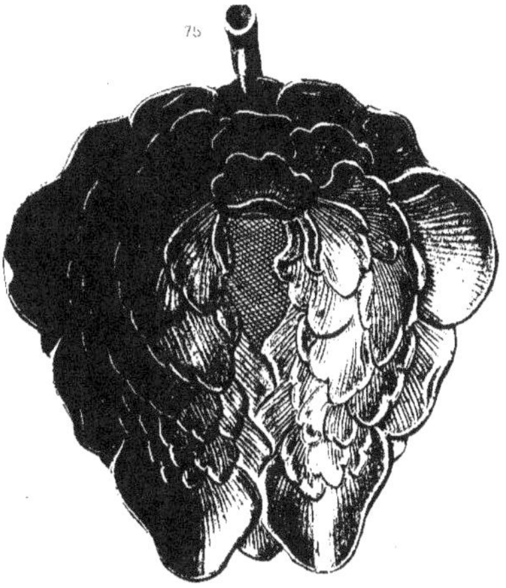

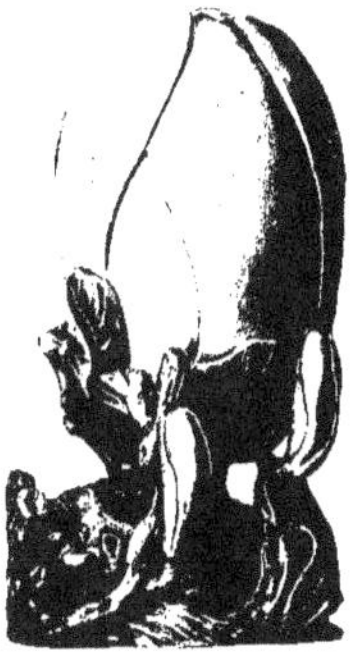

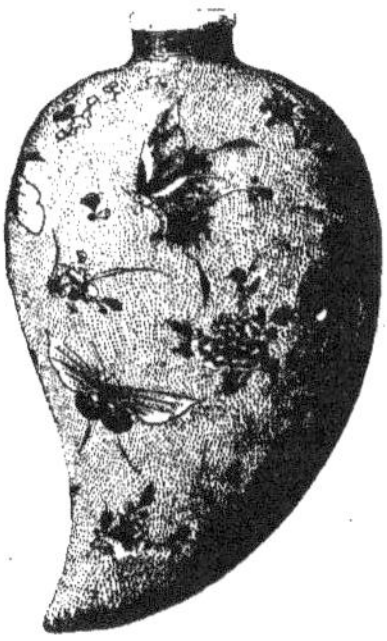

76

77

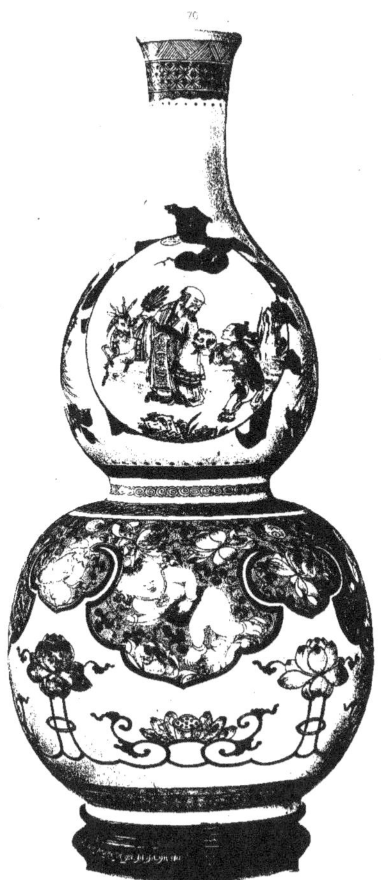

hauteur o.45

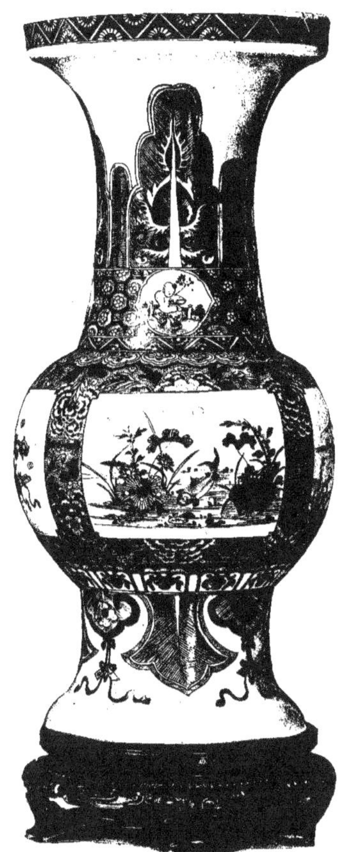

hauteur o.41

EPOQUE KHANG-HI

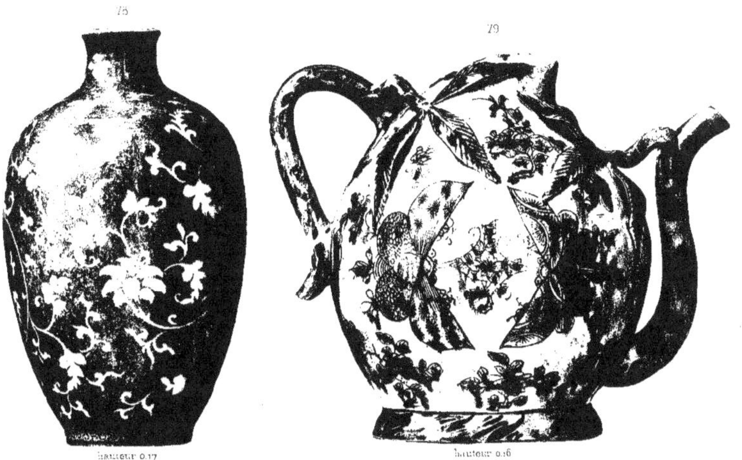

hauteur 0.17   hauteur 0.16

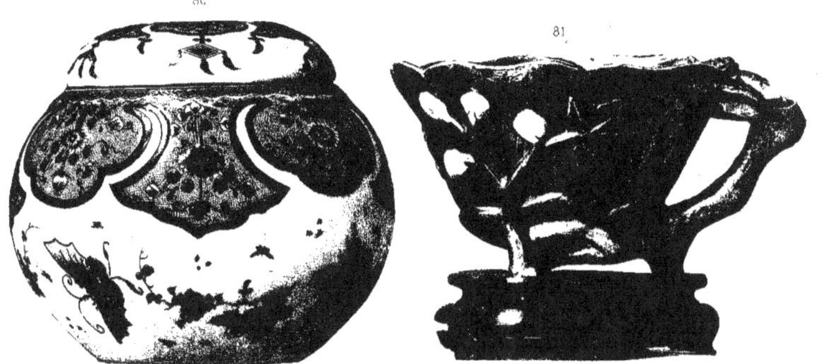

EPOQUE KHANG-HI

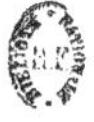

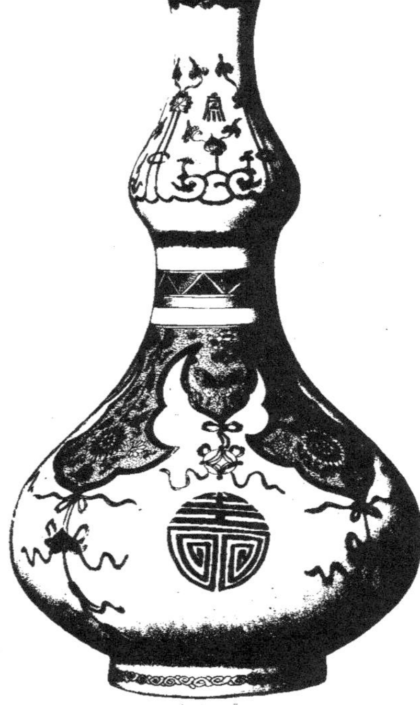
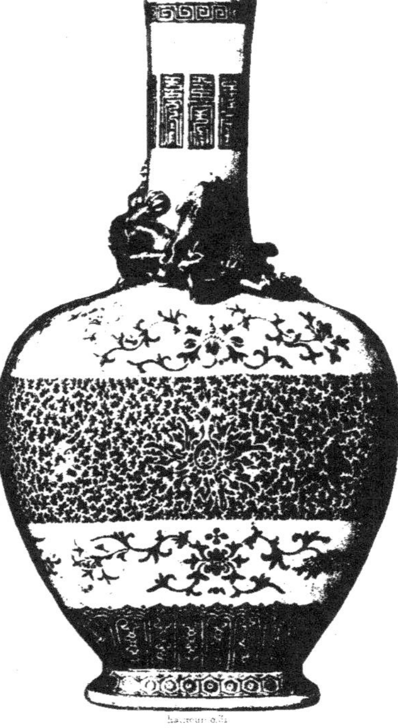
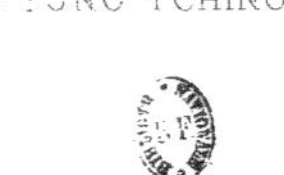

EPOQUE YUNG TCHING

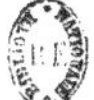

EPOQUE YUNG-TCHING

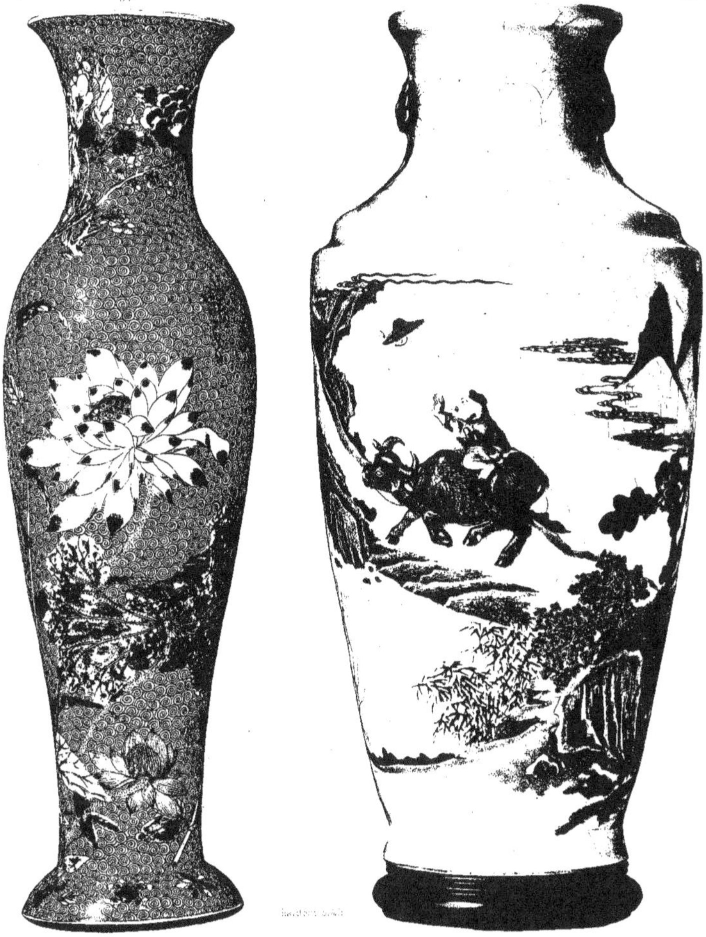

87

86

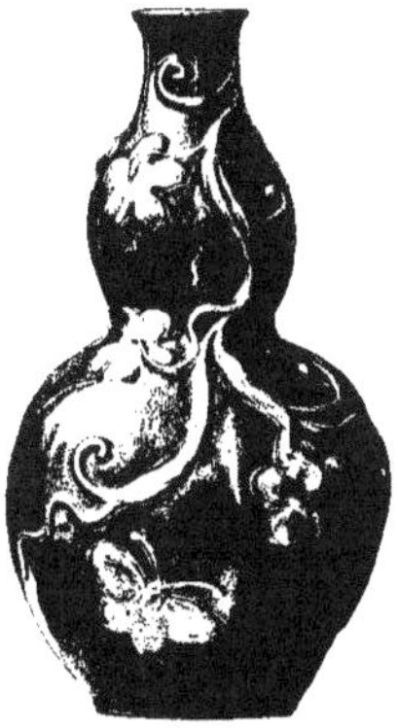

88

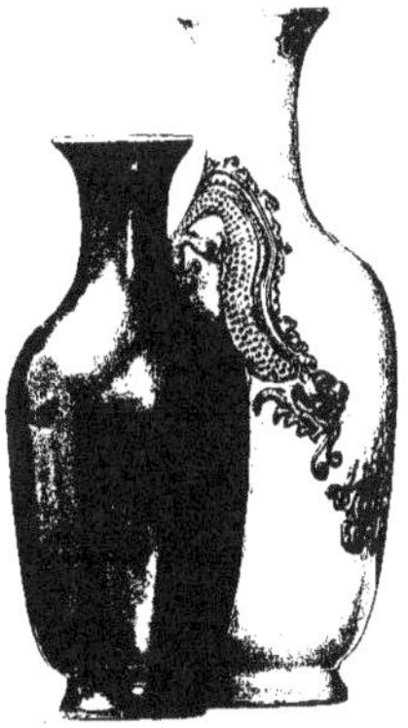

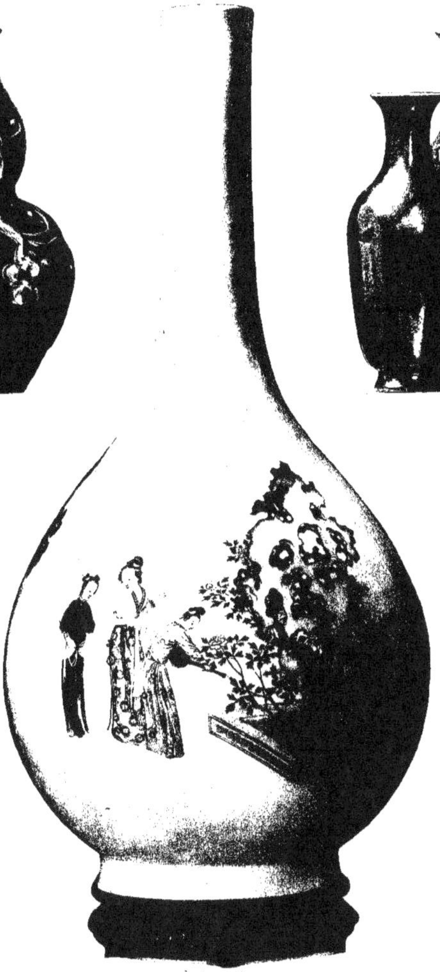

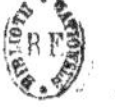

Hauteur 0,44

EPOQUE YUNG-TCHING

89

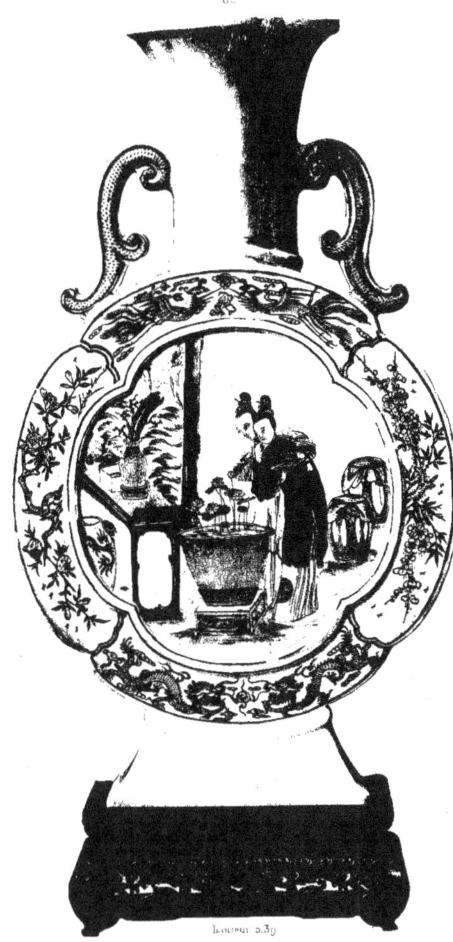

90

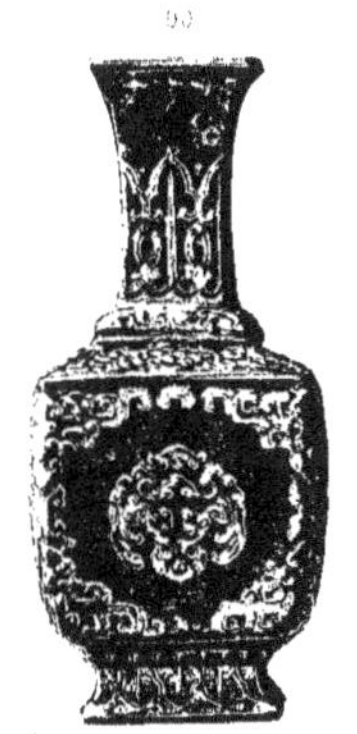

91

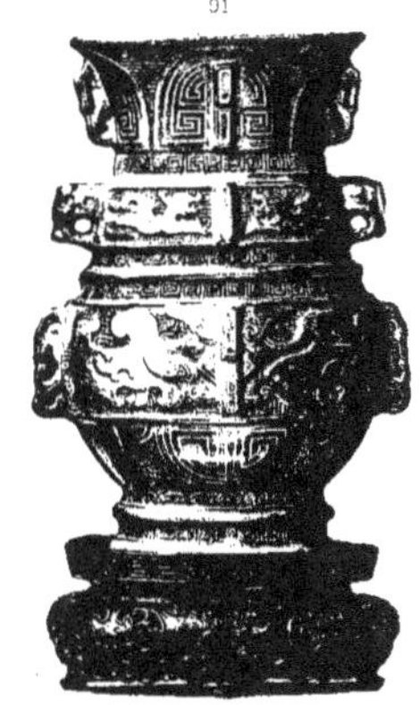

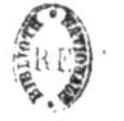

ÉPOQUE KIEN-LONG

hauteur 0.24

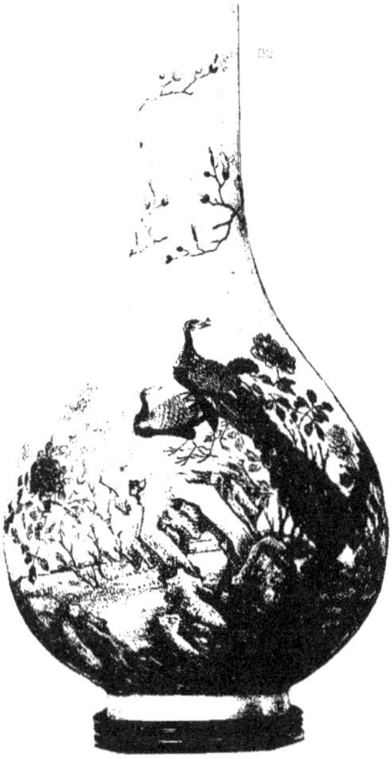

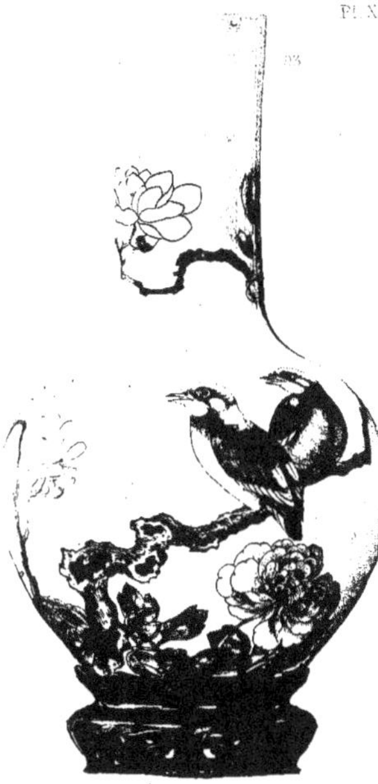

hauteur 0.21

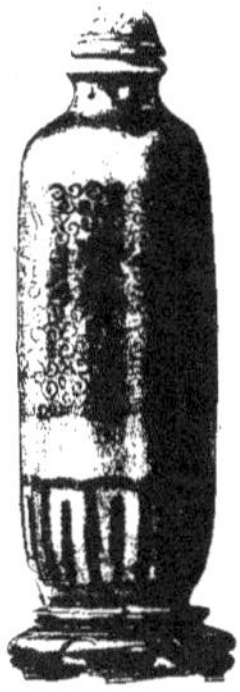

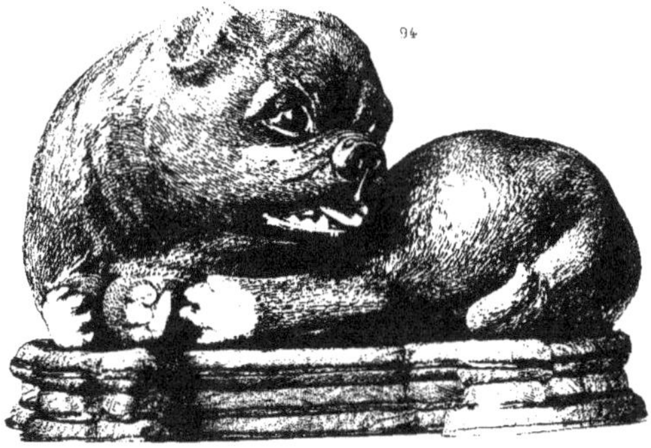

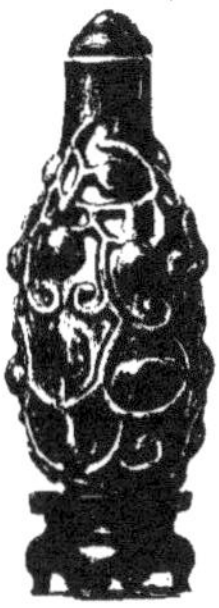

EPOQUE KIEN-LONG

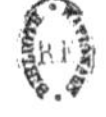

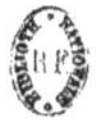

Pl. XXXIv

97

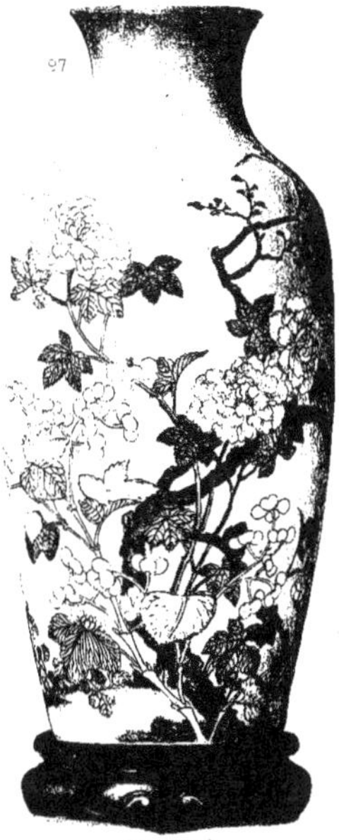

103

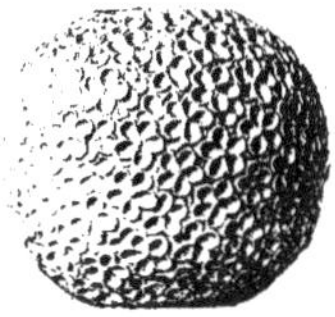

98

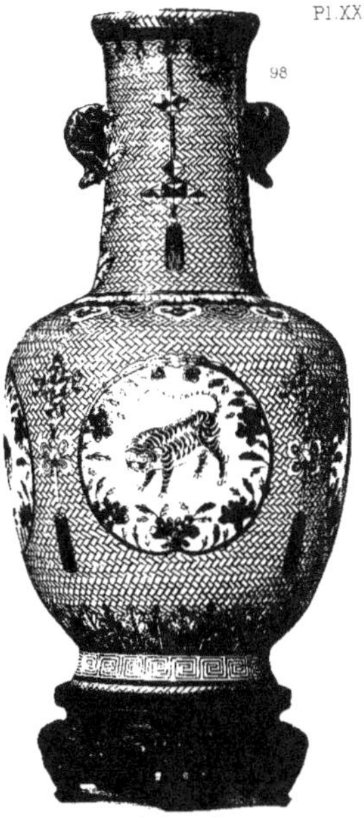

99

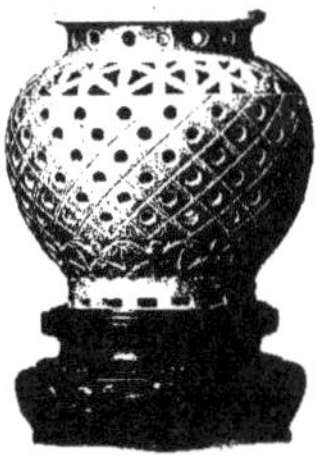

100

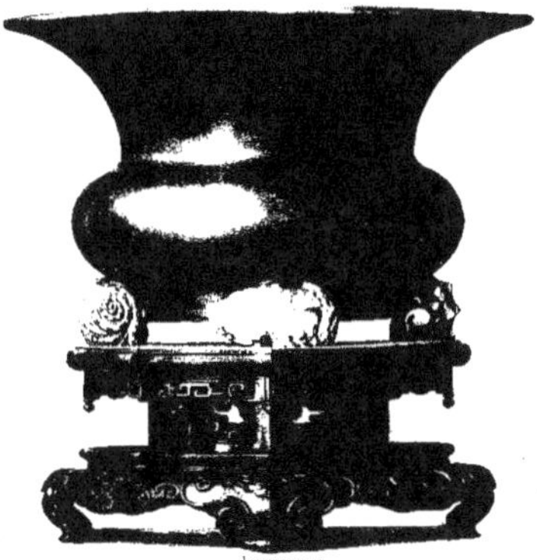

101

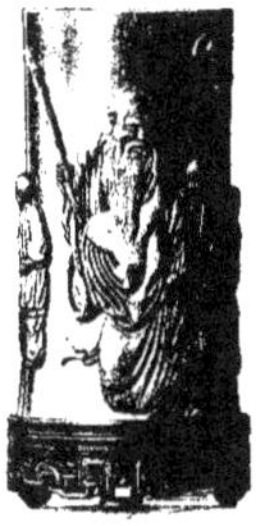

102

hauteur 0.26

Lauteur 0.25

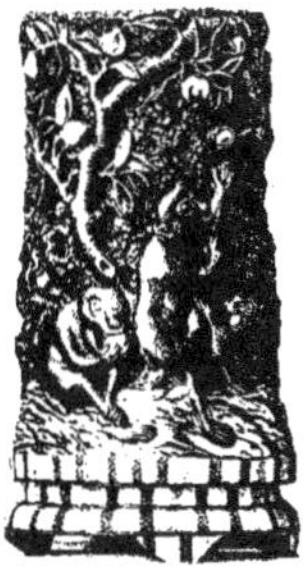

hauteur 0.11

EPOQUE KIEN-LONG

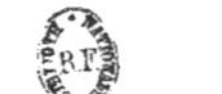

ÉPOQUES YUNG-TCHING ET KIEN-LONG.

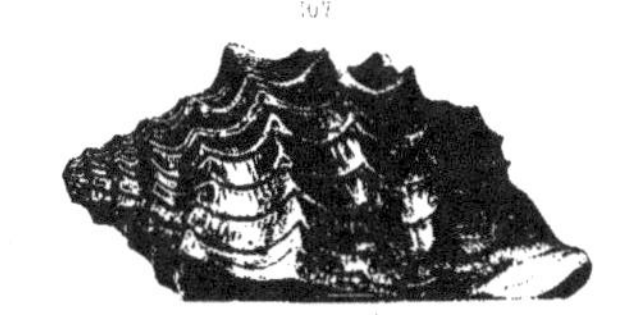

COQUILLAGE

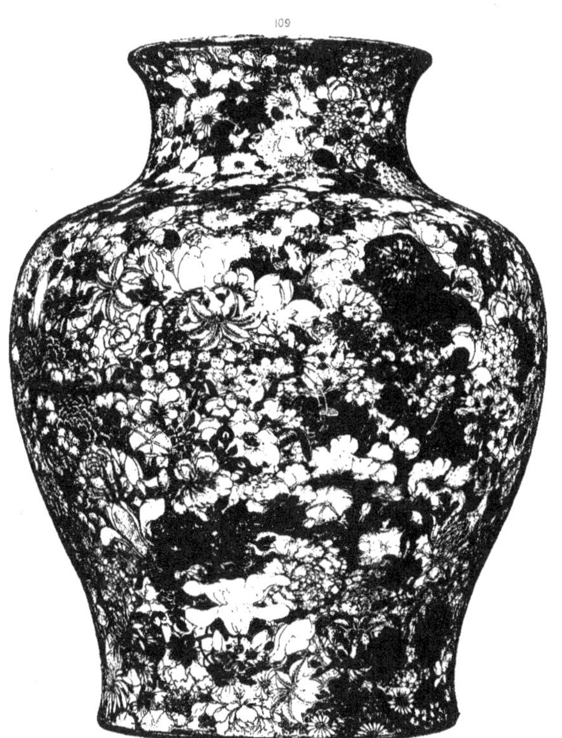

hauteur 0.45

VASE KIEN-LONG

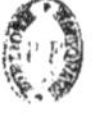

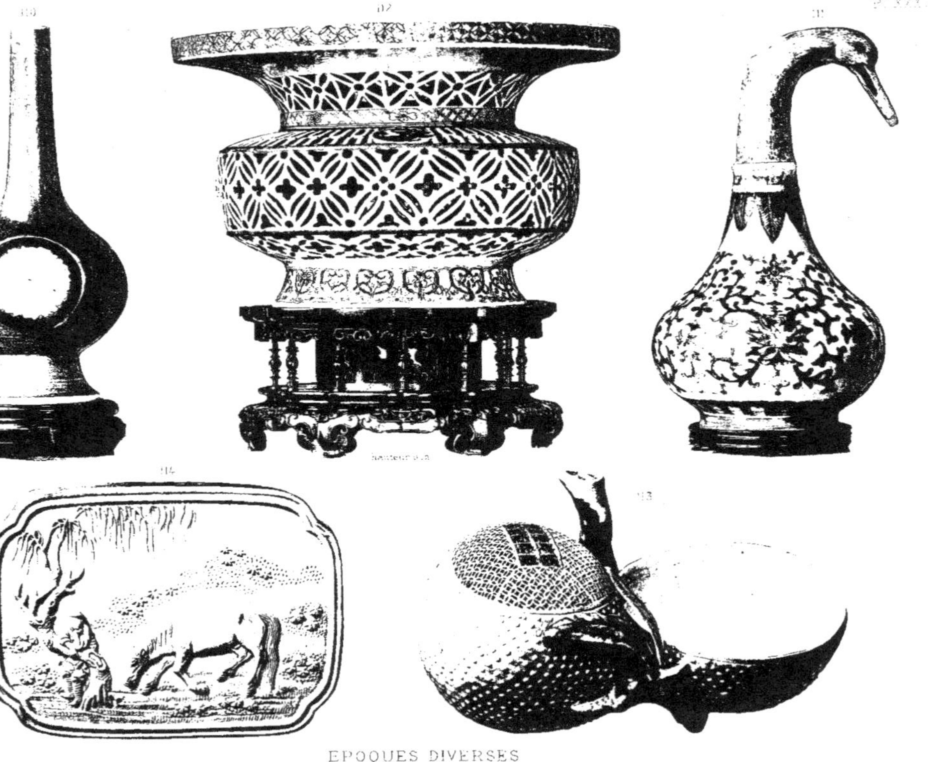

EPOQUES DIVERSES

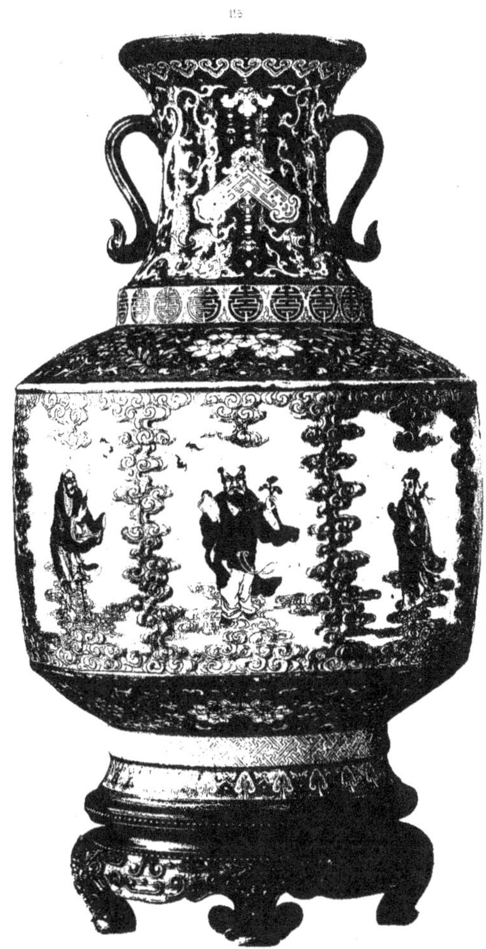

hauteur 0,50

EPOQUE KIEN-LONG

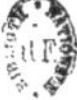

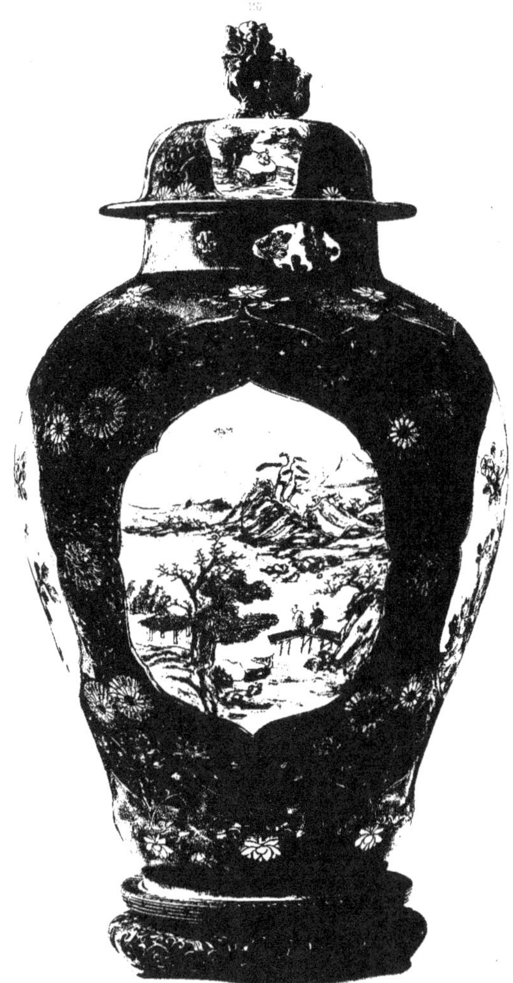

hauteur 0,45

ÉPOQUE KIEN-LONG

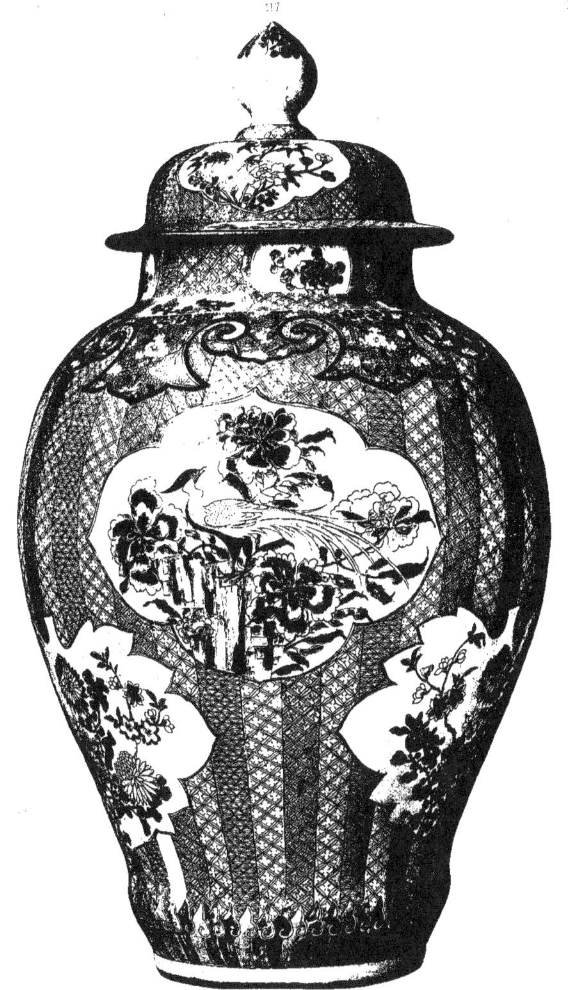

hauteur 0.60

EPOQUE KIEN-LONG

118

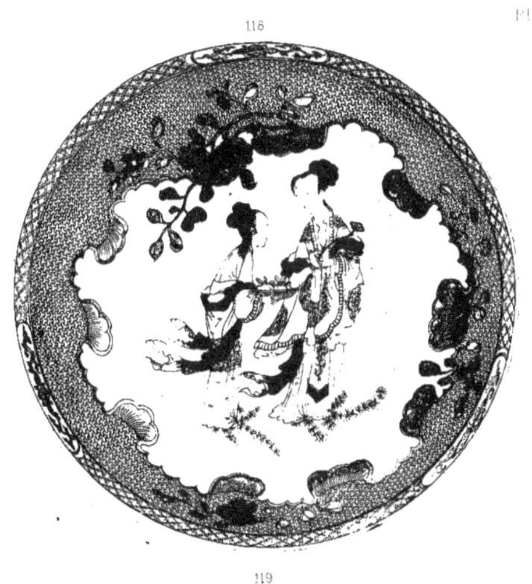

119

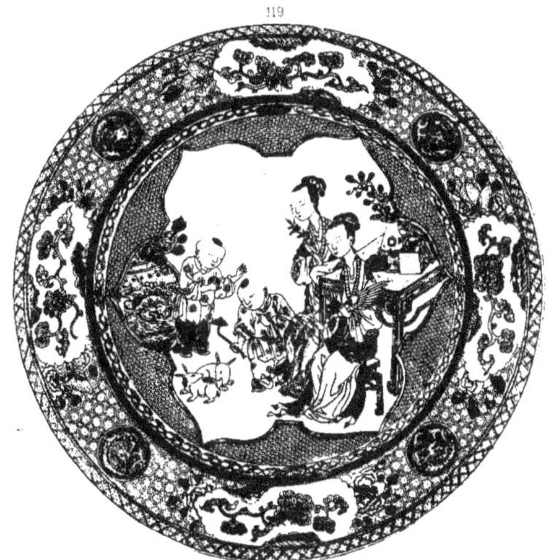

EPOQUE KIEN-LONG

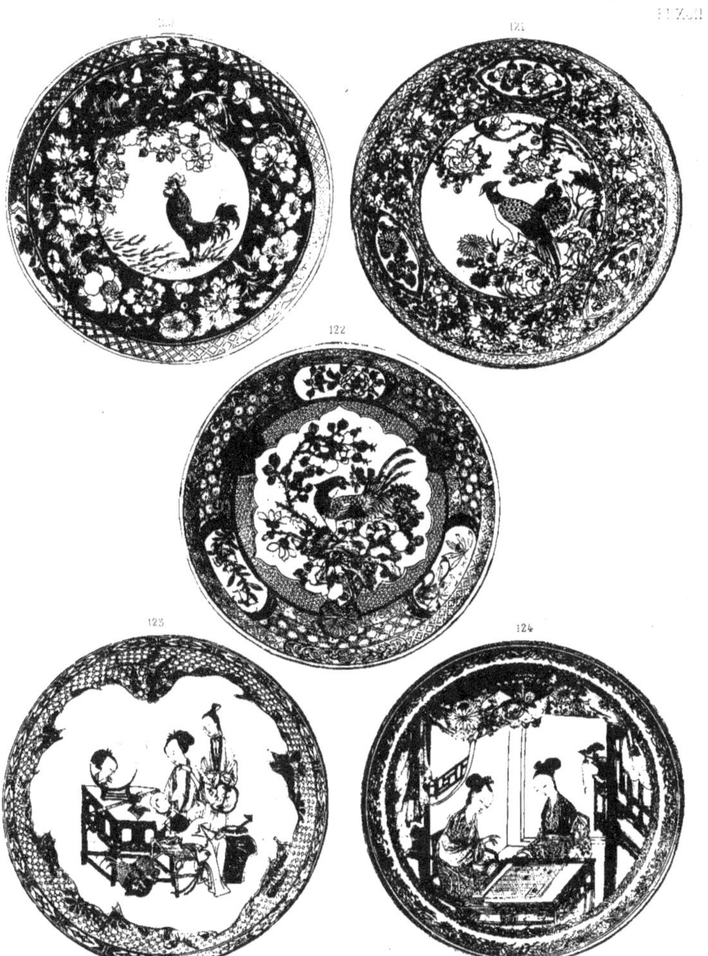

EPOQUE KIEN-LONG

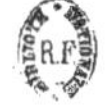